합장하는 인생

합장하는 인생

성운대사 지음 | 의은스님·조은자 옮김

운주사

한국의 독자들에게

중국과 한국은 불교 이전에도 하나의 문화권이었지만, 불교를 받아들인 이후로는 더욱 긴밀하게 수준 높은 정신문화를 공유해 왔습니다. 더불어 대만과 한국은 참으로 닮은 점이 많은 형제 같은 나라라고 생각합니다. 전통적으로 문화적인 동질성도 그렇거니와 지금도 두 나라의 승가와 사부대중들이 부처님 나라를 구현하고자 노력하고 있다고 믿기 때문입니다. 더구나 대만의 불광산사와 한국불교는 더욱 깊은 인연이 있습니다. 지난 1999년 한국 최초의 대만불교 사찰인 '서울 불광산사'가 개원한 이래로 대만의 불광산사와 한국불교는 더욱 활발한 학술적, 문화적 교류를 해 왔기 때문입니다.

예전에 제가 지은 책들 중 일부가 한국에서 간행되어 저는 한국에 대해 더욱 따뜻한 애정과 고마운 마음을 갖고 있습니다. 이전에 한국에서 나온 책들은 주로 제가 법회 때 법문한 내용을 다시 정리한 것으로 알고 있습니다.

이번에 출간되는 『합장하는 인생(合掌人生)』은 일전에 제가 『강의 講義』란 잡지에 직접 게재한 여러 편의 글들을 하나의 일관된 주제로 묶은 것입니다. 그것은 바로 80여 년 동안 제가 걸어온 인생의 여정을 담은 것입니다. 다시 말해 한평생 불법을 수행하고 널리 포교를 해 오면서 제가 체험했던 여러 가지 일들과 사연들, 그리고 홍진세상에서 겪었던 고난과 역경, 기쁨과 슬픔, 비난과 칭찬, 세상의 냉혹함과 따뜻한 인정, 가족에 대한 사랑과 인연에 대해 담담히 되돌아보며 느낀 점들을 일기 형식으로 적은 글들입니다. 따라서 이 책은 특정 주제를 가지고 강의한 법문은 아니고, 불법 수행과 포교를 위해 살아온 세월을 돌아본 인생 체험기라 할 수 있을 것입니다.

책의 제목을 '합장하는 인생'으로 삼은 이유는, 첫째로 제가 생각하는 인생은 끊임없이 불법의 진리를 향해 나아가야 하는 구도자의 길이며, 이러한 구도의 길에서 부처님의 진리에 온전히 귀의하여 자신을 완전히 내맡기는 '진리에의 합장'의 뜻에서입니다. 둘째로는 제가 불교를 사명으로 하여 성심성의껏 살아오면서 만났던 모든 일들과 사람들, 여러 고승대덕들과 수많은 불자님들께 감사하다는 뜻에서입니다. 또한 인생은 잘났든 못났든, 성공했든 그렇지 못했든 이 한 세상을 살아간다는 의미에 있어 그것은 오로지 '감사함'이요 '경이로움'이라는 것을 모든 사람들에게 알리고 싶었기 때문입니다.

끝으로 한국의 독자들과 이 책을 통하여 다시 인연 맺게 됨을 감사드리며 매우 기쁘게 생각합니다. 비록 이 책의 내용이 제가 겪어온 인생 여정을 서술한 것이지만, 그 속에는 한국의 독자들도 각자 자신의 삶 속에서 타산지석으로 삼을 만한 것이 있으리라 생각합니다. 한국에서 이 책이 나오기까지 애써주신 모든 분들께 감사를 드립니다. 아울러 불법의 품안에서 모든 분들이 행복하시기를 기원합니다.

성운 씀

한국의 독자들에게 _5

어머니, 그리고 모두의 할머니! _9
영민종합병원 심장 수술기 _33
메이요 의료원 건강검진 _66
죽음의 문턱 _92
고행苦行 _121
홍법弘法 _156
인생 여정 _186
불가佛家의 사돈 _217
전환기 _245
부처님께 호소합니다 _275
남경! 어머니의 청중 _306
외할머니 _321

발문: 讚(찬) 星雲大師(성운대사) _351
옮긴이의 말 _357

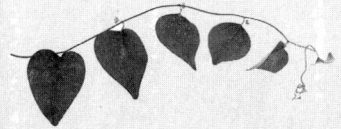

어머니, 그리고 모두의 할머니!

민국건립, 북벌통일, 국공전쟁 모두 겪으셨던
살아 있는 현대사의 증인이시여!
중국 산하 주유하고 흙으로 가시니,
모친은 정녕 살아 있는 지도이셨네!

歷經民國締造, 北伐統一, 國共戰爭, 吾母卽爲現代史,
走遍大陸河山, 遊行美日, 終歸淨土, 慈親好似活地圖.

위 글은 95세의 고령인 저의 어머니 이유옥영李劉玉英 보살(사람들은 어머니를 친근한 의미로 할머니라 불렀습니다)을 위해 쓴 추모시입니다.

빈소를 지키며, 저는 백발이 성성한 머리를 가지런히 빗어 넘겨 더욱 평온해 보이는 어머니의 영정사진을 다시 한 번 찬찬히 바라보았습니다. 그러자 어릴 적 어머니가 일어나기를 기다리며 턱을 괴고 침대 옆에서 기다리던 저의 모습이 떠올랐습니다. 하지만 한평생 가지고 계셨던 걱정, 근심과 고생을 뒤로 한 채, 어머니는 이제 영원한 휴식에 들어가셨습니다.

어머니가 왕생하시기 20분 전인 1996년 5월 30일 새벽 4시, 미국 로스앤젤레스에 있는 휘티어Whittier 병원에 입원하고 있던 어머니는 곁을 지키고 있던 현 서래사西來寺 주지인 자용慈容 스님에게 간곡한 당부를 하셨습니다.

"이제 곧 떠나갈 나를 위해 염불까지 해 주니 정말 고맙소. 둘째 나리(二太爺: 어머니가 저를 부르는 호칭)가 알아봤자 걱정만 할 테니 절대 알리지 마시오."

저는 대만에서 10시간 넘게 비행기를 타고 급히 어머니의 곁으로 날아갔습니다. 어머니도 잘 아시는 자장慈莊 스님, 자혜慈惠 스님, 의공依空 스님, 혜화慧華 스님 등이 당시 저를 수행했습니다. '어머니, 불효자식을 용서하십시오. 저를 걱정시키지 않으려는 어머니의 간곡한 당부가 있었다는 것은 압니다. 하지만 삶의 마지막 순간을 어머니의 손을 꼭 잡은 아들이 함께 해 주기를 간절히 원하셨을 그 마음도 저는 잘 알고 있습니다.'

며칠 전, 어머니는 대수롭지 않은 감기로 휘티어 병원에 입원하셨습니다. 5월 29일에는 어느 때보다 맑은 정신으로 주위에 있던 가족과 스님들에게 평생을 얘기해도 싫증이 나지 않는 「권세문勸世文」까지 들려주셨습니다. 서래사 스님들은 기쁜 마음으로 곧 다가올 어머니의 96세 생신에 대해 의논까지 했습니다. 만약 부처님 오신 날 법회에서 2만여 명이나 되는 사람들이 저의 법문을 듣는다고 말했으면, 어머니는 기쁘게 웃으며 말씀하셨을 것입니다. '2만 명이나 되는 사람이 네가 하는 말을 듣겠지만, 너는 나의 말을 들어야 하지 않니?'

어머니께서 돌아가신 지금은 저는 그저 '마음으로' 이 말을 들려드릴 뿐입니다. 저는 유언대로 어머니의 죽음을 다른 사람들에게 알리지 않았습니다.

4일 후인 6월 3일 월요일 오전 9시, 우리는 어머니를 서래사 부근의 로즈힐Rose Hill 공원묘지로 옮겨 화장했습니다.

모든 사람이 불경을 암송하고 염불하는 가운데 저는 천천히 녹색 버튼을 눌렀습니다. 활활 타오른 불은 어머니의 몸을 휘감았고, 저는 어머니와 영원한 이별을 고했습니다.

그 옛날 스물다섯 살의 어머니 몸을 빌려 세상에 나온 제가 70년이 흐른 지금 어머니의 몸을 화장해 시공간을 넘어선 또 다른 세상으로 보내드립니다.

어머니는 타오르는 화염 속에서 천천히 사라져갔습니다. 저는 마음속으로 조용히 읊조렸습니다. '이 세상에 대한 미련이나 후손의 걱정 다 버리시고 편안히 가십시오.'

사바세계와 극락세계를 오가도 변치 않는 모자의 정,
인간세상과 천상세계에 머물러도 언제나 자애로운 어머니.
娑婆極樂, 來去不變母子情,
人間天上, 永遠都是好慈親.

로즈힐 공원묘지에서 서래사로 돌아온 저는 불현듯 무언가 잃어버린 듯 허전한 마음이 들었습니다. 하지만 어머니는 돌아가시면서도 많은 깨달음을 제게 남기셨습니다. 마음속으로는 이미 오래전부터 준비를 해 왔지만, 가슴에서 우러나는 애잔한 그리움은 어찌할 수 없었습니다. 부처님께서도 당시 제자에게 삶과 죽음의 비밀을 풀어야 한다고 설법으로 가르치신 것처럼 인간에게 삶과 죽음은 풀리지 않는 수수께끼 같은 것입니다. 많은 신도들이 저의 슬픔에 관심과 애도를 표했습니다. 하지만 저는 삶과 죽음에 대해 다음과 같이 생각했습니다. '삶은 무엇이며, 죽음은 또 무엇이란 말인가? 삶과 죽음도 영원한 생명 속의 한 부분일 뿐이다.'

심정心定 스님이 어머니의 유골함을 들고, 저는 어머니의 영정을 품에 안고 불광산으로 돌아왔습니다. 회은법회懷恩法會를 거행하고 나자, 어머니께서 걸어오신 한평생의 영상이 머릿속에 더욱 또렷하게 떠올랐습니다.

어머니는 강소성江蘇省 양주揚州 시골마을의 한 가난한 가정에서 태어나셨습니다. 그 때문인지 어머니는 한평생 검소한 습관이 몸에 배어 있었습니다. 학교를 다닌 적도 없고, 글도 모르는 어머니였지만, 깊이 생각하게 만드는 글귀나 시들을 늘 외우곤 하셨습니다. 저는 55년 전 어머니가 소동파蘇東坡의 "연꽃이 다 지니 내리는 비를 받쳐 줄 우산이 없고, 국화 다 져도 가지는 서리 속에 도도히 서 있네(荷盡已無擊雨蓋, 菊殘猶有傲霜枝)"라는 시구절을 외우는 것을 들은 적이 있습니다. 사실 어머니는 입이나 마음으로만 외우지 않고, 한평생을 다 바쳐 시의 내용대로 실천해 오셨기 때문에 누가 무엇을 물어도 다방면에 두루 막힘없이 술술 대답해 줄 수 있었습니다.

어머니를 따라 힘겹고 고생스러운 나날을 보내던 어린 시절에도 저는 어머니가 가난 때문에 근심하거나 걱정하는 모습을 단 한 번도 본 적이 없습니다. 어머니는 저희에게 항상 다음과 같이 말씀하셨습니다.

"생활은 빈곤해도 마음만은 빈곤하지 않아야 한다. 눈앞에 아무리 좋은 물건이 많이 있다고 해도 사고 싶은 마음이 들지 않는다면 그것이 곧 부유한 사람이다."

이러한 신념을 가지고 계셨던 어머니는 한평생 물건을 함부로 사들이지 않으셨습니다. 집안에 간혹 수입이 많을 때가 있었습니다. 하지만 어머니는 그 즉시 전부 동전으로 바꿔 가난한 사람에게 나눠 주셨습니다. 어머니는 베푸는 것이 곧 부유함이라 여기셨습니다. 어머니가 이런 행동을 하신 데에는 '동전 하나로 사람을 살릴 수도, 죽일 수도 있다'는 나름의 이유가 있으셨기 때문입니다.

하루하루 끼니를 걱정해야 할 정도로 집이 가난했지만, 어머니는 전혀 걱정하는 기색 없이 평소처럼 어려운 사람들을 도와주셨습니다. 누가 곤란한 지경에 있다거나 집으로 찾아와 어려움을 호소하면 어머니는 힘써 도와주겠노라고 호언장담하셨습니다. 한 번은 이웃집 며느리가 시어머니의 구박을 견디다 못해 친정으로 돌아가겠다고 울며불며 난리를 치자 어머니는 이런 얘기를 해 주었습니다.

"잠시 전에 자네 시어머니가 다녀갔네. 현숙하고 검소하고 집안도 잘 돌본다고 자네에 대해 좋은 말만 하고 갔어. 그런데 자네는 어떻게 도리어 시어머니를 밉다고 할 수 있나?"

어머니, 그리고 모두의 할머니

그 말을 들은 며느리는 어리둥절했습니다. 그 후로 고부간의 사이는 더없이 돈독해졌고 다시는 그런 일이 일어나지 않았습니다.

어머니는 음식에 욕심이 없는 분이셨습니다. 어린 시절 가난으로 고기나 생선은 사 먹을 엄두조차 낼 수 없었습니다. 그런데 18년 전에 연락할 당시만 해도 77세의 어머니는 더없이 건강하고 정정해 보였습니다. 문화혁명 당시 제가 대만에 머물고 있는 관계로 흑오류(黑五類: 문화혁명 시기에 지주, 부농, 반혁명분자, 불량배, 우파분자를 가리킴)로 낙인찍힌 어머니는 매월 인민폐 11위엔으로 생활하셨습니다. 사람들은 세 끼 배불리 먹지도 못한 어머니가 그토록 건강하시다는 것이 믿기 어려웠습니다.

사실 어머니는 음식으로 배를 채우는 것이 아니라 남을 도우려는 열정적인 마음, 의를 행하는 용감한 행동, 베풂으로써 얻는 즐거움을 통해 영양을 섭취하신 것이었습니다.

10여 년 전 어머니를 미국으로 모셔와 봉양할 기회가 있었습니다. 저는 기쁜 마음에 각종 채식요리를 풍성하게 차려 어머니께 대접해 드렸습니다. 하지만 어머니의 젓가락이 닿는 음식은 항상 두부전과 장아찌, 그리고 멀건 죽이었고, 가끔 차 한 잔을 곁들여 드실 뿐이었습니다. 그 세 가지 음식이 바로 어머니가 가장 만족스러워 하는 산해 진미였습니다. 어머니가 먹는 음식들을 영양전문가가 보았다면 어머니가 이렇게 정정하신 것이 불가사의한 일이라고 했을 것입니다.

앨 고어 미국 부통령이 서래사를 방문했을 때 저는 어머니 곁에서 시중을 들었습니다. 몇 년 전보다 거동이 불편하시긴 했지만 재미있게 이야기도 나누면서 자상하고 공손함을 잃지 않으셨습니다. 그런 어머니에게도 인상을 찌푸리게 하는 것이 있었습니다.

"물질만능에 익숙해진 현대인들은 물건을 아낄 줄을 몰라. 복된 세상에 태어난 것을 고마워해야 하는데 그렇지 않으니 이건 옳지 않아."

어머니는 늘 자손들에게 이렇게 훈계하셨습니다.

"사람은 누구나 만족할 줄 알고 복을 소중히 여겨야 한다. 그래야 복이 오는 것이다. 복이란 은행 저축과 같아서 내키는 대로 마구 써 버려서는 안 된다."

어머니는 한평생 이 말을 지키면서 사셨습니다. 방안 곳곳에 놓아둔 티슈를 꺼낸 어머니는 얇은 티슈를 두 장으로 떼어낸 다음 다시 네 등분으로 나눴습니다. 이러면 적어도 8번 이상은 쓸 수 있었습니다. 이런 어머니셨으니, 아껴 쓸 줄 모르고 깨끗하고 부드러운 티슈를 아무렇게나 뽑아서 테이블을 닦는 데 쓰는 걸 보시면 가슴을 치시며 이맛살을 찌푸릴 수밖에요.

'안빈安貧', '지족知足', 더 나아가 '빈곤함을 절개로 삼는다(以貧苦爲氣節)'라는 말은 어머니의 일생을 가장 잘 묘사하는 말일 것입니다.

어머니가 한평생 뿌듯하게 여기신 것이 몇 가지 있었습니다. 첫째, 어머니는 무척 검소하면서도 남을 돕는 걸 좋아하셨습니다. 6년 전, 드디어 당신의 아들이 세운 대만 불광산에 도착한 어머니는 2만여 명이 모인 신도대회에서 모두의 열렬한 환호와 함께 "안녕하세요, 할머니"라는 인사를 받으셨습니다. 한평생 이 같은 장관을 겪어보지 못한 어머니였지만, 주눅이 들거나 당황하는 빛은 전혀 없었습니다. 기쁜 마음으로 모두에게 두 손을 열심히 흔들어 보이고는 양주 사투리로 모두에게 '설법'을 하셨습니다. 저도 어머니의 임시통역사 노릇을 하게 되었습니다.

"불광산이야말로 서방의 극락세계입니다. 극락은 인간 세상에 있는 것이니 여러분 모두 열심히 수행하세요. 옛날 관세음보살께서 대향산大香山에서 깨달음을 얻으신 것처럼 여러분도 불광산에서 깨달음을 얻길 바랍니다. 모두 제게 이렇게 잘해 주셨는데 저는 여러분께 마땅히 드릴 것이 없네요. 그 대신 제 아들을 여러분께 드리겠습니다."

당신이 직접 아들을 모두에게 '보내 주신' 후 어머니는 더욱 기뻐하셨습니다. 어머니가 젊으셨을 때 '장기기증'이란 것을 아셨다면 뇌수나 오장육부까지도 모두 기증하겠다고 서약하셨을지도 모릅니다. 이것은 남을 위해 자신을 아낌없이 희생하셨던 어머니의 자비심에서 나온 것이 아니었을까요? 외할머니는 어머니를 비롯해 4남매를 낳으셨고, 어머니가 돌아가실 때까지 네 분 모두 건재했습니다. 네 분의 나이를 합하면 360세가 넘습니다. 어머니도 4남매를 낳으셨습니다. 장남인 국화國華, 장녀인 소화素華, 그리고 저와 남동생 국민國民. 이 네 사람의 평균나이는 70여 세이고 다 합하면 280세가 넘습니다. 특히 문화대혁명 중에는 가족과 생이별을 하거나 굶어 죽지 않으면 총살당하거나 자살하는 사람이 부지기수였습니다. 하지만 그 와중에도 흑오류였던 우리 가족은 모두 무사히 살아남을 수 있었고, 어머니는 그것이 모두 부처님의 광명이 있었기에 가능했던 일이라고 믿으셨습니다.

안빈, 지족, 그리고 인연과 복을 소중히 하고 기꺼이 베푸는 것 외에도 어머니 일생의 가장 소중한 재산은 신앙이었습니다. 단아한 자태에서 묻어나오는 위엄과 물러설 줄 모르는 용감함은 어머니의 천부적인 성품이었습니다.

외할머니의 가르침 덕분인지 어머니는 평생 위엄을 중시하셨습니다. "서 있을 때는 서 있는 법도가 있고, 앉아 있을 때는 앉아 있는 법도가 있다"라는 말처럼 서 있을 때는 건들거리지 않으며, 앉을 때에도 다리를 꼬고 앉는 경우가 절대 없었습니다. 또한 평생을 의자에 기대어 앉지도 않으셨고, 침대에 앉아 있을 때도 베개 또는 이불에 기대어 앉지 않으셨습니다.

최근 어머니를 봉양할 수 있게 된 저는 좀 더 편안하게 앉아 쉬실 수 있게 소파와 등받이 의자를 마련해 드렸습니다. 하지만 수년 동안 어머니가 사용하시는 것을 한 번도 본 적이 없습니다.

언제 찾아뵈어도 어머니는 항상 단정한 차림을 하고 계셨습니다. 낡고 헤지고 기운 옷이라고 해도 어머니는 신경 쓰지 않으시고 옷차림만큼은 늘 정갈하게 하셨습니다. 자장 스님, 혜화 스님 등이 몇 년 동안 어머니께 새 옷 몇 벌을 해 드렸지만, 좀처럼 바꿔 입지 않으신 것을 보면 옛것을 아끼고 사랑하는 어머니 성품의 한 단면을 엿볼 수 있습니다. 그러나 어머니는 마음을 중요하게 생각하실 뿐 외형은 전혀 상관하지 않으신다는 것을 저는 훨씬 더 지난 뒤에 알게 되었습니다. 한 번은 제가 어머니를 모시고 서래사에 왔을 때 일입니다.

"올라가기에는 후문이 더 가까우니, 오늘은 그쪽으로 가시죠?"

그러자 어머니는 이렇게 대답하셨습니다.

"자질이 뛰어난 자는 주인이 문까지 마중 나오고, 자질이 보통인 자는 접대할 사람을 내보내며, 자질이 못 미치는 자는 문을 두드려도 아무도 상대를 하지 않는다고 했다. 서래사에 도착해서 사람을 만날 수 있다면 앞문이든 뒷문이든 그게 뭐가 중요하겠니."

서래사 법당에 도착한 후 예불할 수 있도록 향을 피워드리겠다고 하자, 어머니는 이렇게 말씀하셨습니다.

"괜찮다. 부처님은 우리의 향이나 꽃을 바라는 것이 아니라 그저 평범한 우리의 마음만 원하신단다."

어머니와 함께 있을 때는 늘 어머니가 불법을 강의하시고 저는 옆에서 조용히 경청하곤 했습니다. 어느 날 제가 금강경을 설법하게 되었습니다. 제 뒤에서 듣고 계시던 어머니는 설법을 마치고 내려오는 제게 설법이 지나치게 어렵다고 책망하셨습니다.

"어떻게 사람들에게 '무아상無我相, 무인상無人相, 무중생상無衆生相, 무수자상無壽者相'이라 말할 수 있느냐? '무아상'은 그렇다 치고, '무인상'이라면 다른 사람은 안중에도 없다는 건데, 그럼 수행은 뭣하러 한단 말이냐?"

어머니의 가르침을 듣고 난 저는 아무런 대답도 할 수 없었습니다. 또한 어머니가 그토록 고집하시는 '유인상有人相'이 제가 힘써 실천하는 인간불교의 참된 진리라는 것도 깨달았습니다.

어머니는 말을 하거나 길을 걸을 때도 늘 침착하며 반듯했고, 아무리 큰일이 터져도 한 치의 흐트러진 모습을 보인 적이 없었습니다. 불교학원에서 다년간 교육을 마치고 출가하여 수계를 받은 수많은 제자들도 천성적으로 지니신 어머니의 위엄과 풍모를 존경해 마지않았습니다.

어머니는 한평생 수많은 전쟁을 통해 이별, 슬픔, 국가의 존망까지 여러 차례 겪으셨지만 우리 형제 누구도 어머니가 눈물을 흘리는 모습을 본 적이 없었습니다.

칠칠사변七七事變은 일본군이 노구교蘆溝橋에서 군사적 충돌을 일으켜 이후 항일전쟁의 불씨가 된 사건(1937. 7. 7)이었습니다. 그 해 겨울, 전쟁은 남경까지 확산되었습니다. 어머니는 양주의 어느 한 길가에 서서 당신의 집이 일본군의 무차별적인 방화 속에 잿더미로 변하는 것을 지켜보았습니다. 어린아이였던 저는 어머니를 꼭 껴안고 서 있었지만, 당시 어머니의 모습은 너무나 의연했습니다. 중일전쟁 기간 동안 중국 군대는 장정들을 징집하는 데 총력을 기울였고, 이런 일은 거의 매일, 하루에도 수차례씩 이어졌습니다. 당시 집에 있던 둘째 외삼촌 유귀생劉貴生은 장정을 징집하는 사람들이 들이닥치자 얼른 부엌의 건초더미에 몸을 숨겼습니다. 하지만 안타깝게도 다리 하나가 밖으로 빠져 나와 그들에게 발각되어 끌려갔습니다. 며칠이 지나고 어머니는 현지 경찰국장을 찾아가 억울함을 호소했습니다.

"동생은 노모를 모시고 집안을 이끌어가는 가장입니다. 그런 사람을 잡아가면 늙으신 어머니와 어린 처자식들은 어떻게 살라는 겁니까? 차라리 국장님 집에 들어가서 사는 수밖에 없겠네요."

사리가 밝은 경찰국장은 얼마 안 돼 외삼촌을 석방시켰습니다. 이를 지켜본 이웃은 어머니가 든든한 뒷배가 있는 귀부인이라 생각하고 어머니 앞에서 무릎 꿇고 가족을 구해 달라고 사정했습니다. 어머니는 나중에 결국 그 사람도 구해 내셨습니다.

이와 같은 유사한 일들은 이후에도 많았고, 어머니는 그것들을 뿌듯하게 여기셨습니다. 하지만 목숨이 걸린, 화를 당할 뻔한 사건도 있었습니다. 어머니가 아버지처럼 모시는 이웃의 어르신이 불행하게도 집안에 있던 우물의 두레박줄에 감겨 실족사를 했습니다. 성이 해解씨였던 이웃은 장례를 치를 비용조차 없을 정도로 가난했습니다. 누군가 어머니께 관 하나만이라도 사서 장례를 치러줄 것을 건의했고, 그 자리에서 바로 허락을 하신 어머니는 즉시 배를 빌려 필요한 물품을 사기 위해 장으로 향하셨습니다.

그런데 누가 알았겠습니까! 해씨 집 아들 해인보解仁保가 사람들을 선동해 우리가 사람을 죽였다며 시신을 우리 집으로 메고 온 것이었습니다. 사람들이 저마다 한마디씩 떠들어대자 순식간에 말도 안 되는 추측들이 난무하며 의견이 분분했습니다. 마침 때는 한여름이라 집집마다 논에 댈 물이 부족해 물을 훔치는 사건이 자주 발생했었습니다. 물을 훔치다 두레박줄에 걸려 죽음을 당한 것이라고 우겨도 대부분 자연스럽게 믿는 상황이었습니다.

양주에서는 검시를 하기 위해 많은 사람을 파견했습니다. 돌아오는 배 안에서 이 얘기를 들은 어머니는 관과 수의를 모두 무르고 재판 준비를 하셨습니다. 이때는 이미 시체가 부패하기 시작해 아무도 냄새를 맡을 수 없었습니다. 그날 밤 아버지를 잡아가기 위해 사람들이 집으로 들이닥쳤습니다. 어린 저는 소란스러운 소리에 놀라 침대 밑에 숨어 가만히 쳐다보기만 할 뿐 밖으로 나올 엄두를 내지 못했습니다. 체포된 후 양주로 이송되었던 아버지는 이틀 후 1차 심의를 받고 집으로 돌아오셨습니다. 뒤에 사건이 소주蘇州 고등법원으로 넘어가자 피고인 신분의 부모님은 다시 소주로 가셨습니다. 하지만 원고인 해인보는 무슨 이유에서인지 법정에 출석하지 않았습니다. 해씨네는 그저 돈푼이나 뜯어낼 생각이었을 뿐, 대도시에 출두해 재판까지 하게 되리라고는 생각지 못했을 것입니다. 게다가 재판에 지기라도 한다면 모든 비용을 다 부담해야 하니 출석하지 않은 것이었습니다.

판사가 어머니께 물었습니다.

"원고는 왜 나오지 않은 겁니까?"

"전 모릅니다."

판사가 다시 물었습니다.

"당신들이 죽인 거 맞습니까?"

"아닙니다."

세상 물정 모르는 시골사람답지 않게 태연하면서도 명쾌한 어머니의 답변 때문이었는지 두 분은 그 자리에서 무죄판결을 받았습니다. 그 후로 어머니는 '침착하게 대응해 소송에서 이긴 것'을 한평생 뿌듯하게 여기셨습니다.

제가 출가하여 불학원佛學院에서 공부할 때에도 어머니는 해씨 집안이 당시 우리 집을 모함했었던 일을 전혀 맘에 두지 않으시고, 해인보가 할 만한 일자리를 알아봐 달라고 거듭 당부하셨습니다. 어머니야말로 너그럽고 호방한 여걸 중의 여걸이었습니다.

두 차례의 전쟁 동안 수많은 전투가 치러졌고 또 수많은 사람들이 그 전투에서 죽어 갔습니다. 길을 가고 있던 어머니는 땅에 누워 있던 병사에 걸려 넘어질 뻔한 적이 있었습니다. 어머니는 아직 살아 있는 병사를 안심시켰습니다.

"내가 도와줄 테니 움직이지 말아요."

말을 마치자마자 집으로 돌아온 어머니는 널빤지를 찾아내 들것을 만들어 이웃과 함께 병사를 후방으로 데려다 주었습니다. 몇 년 후 진급한 그 병사는 허리에 권총까지 차고 당당한 모습으로 어머니를 찾아와 목숨을 구해주셔서 감사하다는 인사를 하기도 했습니다.

이처럼 총알이 빗발치는 곳에서 고통스럽고 비통한 전쟁의 참상을 모르는 철없던 우리들은 심심할 때면 전투가 벌어졌던 곳으로 달려가 죽은 사람의 숫자를 세며 노는 것이 또 하나의 놀이였습니다. 어머니가 그런 곳에 다시는 가지 말라고 수차례 경고를 했지만, 한두 번 정도는 몰래 다녀오곤 했습니다. 어린아이 둘이 전사자의 숫자를 세다 폭탄이 터져 즉사했다는 얘기를 듣고 어머니가 황급히 우리를 찾으러 뛰어나온 적도 있었습니다. 우리가 무사한 것을 보고 그제서야 어머니는 한시름을 놓으셨습니다. 이때가 아마 어머니께서 가장 초조하고 다급했던 순간이었을 것입니다.

몇 년 전 남경 우화대雨花台에 머물고 있을 때, 저는 아름다운 경치가 한 눈에 보이는 이선념李先念 선생 자제분의 주택 근처에 아담한 집 한 채를 사서 어머니를 거처하시게 했습니다. 중화민국 '도움의 손길 핫라인'의 창설자인 조중식曺仲植 거사, 선을 행함을 낙으로 여기는 방송 제작자인 주지민周志敏 거사, 입법위원인 반유강潘維剛 양, '소왕야小王爺'라 불리는 진려려陳麗麗 양, 기업가 유소명劉昭明 거사, 작가 부지영符芝瑛 양 등 많은 신도들이 어머니를 찾아뵈러 대만에서 건너왔습니다. 손님이 찾아오는 걸 좋아하시는 어머니는 언제나 밝은 표정으로 모두를 정성껏 대접하셨습니다. 우리 집에는 몇 십 년 동안 이어져 온 전통이 하나 있습니다. 식구가 여섯이면 꼭 여덟 명 분의 식사를 미리 준비해 놓습니다. 손님이 들이닥치고 나서야 허둥지둥 준비하느라 멀리서 온 손님을 오래 기다리지 않도록 하기 위해서였습니다. 손님이 오시면 바로 차를 내올 수 있게 어머니는 매일 아침 일찍 커다란 차관茶罐에 차를 끓여놓으셨습니다. 어느 날 제가 어머니를 뵈러 집에 가니, 아들 손자 수십 명이 어머니 곁에 옹기종기 모여 앉아 있었습니다. 행복한 어머니의 마음이 말씀에서도 고스란히 묻어났습니다.

"수많은 가지에서 피어나는 복숭아꽃도 뿌리는 하나란다."

이처럼 어머니는 가정의 도리를 중요하게 여기시는 분이셨습니다.

1989년 어머니는 처음 서래사에서 새해를 보내셨고, 제가 곁에 머물면서 벗이 되어 드렸습니다. 어머니는 아버지가 신의 있고 착실한 사람이라는 외할머니의 말씀 한마디만 믿고 시집을 오셨습니다. 아버지는 향초가게와 옷가게를 운영하셨지만 경영난에 허덕이다 결국 집의 전답까지 모두 빚 갚는 데 들어갔습니다. 유일하게 채식 요리집을 경영할 때에만 이웃 친지들로부터 일류 요리 못지않다는 칭찬을 들었습니다. 중일전쟁 중 '남경대학살(1937.12.31~1938.1)'이 일어났을 때 아버지가 실종되셨습니다. 마흔을 갓 넘긴 어머니는 열두 살의 나를 데리고 아버지를 찾아 시내 곳곳을 돌아다녔습니다. 그러다 서하산棲霞山을 지나면서 우연하게 내뱉은 한마디로 저는 출가까지 하게 되었습니다. 저는 어머니께 그 당시 어떻게 저의 출가를 허락할 생각을 하셨는지 여쭤 본 적이 있었습니다. 어머니는 이렇게 대답하셨습니다.

"네가 장래가 유망한 아이란 건 알고 있었지만 난 그걸 뒷받침해 줄 여력이 없었단다. 그리고 네가 불교 속에서 배우고 발전할 수 있다면 나쁠 것도 없었기 때문이었지."

지금 돌이켜보면 당시 어머니의 선견지명이 놀랍고 감사할 따름입니다.

아무리 작은 도움을 받더라도 어머니는 꼭 더 크게 보답을 하셨습니다. 당산唐山 대지진이 일어났을 당시, 지진의 여파가 양주까지 미칠까 염려한 어머니는 가족 모두를 데리고 부득이 상해에 살고 있는 친척 집으로 피난 가서 수개월 동안 머물렀습니다. 어머니와 다시 해후한 뒤로 18년 동안 어머니는 그때의 은혜를 갚아야 한다며 친척에게 라디오, TV, 냉장고 등 각종 가전제품을 보내주라고 끊임없이 얘기하셨습니다. 은혜를 입으면 보답해야 한다는 어머니의 신념에 기인하여, 후에 불광산 타이베이(台北) 분원과 불광산 타이난강당(台南講堂) 등에 '적수방滴水坊'을 마련하였습니다. 이것은 '작은 은혜를 크게 보답한다(滴水之恩 湧泉以報)'는 어머니의 정신을 이은 것이었습니다.

사람들은 저와 이야기를 나누면 봄바람처럼 시원하게 가슴이 뚫리며 불교를 쉽게 이해할 수 있다고 감탄하지만, 저는 어머니 앞에서 거의 말할 기회가 없습니다. 어머니가 말씀을 하기 시작하면 모든 사람들은 숨죽인 채 자연스럽게 그 말씀에 귀를 기울였습니다. 어머니는 종종 삼황오제三皇五帝가 건곤乾坤을 만든 것에서부터 손문, 장개석, 모택동에서 등소평, 강택민, 이붕 등에 이르기까지 흥미진진하면서도 차분하게 얘기를 하실 수 있는 분이셨습니다.

제가 중국에 어머니를 뵈러 갔을 때의 일입니다. 안부 인사를 드리고 나서 트렁크를 열고 가져온 의복을 선물로 어머니께 드렸습니다.

다 살펴보고 난 어머니는 이렇게 말씀하셨습니다.

"나한테 옷을 사다 줬으니, 나도 너한테 뭔가를 줘야겠구나."

말을 마친 어머니는 베개 옆에서 양말 십여 켤레를 꺼내 저의 손에 쥐어주셨습니다.

"양말 하나면 1~2년은 신을 수 있는데 뭘 이렇게 많이 사셨어요?"

"애야, 양말 하나로 1~2년 신을 수 있으니 이 정도면 넌 이백 살까지 살 수 있지 않겠니?"

잠시 뒤 어머니는 그 동안 모은 명함을 꺼내 그 사람들을 모두 잘 안다는 듯 하나씩 보여주셨습니다. 이때 제가 주머니에서 제 명함을 꺼내 어머니에게 건네주자 어머니는 빙그레 웃으며 말씀하셨습니다.

"어쩜, 이건 부처님의 명함이구나."

어머니는 이렇게 유머가 있고 재치 있는 분이었습니다.

어느 해 설 전날, 어머니는 손자인 이춘래李春來에게 줄 새 신발 한 켤레를 사 오셨습니다. 하지만 돌아오는 길에 엄동설한에 맨발로 걸어가고 있는 거지를 본 어머니는 아무 망설임 없이 그에게 신발을 줘 버렸습니다. 춘래는 할머니가 새 신발을 사 왔다는 말을 듣고 팔짝팔짝 뛰며 좋아했습니다. 하지만 이상하게도 신발은 어디에도 보이지 않았습니다. 애가 타서 신발을 찾는 손자를 본 어머니가 재빨리 말했습니다.

"찾아내면 좋은 징조이고, 못 찾아도 부처님의 뜻일 게다."

이 말을 들은 춘래는 뭔가 깊은 뜻이 숨겨져 있을 거라 생각했습니다. 평소 할머니가 불쌍한 사람들에게 자주 나눠 주신다는 것을 알고 있던 춘래는 헌 신발을 신고 즐겁게 설을 보냈습니다.

1949년 중국은 정국이 몹시 혼란스러웠습니다. '승려구호대'를 이끌고 대만으로 건너온 저는 그때부터 어머니와의 소식이 끊겼습니다. 당시 중국에서는 제가 이미 대만 군대에 입대했으며 대장이라는 높은 지위에 올랐다는 소문까지 돌았고, 그때부터 우리 가족은 흑오류에 편입되었습니다. 이 일로 어머니까지 연루되어 고생하셨고, 하루하루 일을 하고 양식을 배급받는 생활을 해야만 했습니다. 문화대혁명 시기 공안(公安: 중국경찰)에 잡혀간 어머니는 그들의 위협과 협박 속에 심문을 받으셨습니다.

"당신 아들 어디 있어? 빨리 말해. 사실대로 털어놓으면 선처해 주겠지만 그렇지 않으면 험한 꼴 당할 줄 알아!"

"자식을 키우면서 옆에 두고 효도 받고 싶지 않은 부모가 세상천지 어디 있겠소. 하지만 발 달린 짐승이 자기 가고 싶은 대로 가는데, 그 아이가 어디 있는지 내가 어찌 알겠소?"

"우리는 당신 아들이 당신한테 보낸 편지도 입수했어. 그런데도 어디 있는지 모른다고 시치미 뗄 거야?"

어머니는 공안의 강요에도 굽힘이 없이 차분하게 대답하셨습니다.

"내 아들 편지를 갖고 있는 당신이 어디 있는지 알겠지, 내가 어찌 알겠소. 정말 그 아일 찾고 싶다면 나한테 경비나 좀 대주시오. 그럼 내가 가서 찾아보리다."

그러고 나서 어머니는 그에게 충고의 한마디를 덧붙이셨습니다.

"아들을 낳았다고 덕을 보기는커녕 도리어 말썽만 일으키는군요. 그러니 당신도 앞으로 아들은 키우지 마시오."

1990년, 어머니가 대만 불광산에 오셨을 때 한 기자가 대만과 중국

중 어느 쪽이 좋은지 질문을 한 적이 있었습니다. 민감한 문제였으므로 당시 곁에 있던 저도 남모르게 식은땀을 흘렸습니다. 놀랍게도 어머니는 태연하게 대답하셨습니다.

"대만은 경제적으로 번성하고 국민들의 생활도 풍요롭지만, 중국에서 한평생을 산 이 늙은이에게는 중국이 더 습이 배이지 않았겠소이까."

어머니의 자연스럽고 원만한 대답을 듣고 그 자리에 있던 모든 사람이 탄복해 마지않았습니다.

사실 어머니의 기지는 젊은 시절에도 여지없이 드러났습니다. 학교를 다닌 적은 없었지만 매사 무엇이든 관심을 갖는 데다가 향화신(香火神: 지방축제의 일종)의 연극에서 나오는 중국 민간의 충효와 절개, 그리고 인과응보에 관한 수많은 이야기를 접하면서 적지 않은 성어와 시구들을 배우셨습니다. 덕분에 훌륭한 문장을 얘기할 수 있는 것은 물론, 종종 제가 글자를 잘못 읽으면 교정도 해 주셨습니다. 지금까지도 저는 신도들에게 자주 이런 말을 합니다.

"저는 글자를 배운 적이 전혀 없는 어머니에게서 중국의 수많은 글자를 배웠습니다."

어느 신도가 어머니께 이렇게 물었습니다.

"할머니, 출가하면 어떤 점이 좋은가요?"

어머니는 자연스럽게 술술 읊어 나갔습니다.

첫째, 출가를 하면 시부모의 구박을 받는 일이 없고
둘째, 출가를 하면 지아비의 치근덕거림을 받지 않아도 되며

셋째, 출가를 하면 부엌살림의 괴로움이 생기지 않는다.
넷째, 출가를 하면 집안일로 바쁘지 않아도 되고
다섯째, 출가를 하면 아기를 안지 않아도 되며
여섯째, 출가를 하면 독수공방을 하지 않아도 된다.
일곱째, 출가를 하면 쌀값 걱정을 하지 않아도 되고
여덟째, 출가를 하면 친척의 시기를 받지 않아도 되며
아홉째, 출가를 하면 사내대장부 같은 기개를 갖게 된다.
열째, 출가를 하면 선행을 쌓아 공덕을 원만하게 한다.

어머니의 말이 끝나기가 무섭게 열렬한 박수소리가 터져 나왔습니다. 어떻게 하시는 말씀마다 그대로 훌륭한 문장이 되는지, 저로서는 도저히 알 길이 없었습니다.

불광산에 온 신도들이 수행의 비결 등을 물어보면 어머니는 이렇게 대답하셨습니다.

"나 같은 늙은이에게 무슨 비결이 있겠어요. 하지만 선한 마음을 갖고 선한 생각으로 발심하면 그곳이 곧 극락이란 것은 압니다. 불도와 부귀영화는 모두 자신의 생각에 달려 있는 겁니다."

어머니의 지혜와 유머, 그리고 풍부한 선문답 덕분에 어머니는 수많은 인연을 맺게 되었으며, 그것을 어머니께서도 대단히 만족스러워 하셨습니다. 사부대중뿐만 아니라 평소 다른 이에게 법문을 하는 저까지도 어머니의 이야기를 듣는 걸 좋아했습니다.

어머니는 천성적으로 '할머니의 자상함'을 갖고 태어나신 분이었습니다. 제가 각지를 돌며 홍법을 하고 있을 때 어머니는 저 대신 제자들에게 가르침을 주셨습니다. 한 번은 어머니가 서래대학의 스님들께 이렇게 말했습니다.

"승단 안에 인원이 많으니 나름의 의견도 무척 많을 것입니다. 하지만 그대들은 융화라는 것도 알아야 합니다. 그대들 사부師父의 사업이 방대하고 불법도 크니, 그대들도 사부를 따라 마음을 좀 더 넓게 가져야 할 것입니다."

당시 서래사를 들려 참례하던 승만서원勝鬘書院의 학생들을 보시고는 이번에는 말투를 바꿔 다음과 같이 말씀하셨습니다.

"자네들 같은 학생들은 집에서도 수행을 할 수 있어요. 예전에 나와 안면이 있는 판사에게 법조계에서도 수행을 할 수 있다고 자주 말하곤 했지요. 그러자 후에 그 사람은 사형수를 무기징역으로, 무기징역수는 형량을 낮춰 주었어요. 10년이면 5년으로 이렇게 말이에요. 이렇게 은혜를 받은 죄수들 모두 그 후 마음을 고쳐먹었다고 하니 정말 공덕이 무량한 것 아닌가요."

한번은 제가 "어머니는 참 자비로우세요"라고 칭찬을 해드리자, 어머니는 이렇게 대답하셨습니다.

"내가 자비롭지 않았다면 네가 환생해서 내 곁으로 올 수 있었겠니?"

양주 고향집에 살 때, 70세가 넘으셨음에도 어머니는 매일 운하까지 가서 물을 길어 오셨습니다. 물을 끓인 다음 부근의 초등학교로 간 어머니는 손수 그릇에 부어(당시에는 찻잔이 없었다) 교사와 학생들이 마실 수 있도록 하나씩 의자에 올려놓았습니다. 후에 존경의 표시로 손자가 할머니를 부르듯 이구동성으로 다정하게 '할머니'라고 불렀습니다. 그때의 '할머니'란 세 글자가 바다를 건너, 이제 세계에 울려 퍼지리라고 누가 생각이나 했을까요!

어느 해인가, 제가 홍콩의 홍감紅磡체육관에서 불학강좌를 주재하고 있을 때 어머니께서 저를 보고자 상해에서부터 구룡까지 그 먼 길을 달려오셨습니다. 강연장으로 떠나기 전 어머니는 제게 이렇게 말씀하셨습니다.

"오늘 강연이 있다는 걸 안다. 내가 있으면 마음이 분산돼 자칫 실수라도 할 수 있으니 난 집에서 기다리마. 우리 모자가 오래간만에 어렵게 만난 만큼 넌 모두를 극락세계로 인도하는 데 정성을 다하거라."

"네, 어머님. 분부대로 성심을 다하겠습니다."

미국에 홍법을 하러 갈 때마다 저는 바쁜 와중에도 짬을 내어 어머니께 문안을 드리고 효도를 다했습니다. 제게 간절한 표정을 지어보이시는 어머니를 대할 때마다 차마 떨치고 일어나지 못해 할 일이 산더미인데도 한두 시간은 앉아 한담을 나누곤 했습니다. 심지어 밤이 깊은 줄도 모르고 이야기꽃을 피운 적도 있었습니다. 후에 손자들이 이 사실을 알고 옆에서 "둘째 나리 잠자리 드실 시간이에요", "둘째 나리 아직 식사도 안 하셨대요", "둘째 나리 곧 법회 시작하셔야 해요", "둘째 나리 손님이 기다리고 계시대요"라며 귀띔을 해주곤 했습니다. 다른 이의 뜻을 존중하는 어머니는 이런 말을 들으면 언제나 어서 가라고 저의 등을 떠미셨습니다.

어머니가 돌아가신 후 저는 미국에 있는 저의 숙소에 빈소를 차렸습니다. 향불 연기 그윽한 가운데 지난 일들이 하나둘 주마등처럼 스치고 지나가며 가슴을 파고들었습니다. 6년 전 어머니는 집 계단에서 굴러 다리가 골절되셨습니다. 당시 저는 홍법을 위해 오스트리아로 향하던 비행기 안에 있었습니다. 어머니의 수술이 끝나고 회복실에 계실 때에 비로소 저는 이 소식을 듣게 되었습니다. 다리가 골절된 걸 안 어머니가 하신 첫 말씀은 서래사의 모든 사람에게 이른 당부의 말이었습니다.

"밖에서 홍법하는 사람이 나 때문에 걱정하는 것은 원하지 않으니까, 그대들 사부에게는 알리지 말아요."

어머니는 나름의 인생관을 가지고 있었습니다.

"남이 괴롭히는 것은 대수롭지 않아. 사람이란 모름지기 선의를 가져야 해. 날 보렴. 북벌전쟁, 항일전쟁, 문화대혁명까지 수많은 고통과 고난을 당했지만 90세까지 잘 살지 않았니?"

어머니가 대만 불광산에 오신 그해, 만국도덕회萬國道德會에서 마침 『현모전賢母傳』이라는 내용의 연재를 준비 중이라며 어머니에게 인터뷰를 신청해 왔습니다. 어머니의 얘기를 쓰는 게 어떠냐며 슬쩍 의향을 여쭤보았지만 어머니는 고개를 힘차게 내저으며 말했습니다.

"난 싫다. 사람이란 평범할수록 좋은 것이야."

그리고는 아쉬울 것 없다는 투로 말씀하셨습니다.

"너도 이처럼 '큰 인물'이 되니 힘들지 않느냐?"

자녀를 생각하는 부모님의 마음이란 정말 끝이 없는 것 같습니다.

어머니가 하신 이 모든 말씀이 아직도 귓전에 울리는 것 같은데, 어머니는 이미 세상을 떠나시고 안 계십니다.

6월 16일 불광산 제자들의 효심을 받들어 어머니를 위한 회은법회를 거행했습니다. 법회를 거행하기 전 신도들에게까지는 알리지 말라고 제자들에게 당부하였지만, 소식은 일파만파로 퍼져 어머니를 추모하고자 여래전如來殿을 찾는 사람의 행렬이 끊이질 않았습니다. 5천 명 정도가 다녀갔던 것으로 추산됩니다. 이런 광경을 보고 있자니 어머니가 처음 불광산에 오셨을 때가 떠올랐습니다. 그때 어머니는 모두에게 이렇게 말씀하셨습니다.

"불광산이 바로 서방의 극락세계입니다. 사람들 마음마다 영산탑 靈山塔이 있으니, 그 영산탑을 향해 열심히 수행하십시오. 모두 성불하시기를 바라는 마음으로 내 아들을 여러분께 드립니다."

이 세상과 어머니와의 인연은 끝이 났습니다. 하지만 이민을 떠나는 사람처럼 어머니는 행장을 꾸려 또 다른 세상으로 다시 올 준비를 하고 있을 것입니다. 어머니처럼 '유인상有人相'이시며 인간불교의 성격을 타고나신 분은 중생과 떨어지는 것이 아쉬워서라도, 얼마 지나지 않아 반드시 우리의 곁으로 다시 오실 것입니다.

영민종합병원 심장 수술기

'다이애나 태풍' 덕분에 희뿌연 먼지에 덮여 있던 대만의 꽃과 나무들이 잠시나마 생기를 되찾았습니다. 특히 불광산의 보리수 잎은 그 어느 때보다 싱그럽고 파릇파릇했습니다. 흙먼지로 잔뜩 찌푸렸던 타이완(대만)에 봄 향기를 느끼게 해 준 '다이애나 태풍'이야말로 자연치료사가 아닐까 싶습니다.

타이베이의 영민榮民종합병원은 60일 전 관상동맥이 막혀 생사를 넘나드는 저에게 '관상동맥 우회로 이식수술'로 골칫거리를 제거해 준 곳입니다. 병원관계자 모두 저를 새로운 생명의 세계로 나아가도록 도와 주고 보살펴 주었으니, 그 은혜가 한없이 크다 하겠습니다.

어느덧 일흔의 나이를 바라보고 있는 저는 지금까지 큰 말썽 없이 잘 견뎌준 제 몸에게 무척이나 감사할 따름입니다. 어릴 적에 저는 실수로 꽁꽁 언 강물에 빠진 적이 있었습니다. 그곳에서 살아날 가능성은 희박했습니다. 제가 어떻게 강물 속에서 빠져 나왔는지는 알 수 없지만, 집으로 돌아와 생강 달인 국물을 마시고는 아무 일도 없었다는 듯 자리에서 툭툭 털고 일어났습니다. 또한 사미승沙彌僧 시절에는 학질에 걸려 죽을 고비를 넘긴 적도 있었습니다. 약이 귀하던 당시에 스승인 지개상인(志開上人, 1911~1981)께서 보내준 장아찌를 먹고는 다른 약은 복용하지도 않은 채 씻은 듯이 나았습니다.

20살 무렵, 대만으로 건너 온 저는 그때서야 자전거 타는 법을 배웠습니다. 시원한 봄바람을 맞으며 좁은 시골길을 누비고 다니던 어느 날, 갑자기 튀어나온 여자아이를 치일 뻔했습니다. 곧바로 핸들을 꺾어 충돌은 피할 수 있었지만 저는 자전거와 함께 십여 미터나 되는 다리 밑으로 떨어졌습니다. 자전거가 뒤집힌 채 강 언덕으로 추락하던 순간 저의 머릿속에는 '아! 이제 곧 죽는구나'라는 생각이 들었습니다. 가까스로 정신을 차린 저는 먼저 머리를 만져 보았습니다. 머리는 다행히도 제자리에 꼭 붙어 있었고, 십여 미터 다리에서 떨어졌는데도 겨우 찰과상만 입었을 뿐이었습니다. 저는 망가진 자전거를 메고 형편없는 몰골로 제가 묵고 있는 사찰로 터덜터덜 돌아왔습니다. 사람이 자전거를 탄 것이 아니라 거꾸로 자전거가 사람을 탄 꼴이었습니다. 하지만 '이런 경험을 언제 해 볼 수 있으랴?' 하는 생각이 들었으며, 이런 색다른 느낌이 과히 나쁘지는 않았습니다.

서른 살 조금 넘어, 저는 홍법을 펼치기 위해 젊은이들과 (대만 서북부 지역에 있는) 의란宜蘭 뇌음사雷音寺에 갔습니다. 당시 저는 의욕에 불타 시골 마을부터 번잡한 도시까지 가리지 않고 돌아다녔습니다. 비포장도로에서는 차가 심하게 덜컹거려 바닥에 놓아 둔 음향기가 고장 날까 봐 무릎에 올려놓고 열몇 시간을 간 적도 있었습니다. 그게 원인이 되었을까요? 저는 류머티즘에 걸려 두 다리를 절단해야 한다는 청천벽력 같은 진단을 받았습니다. 하지만 다시 바쁜 일정 때문에 그 일은 까맣게 잊고 지냈습니다. 그로부터 얼마 후 약을 제대로 챙겨 먹지도 않았건만 신기하게도 류머티즘은 깨끗하게 나았습니다.

쉰을 좀 넘어서는 당뇨병 진단을 받기도 했습니다. 이것은 제 몸이 저에게 음식 조절과 적절한 휴식이 필요하다고 처음으로 보내는 신호였습니다. 요 몇 년 동안 제 몸보다는 신도들과의 약속을 지키기 위해 국내외로 시간에 쫓기며 뛰어다녔습니다. 마음으로는 바쁘지 않다고 생각했지만, 수십 년을 사용한 몸은 필요한 음식이 무엇인지 충고하고 있었습니다.

당뇨병 환자는 철저하게 음식 조절을 해야 합니다. 기름기가 적고, 당을 삼가며, 염분은 정량을 지켜 먹어야 합니다. 특히 튀긴 음식은 일절 피해야 합니다. 채소와 과일은 섬유질이 높고 당분이 낮은 것을 먹어야 합니다. 비만인 당뇨병 환자가 체중을 감량하는 데 가장 중요한 것은 혈당 조절입니다. 평소 음식과 운동, 약물을 병행해야만 효과를 볼 수 있습니다. 식사 후 30분 정도의 산책도 혈당을 내리는 데 도움이 됩니다.

2년 전에 넘어져 다리가 부러지는 바람에 3개월가량 거동이 불편했었습니다. 영민병원의 채세택蔡世澤 박사는 혈당을 제어하기 위해 인슐린을 맞을 것을 권했습니다. 2년 여 동안 아침저녁으로 주사를 맞고, 약을 먹고, 손을 따서 혈당을 측정하는 것이 저의 또 다른 일과처럼 되어버렸습니다.

채 박사는 당뇨병 환자는 아찔한 줄타기를 하는 사람과 같다고 말했습니다. 70에서 100mg/dl인 혈당 사이에 놓인 줄 위에 선 당뇨병 환자는 한쪽으로 치우치면 목숨을 앗아갈 수 있는 쇼크가 오고, 다른 한쪽으로 치우치면 호전의 기미가 보이는 것입니다. 물론 이 과정에서는 한 치의 실수도 용납되지 않습니다.

남녀노소 누구든 일단 당뇨병에 걸리면 평생 '동반자'로 생각하고 살아야 합니다. 새하얗게 샌 노인의 머리가 검은 머리의 청년으로 되돌아가는 것이 불가능하듯 완치되기가 무척 어렵기 때문입니다.

작년 8월 홍법을 위해 평생 처음 남아프리카로 날아간 저는 그곳에서 귀의 의식, 강연, 법문, 가정 법회 등을 가졌고, 손님들을 만나 얘기도 나누는 등 그 어느 때보다도 바쁜 일정을 보냈습니다. 그러던 어느 날 갑자기 심장이 뒤틀리듯 아파왔습니다. 저는 대만으로 돌아오자마자 영민병원의 강지환江志桓 박사에게 심도관 수술 여부를 물었습니다. 강 박사는 심장에서 나오는 세 관상동맥이 심각할 정도로 막혀 있어 즉시 수술해야 한다고 말했습니다.

하지만 제 머릿속에 제일 먼저 떠오른 것은 이미 잡혀 있는 유럽 일정이었습니다. 특히 창립식을 거행하기 위해 저를 기다리는 유럽의 수많은 불광회가 마음에 걸려 수술 날짜를 뒤로 미루고 저는 열몇 시간의 비행을 강행했습니다. 대만으로 돌아오는 비행시간만 해도 서른 시간이 넘게 걸렸지만, 오랫동안 품어 왔던 제 염원을 이루고 나니 마음만은 어느 때보다 즐거웠습니다.

설을 지낼 즈음 저는 말하는 것조차 힘들 정도로 몸 상태가 심각했습니다. 제 몸은 치료를 더 미루면 생명이 위험하다는 심각한 신호를 보내고 있었습니다.

    같은 해 4월에는 불광회 세계총회 제6차 이사회가 필리핀에서 열릴 예정이었습니다. 이번 회의에는 저도 참석하겠노라 이미 약속을 해 놓은 상태였습니다. 의사가 하루빨리 수술을 하고 반 년 정도 요양을 해야 한다고 말했지만, 그렇게 하다간 제 약속을 지키지 못하게 될 것 같아 결국 필리핀 행을 결심했습니다.

    필리핀에 있던 저는 40년을 저와 동고동락했던 불광산 주지 심평心平 스님이 저보다 먼저 저 세상으로 떠났다는 비통한 소식을 전해 들었습니다. 불광산으로 돌아온 저는 늦게나마 만수당萬壽堂에 안치된 스님의 마지막 모습을 볼 수 있었습니다. '생명무상生命無常'이라는 말은 우리 출가자들에게 더 깊이 와 닿는 말입니다. 그 말이 지금 제게는 더욱 커다란 충격으로 다가왔습니다. 천여 명에 가까운 제자들은 그 누구하고도 바꿀 수 없는 존재들로, 제게는 정말 귀한 사람들임을 다시 한 번 절실하게 깨닫게 되었습니다.

    약물의 힘을 빌려 8개월 여 동안 지탱해 왔던 제 심장에게 저는 참 많이 미안했습니다. 그 미안함에 보답하고자 이제부터는 소중히 대하기로 마음먹으며 영민병원에 입원해 수술을 받기로 결정했습니다.

    4월 19일, 병실에 들어선 저는 이처럼 안락한 병실을 제공해 준 병원 관계자분들에게 감사의 뜻을 표했습니다.

    영민병원에서는 팽방곡彭芳谷 원장과 강필영姜必領 부원장의 지도하에 나의 치료를 위한 의료전담팀이 꾸려졌습니다. 강지환, 채세택, 이덕예李德譽, 진국한陳國瀚, 여영민余榮敏, 왕가홍王家弘, 유혜령游惠玲, 이숙분李淑芬, 이곤화李坤華 등 각 과의 전문의로서 병원 내에서도 우수한 의사들이 나의 진료를 담당하게 되었습니다.

젊고 유능한 장연張燕 선생이 나의 집도의로 결정되었습니다. 그는 남아프리카에서 열린 세계 최초 심장이식수술에 참가한 적이 있으며, 남아프리가 케이프타운Cape Town에서 심장수술 훈련 과정을 이수했습니다. 또한 천여 명이나 되는 환자를 수술한 경력도 가지고 있었습니다. 모두들 그를 '대만 제일의 심장수술 집도의'라고 추앙하고 있었습니다.

오후 2시, 제가 병원에 도착하자 간호사들이 수술을 하기 전 필요한 검사를 하기 시작했습니다. 신장 1미터 78센티, 체중 86.5킬로, 혈압 160/70, 체온 36도.

오후 5시, 본격적인 수술에 앞서 장연 선생이 심장 모형을 보여주며 심장의 구조와 기능 등에 대해 자세히 설명해 주었습니다.

"심장은 근육으로 둘러싸여 있으나 속이 비어 있는 장기입니다. 어른 주먹 크기인데 흉강 내의 양쪽 허파 사이에 위치하고 있습니다. 날마다 쉬지 않고 24시간 혈액을 순환기 계통으로 보내 인체가 필요로 하는 것을 제공하지요. 심장은 산소를 함유한 혈액을 동맥으로 보냈다가 다시 동맥을 거쳐 신체의 각 기관으로 보내는 역할을 합니다. 그와 동시에 정맥의 산소가 부족한 혈액을 모아 폐로 보내 가스를 교환하는 역할을 합니다. 심장혈관계통에는 심장, 동맥, 정맥, 모세혈관, 림프관 등이 있습니다. 심장에 산소와 양분을 제공하는 혈관을 '관상동맥'이라 부르며 주동맥이 세 개 있습니다. 하나 혹은 그 이상의 혈관이 좁아지거나 막히게 되면 심근경색이나 심근혈액부족이 야기되고 그로 인해 흉부통증 혹은 전체 기능의 정상적인 활동을 방해하게 됩니다. 계속되면 협심증, 심장박동 불균형, 충혈성 심장쇠약, 쇼크 및 폐수종 등의 합병증을 유발할 수 있습니다. 관상동맥경화 혹은 막힘 같은 현상의 원인은 대부분 긴장과 피로, 고혈압, 당뇨병, 업무스트레스, 비만체형, 운동부족에서 야기됩니다."

나의 경우는 수시로 다니는 장거리 여행의 피로와 교통체증의 스트레스가 그 원인이었습니다. 즉 저는 '고속도로질주 증후군'에 걸렸다고 할 수 있었습니다.

계속되는 장연 선생의 수술 과정 설명은 의학 분야에 문외한인 저에게 놀랍고도 충격적인 일이었습니다. 하지만 제 몸의 상황을 이해할 수 있도록 자세하게 설명해 준 장연 선생에게 다시 한 번 감사드립니다.

4월 20일, 오전 7시 30분부터 혈액검사, 소변검사, 좌심실 조영술 검사, 심전도, 흉부 X레이, 응혈시간 체크, 폐 기능검사, 혈관 기능검사 등 본격적인 검사가 시작되었습니다.

정오에 호흡치료과의 곽정전郭正典 의사가 와서 오전에 했던 검사 결과를 설명해 주었습니다. 심장이 약간 비대하게 커져 산소 부족을 야기하고, 혈관이 부분적으로 막히긴 했으나 그 외의 다른 기관은 정상이라고 했습니다.

오후에는 재활치료과의 채맹서蔡孟書, 유혜령 선생이 수술 전후에 반드시 해야 할 몇 가지 재활치료 동작을 가르쳐 주었습니다.

첫째, 숨을 들이마시고 내쉬는 운동입니다.

이 운동은 가래를 깨끗이 뱉어내는 데 유용한 동시에 수술 후 가장 중요한 동작 중의 하나입니다. 수술을 하게 되면 정상적인 생리작용에 영향을 받게 됩니다. 가장 뚜렷하게 나타나는 증상이 폐에 가래가 쌓이는 것입니다. 수술 전 이 동작의 요령을 익혀둬야만 수술 후 가래를 뱉어내는 데 유용합니다. 가래를 빠른 시간 내에 깨끗이 뱉어낼수록 신체의 운동기능 역시 그만큼 빨리 회복되며, 가래가 폐에 머무는 시간이 길면 폐렴으로까지 확산될 수도 있습니다.

이런 호흡 훈련에는 폐활량 기계를 사용해 숨을 내뱉는 크기를 보여줍니다. 2000ml에서 시작해 2500ml까지 올라가는 것이 보통입니다. 수술 전 연습 삼아 폐활량 기계를 보며 간호사의 말대로 숨을 크게 들이마시고 내쉬어 보였습니다. 숨을 깊게 들이마시자 눈금이 3000ml, 4000ml를 지나 최고점까지 상승했습니다. 아직 숨이 차오르지도, 힘이 들지도 않는 것이 오히려 재미있기까지 했습니다. 간호사는 일반적으로 한 번 연습하면 5분은 쉬어야 한다고 했습니다. 하지만 저는 3분 동안 세 번이나 숨을 들이마셨고, 매번 최고점에 도달했습니다. 최고점의 눈금이 5000ml 이상이었다면 그 이상도 올라갔을지도 모를 일입니다. 이 정도의 폐활량은 운동으로 다져진 사람만이 할 수 있는 양이라며 간호사도 놀라워했습니다.

둘째, 가슴을 펴고 크게 기침하기입니다.

수술이 끝난 후 하루 이틀이 지나 마취에서 완전히 깨어나면 기침을 통해 가래를 뱉어 내야 합니다. 또한 흉부 수술이므로 복부를 이용해 기침을 해야 합니다. 먼저 두 팔을 몸에 꼭 붙이고 두 손은 가슴을 끌어안습니다. 숨을 내쉬어 배를 수축시키고 다시 숨을 들이마셔 배를 팽창시킵니다. 그런 다음 배의 힘을 이용해 가래를 뱉어 냅니다. 이것은 저에게 좀 어려운 동작이었습니다. 기침은 종종 하지만 가래를 뱉어 낸 적은 평생 한 번도 없었기 때문입니다. 몇 번 열심히 따라 해 보았지만 요령을 제대로 터득하지 못했습니다. 이때는 기침을 하자마자 가래가 튀어나와 저 멀리 뱉어내는 사람들을 보니 존경스럽기까지 했습니다.

저는 의사선생님이 만족해할 만큼의 성과를 내기 위해 수차례 연습을 거듭했습니다. 저에게 직접 시범까지 보여준 호흡치료과 왕가홍 선생에게 무척 감사드립니다.

셋째, 발바닥 운동하기입니다.

말초신경을 자극해 혈액을 잘 돌게 하려는 목적으로 두 발바닥을 상하로 흔들어 줍니다. 저는 오후 내내 이 세 가지 동작을 반복해서 연습했습니다. 병실을 돌아보던 간호사까지도 매우 열심이라며 칭찬을 아끼지 않았습니다.

저는 불교 말고 또 다른 세계에 발을 들여 놓은 학생처럼 느껴졌습니다. 심장병이라는 새로운 세계, 새로운 학교에 1학년 신입생이 된 것입니다. 새로운 것을 배우고자 하는 저의 높은 지식욕은 제가 환자라는 사실을 잊게 해주었습니다.

4월 21일, 유려분劉麗芬 영양사가 어제 채혈검사 결과를 알려주며 영양상태가 매우 양호하다고 말했습니다. 또한 균형 잡힌 식사의 좋은 점을 설명해 주었습니다.

그녀는 균형 잡힌 식사는 신체에 충분한 영양을 공급하고, 최적의 신체조건을 유지토록 해 주며, 혈당 균형을 잡아 주거나 정상에 가깝게 만들어 주며, 후유증을 유발시키지 않거나 늦춰 준다고 말했습니다.

그리고 매일 저지방 혹은 탈지우유를 두 잔씩 챙겨 먹는 것이 가장 좋고, 주식인 국수와 밥은 체력의 근원이므로 섭취를 안 할 수는 없으니 양을 조절해야 한다고 했습니다.

4월 24일, 의사들이 알려준 운동 동작의 복습과 수술에 관련된 설명을 듣느라 바쁜 날을 보냈습니다. 그러자 제 자신이 훌륭한 환자가 될 수 있겠다는 자신감도 생겼습니다.

내일은 드디어 기다리던 수술일입니다. 우선 심지평沈志萍 간호장이 제가 병원 환경에 적응할 수 있도록 회복실, 특실 등을 안내해 주었습니다. 또한 특실 병동에서는 명금련明金蓮 간호장이 저에게 따로 설명을 해 주었습니다. 이어서 진서상陳瑞祥 마취의사가 회복되는 과정을 설명해 주다 불현듯 저에게 질문을 했습니다.

"대사님은 죽는 것이 두려우십니까?"

"고통이 무섭지, 죽는 것은 두렵지 않소. 건강한 사람은 언제 어디서나 당당한 법이오. 하지만 일단 병들어 쓰러진 사람은 아픔을 견디지 못해 비명을 지르고 울기까지 하잖소. 참, 난 그런 걸 볼 때마다 짐승만도 못한 것 같다는 느낌이 드오."

"대사님, 그런 말씀 마세요! 건강한 사람이 건강이라는 존엄성을 가지고 있는 것처럼 울음, 비명, 고통 같은 것들은 병에 걸린 사람이 갖고 있는 존엄성입니다."

아! 환자에 대한 진 선생의 견해가 참으로 오묘하였습니다. 영민병원의 의사들은 극한의 고통을 느끼는 환자에게 단순하게 무조건 참으라고 강요하는 것이 아니라, 환자의 고통이 곧 나의 고통이라는 생각으로 고통을 이해하고 환자의 마음을 편안하게 해 주고자 노력하고 있었습니다.

　자상하고 따뜻한 마음, 환자를 향한 인간적 관심이 바로 제가 제창하려는 인간불교인 것입니다. 영민병원은 인간불교의 특색이 고스란히 담겨 있는, 즉 인간미가 넘쳐나는 병원이었습니다. 타인에 대한 자상함과 사랑, 관심, 그리고 인간미를 갖추어야만 진정한 인간불교를 실천할 수 있다는 것이 저의 지론입니다.

　오후가 되자 관련과의 의사와 간호사들이 며칠 동안 연습한 결과를 '체크'하기 위해 모였습니다.

　간호사가 제 좌우 팔에 각기 증류수와 페니실린을 투여하며, 약물 과민반응을 보이는지 체크했습니다. 15분이 지났지만 약물 과민반응은 나타나지 않았습니다. 모든 것이 정상이었습니다. 호흡치료과 왕 선생이 복부로 기침하는 동작을 체크했습니다. 결과는 괜찮은 편이었습니다. 재활치료과 채맹서 물리치료사는 심호흡 폐활량 연습결과를 체크했습니다. 4500ml로 여전히 정상을 찍었습니다.

　수술마취과 진국한 선생은 수술 후 12시간에서 24시간가량 산소 호흡기를 사용할 것이며, 수술 후 상황이 양호하다면 산소 호흡기를 떼고 본인이 스스로 호흡을 할 것이라고 말했습니다. 하지만 기침으로 폐를 깨끗이 하는 것은 꼭 필요하다고 다시 한 번 강조했습니다.

　집도의인 장연 선생은 자상하면서도 세심한 사람이었습니다. 오늘 또 병실에 들려 제 다리의 치료 상황을 체크하고, 몸 상태가 어떤지 자세하게 물어보았으며, 심리적으로 불안하지 않은지도 살폈습니다. 그는 고통이 사람의 의지력에 끼치는 영향에 대해 설명하며, 심호흡 훈련을 잘하면 크게 도움이 될 거라고 강조했습니다. 내일 마취를 위해 오늘밤은 금식을 해야 했습니다. 또한 위장의 부담을 줄이기 위해 관장도 해야 했습니다. 제 당뇨병 주치의인 신진대사과 채세택 선생은 수술 시작부터 회복실에 있는 동안은 음식을 섭취할 수 없으므로 혈당을 제어하는 방법 중 하나인 인슐린을 포도당에 섞어 체내에 주사할 것이라고 설명해 주었습니다.

특실병동의 강지환 주임선생은 수술 후 바로 회복실로 옮겨질 것이고, 마취에서 깨어나 안정기에 접어들면 곧바로 특실병동으로 옮겨질 것이라고 설명해 주었습니다. 그동안은 두 시간마다 혈액순환을 촉진시키기 위해 간호사들이 몸을 뒤집어 줄 것이라고 했습니다.

영민병원 강필영 부원장은 권위 있는 심장전문의로, 전 총통 두 분의 심장주치의를 역임했습니다. 격려차 들른 그의 방문이 저에게는 더욱 큰 믿음과 용기를 주었습니다.

밤 9시 30분, 저는 의사들의 지시에 따라 일찍 잠자리에 들었습니다. '충분한 수면과 적당한 운동이 수술 후의 회복과 건강을 되찾는 데 도움이 될 것입니다. 심호흡과 기침으로 가래를 깨끗이 제거하고, 온몸을 쫙 펴 주는 운동을 반복해야 한다는 것을 특히 명심하십시오.' 저는 마음속으로 이 내용을 다시 한 번 외우고 나서 편안한 마음으로 잠이 들었습니다.

4월 25일, 기다리던 수술 날 아침이 되었습니다. 저는 일찍 눈이 떠졌습니다.

6시쯤에 간호사들이 준 알약 두 알을 먹었습니다. 혈액순환을 제어하는 동시에 수술 후의 수술부위 통증을 완화시켜 주는 역할을 해 주는 약이었습니다.

7시 정각, 자장 스님과 혜룡慧龍 스님 등 10여 명의 배웅을 받으며 수술실로 들어갔습니다. 건강해져서 돌아올 테니 걱정 말라는 말을 하고 싶었지만 수술실 문은 이미 그들과 제 사이를 가로막아 버렸습니다. 수술실 안은 우주 밖 세상처럼 낯설고 새로운 세계였습니다.

7시 40분, 마취 주사를 맞았습니다.

8시 30분, 제2수술실로 들어갔습니다.

9시 40분, 드디어 수술이 시작됐습니다. 집도의인 장연 선생 외에도 의사 셋, 간호사 둘이 저를 에워쌌습니다.

"시작합시다."

고대하던 순간이 드디어 온 것입니다. 저는 편안한 마음으로 제 색신色身을 의사에게 맡겼습니다. 마취약 기운이 전신으로 퍼지며 저는 점점 정신이 몽롱해졌습니다.

수술 과정은 사전에 이미 설명을 들어 알고 있었습니다.

우선 의사가 제 흉부를 가르고 심장을 꺼내 제 심장을 정지시킵니다. 인공심장을 달아 심장의 기능을 대신하게 한 후 우회하여 이어 붙이는 수술을 할 것입니다. 의사는 제 왼쪽 다리에서 50cm 정도 잘라 40cm의 피하정맥을 꺼내고 다시 흉부에서 내유동맥을 적출해 준비해 둡니다. 의사들은 이런 정맥들을 가지고 주동맥 시작부분에서 관상동맥 막히는 부분의 하단까지 죽 연결할 것입니다. 이렇게 하면 심장의 혈액이 막힘없이 뚫리고 온몸의 기능이 한결 좋아질 것입니다. 3개의 거대한 '고속도로'와 3개의 작은 '교량'을 건설하는 셈이 되는 것입니다.

1시 50분, 수술을 마치고 흉강의 접합수술이 진행되었습니다.

3시 30분, 수술실에서 회복실로 옮겨졌습니다.

회복실에 있는 동안 팽방곡 원장과 강필영 부원장이 이끄는 의료팀 모두 지대한 관심을 주었습니다. 제가 병원에 입원하고 있는 동안 안팎으로 분주히 뛰어다니며 1년간의 휴가를 다 써 버린 자조慈照 스님도 회복실로 저를 보러 왔습니다. 그는 귀의한 지 이미 40년이나 된 저의 제자입니다. 장연 선생은 자정이 넘어서야 회복실 문을 나섰습니다.

이런 상황에 대해 저는 전혀 아는 바가 없습니다. 저는 평상시와 마찬가지로 아무런 근심 없이 꿈 한 번 꾸지 않은 채 깊은 잠에 빠져 들었습니다. 평소처럼 제가 일어나길 원하는 시간에 일어나거나 좀 더 일찍 일어날 수 있을 것 같았습니다. 이제 몸은 약의 지시에 순응하며 운동능력을 천천히 회복해 나갔습니다. 그렇지만 언제쯤 깨어날 지는 여전히 알 수가 없었습니다.

4월 26일 오후, 약간의 의식이 돌아온 저는 두 손이 침대에 고정돼 있고 수많은 호스가 제 몸에 연결되어 있는 걸 알았습니다. 마치 제가 기계라도 된 것처럼 느껴졌습니다. 자혜 스님의 목소리가 귓가에 맴도는 듯 했습니다.

"스님, 여기 회복실입니다."

하지만 저는 대답할 기운조차 없었습니다. 또다시 깊은 잠 속에 빠져 들었습니다. 막 정신이 들어 제가 천천히 눈꺼풀을 들어 올리자 간호사가 재빨리 다가와 필요한 것이 없는지 물어보았습니다.

"대사님, 물 드릴까요? 지금은 말씀하기 힘드실 테니 고개를 끄덕이시거나 그것도 힘드시면 눈을 깜빡여 보세요."

물을 조금 마신 저는 손을 약간 움직여 보였습니다. 다시 간호사의 부드러운 목소리가 들려왔습니다.

"대사님, 어디 불편하세요? 제가 몸을 돌려 드릴까요?"

지난 몇 시간을 계속해서 이렇게 저를 돌봐주었다고 생각하니 가슴이 뭉클했습니다. 이 간호사는 온 정성을 다해 제가 필요로 하는 것을 이해했을 것입니다. 이때 저는 아직 비몽사몽 중인 데다 말을 할 힘도 없어 그녀에게 고맙다는 인사조차 할 수 없었습니다. 하지만 이 글을 쓰는 지금까지도 그녀에게 고마움을 느끼고 있습니다. 혼미한 정신 속에서도 팽방곡 원장, 주치의 장연 박사, 채세택 선생, 강지환 선생 등이 저를 걱정하며 보러 온 것은 느낄 수 있었습니다.

오후 6시 40분, 회복실에서 병실로 옮겨졌고 이미 의식도 돌아와 있었습니다. 이미 '기계인간'의 상태에서 '인간'의 세계로 돌아온 저는 홀가분한 기분마저 들었습니다. 하지만 몸에는 여전히 수많은 호스들이 꽂혀져 있었고, 조급해하면 안 된다는 것도 알고 있었습니다. 사실 이러한 장치들을 발명한 사람에게 저는 큰 절이라도 하고 싶을 정도였습니다.

4월 27일, 인류관引流管 3개를 제거하자 무거운 물체가 빠져나간 듯 몸과 마음이 가볍고 편안하기 그지없었습니다. 하지만 가끔 들리는 힘없이 공허한 제 목소리에는 적응이 되지 않았습니다. 온갖 고난을 헤치고 나온 사람에게 더 많은 휴식이 필요한 것처럼 말입니다.

오전에 한 폐활량 심호흡은 2250ml로 수술 전날의 반 정도가 나왔습니다. 그 외 대부분의 시간에는 화학적인 요법으로 담을 깨끗이 하는 증기치료를 했습니다. 기침을 여러 번 했지만 아침 내내 가래는 전혀 나오지 않았습니다. 장연 선생은 특별히 다음과 같이 당부했습니다.

"감염이나 합병증 유발을 피하기 위해 되도록 외부인과의 접촉을 피하는 것이 좋습니다."

이 말을 들은 저는 문병을 온 당정 기관장, 장로, 신도들을 만나는 대신 방명록을 작성하는 방식으로 대신했습니다. 직접 접대하지 못해 지금까지도 미안한 마음 그지없습니다.

한밤중, 낮 동안 제 행동 하나하나에 신경 쓰며 보살펴 준 제자들도 휴식이 필요하기에 깨우기 싫었습니다. 저는 제 몸의 운동신경을 시험도 할 겸 화장실을 가기 위해 아주 천천히 몸을 일으켜 바닥에 발바닥을 갖다 댔습니다. 하지만 순간 물컹한 느낌과 함께 눈앞이 깜깜해졌습니다.

'병이 나니 몸도 정말 내 맘대로 안 되는구나. 인생의 마지막 순간까지 이렇게 살다 가는 것은 아닐까? 예전처럼 지칠 줄 모르는 체력으로 자유롭게 행동하던 나로 돌아갈 수 있을까?' 하는 걱정과 함께 이번엔 안 될 것 같다는 절망감이 밀려왔습니다. 장연 선생은 수술도 의지력에 영향을 끼칠 수 있다고 했습니다. 체력이 저하된 사이 그 틈을 비집고 제 마음속에서는 부정적인 생각도 함께 자라고 있었습니다. 그때 맘속에서 다른 목소리가 울렸습니다.

'말도 안 돼. 성운대사인 내가 그렇게 쉽게 쓰러질 리 없어. 난 병을 완전히 털고 일어날 거야.'

미국에 계시는 95세의 어머니가 전화기 너머 저편에서 불안한 듯 간곡한 당부를 하셨습니다.

"아들아, 네가 아픈 것은 이제 너 한 사람만의 일이 아니다. 모든 사람을 위해 부디 몸조심하거라."

'그래, 연로한 어머니께서도 아직 살아 계시고, 불광정토도 추진해 나가야 할 중요한 시기가 아니던가! 아직도 40세의 건장한 체력을 가지고 있다는 진단도 나왔고, 불교와 대중을 위한 열정이 영원토록 젊건만 내가 이렇게 무너질 수는 없다. 회복할 수 있다는 자신감을 가지면 더욱 빨리 호전될 것이다. 나는 아무런 걱정을 할 필요가 없다.'
이때 제 마음속에는 전혀 두려울 것 없다는 정념正念이 고개를 들었습니다.

정념, 그것은 제게 커다란 힘이 되었습니다.

4월 28일 오전 7시, 피하주사 인슐린을 맞을 수 있을 정도로 회복된 저는 더 이상 링거를 맞지 않아도 됐습니다. 이것은 신체가 정상적으로 음식을 섭취할 수 있도록 회복되었으며 회복상태가 양호하다는 것을 의미했습니다.

회진 차 들린 장연 선생은 다음과 같이 설명했습니다.

"수술을 했기 때문에 정상적으로 순환하게 하기 위해서는 반드시 체내의 고인 물을 8000ml이상 배출해야 합니다. 그러므로 이뇨제를 사용하였습니다. 자주 화장실에 가고 싶은 것은 아주 정상적인 현상이니 걱정하지 마십시오. 적은 양을 자주 먹어야 충분한 영향을 섭취할 수 있으며 체력 회복에도 도움이 될 것입니다. 또한 심장기능이 회복되기 전에는 마음만큼 움직이기 힘들 수 있습니다. 너무 빨리 움직이려 하시면 어지럼증과 구토증세가 생길 수 있으니 천천히 움직이셔야 합니다."

저는 장연 선생의 말을 주의 깊게 들었습니다. 그는 증세의 결과뿐만 아니라 과정까지도 세심하게 알려주는 사람이었습니다. 그의 말을 듣고 있으면 무슨 일이든 도리에 맞는 것이라 느껴졌습니다.

4월 29일, 아직까지도 혀의 움직임이 부자연스러웠고, 목소리도 정상적으로 나오지 않았습니다. 이때 저는 불교에서 말하는 '부드러움'의 오묘한 작용을 느낄 수 있었습니다. 우리는 늘 '부드러운 말'을 하고 '착하고 부드러운 마음'을 지녀야 한다고 했습니다. 부드러움은 타인에게 상처를 주지 않고 자신도 상처받지 않으며, 사람 사이의 관계도 더 나아질 수 있기 때문입니다.

장연 선생이 또다시 제 병실을 찾아 회복 단계에 필요한 충고를 아끼지 않았습니다.

"수술은 신체의 망가지고 고장난 것을 다시 쓸 수 있게 고쳐주는 것입니다. 신체는 수술 후 1개월 내 거대한 변화를 가져올 수 있기 때문에 우리는 신체가 필요로 하는 것이 무엇인지 귀 기울여야 합니다. 배고프면 먹어야 하고, 목마르면 물을 마셔야 하고, 피곤하면 쉬어야 합니다. 이런 행동을 애써 참아서는 안 됩니다. 특히 당뇨병 환자는 신체의 말을 듣는 감각이 떨어지고, 자주 자기가 필요한 것이 무엇인지 알아채지 못할 때가 있습니다. 수술 후 무리하게 신체를 움직이게 되면 예전처럼 회복될 수 없는 경우가 발생할 수 있으니 각별히 주의해야 합니다. 또한 수술을 한 흉강골은 철사줄로 고정해 놓았으니 잘 보호하셔야 합니다. 적어도 석 달 내에는 넘어지거나 하는 경미한 부상도 안 되니, 평소 혼자 행동하지 말고 누군가 함께 동행을 하는 게 좋을 것 같습니다."

요양을 할 때는 '참고 견디기'가 그 무엇보다 중요합니다. 더디게 만 회복되는 신체도 참아야 하지만 문병을 찾아오는 사람도 참아야 합니다. 특히 "잘 주무셨습니까? 상처가 아프지는 않습니까? 입맛은 있습니까? 의사는 뭐라고 하나요?" 등의 중복되는 질문들을 참고 견디어야 합니다.

물론 문병을 오는 사람들 모두 저에 대한 관심과 애정을 가지고 있다는 것을 저도 잘 압니다. 하지만 하루에도 몇 번이고 똑같은 질문에 똑같은 대답을 하자면 제가 '심문을 당하는 범인'인 듯한 느낌이 들기도 했습니다. 몇몇 융통성 없는 제자들이 또다시 이런 질문을 하면 저는 퉁명스럽게 대답했습니다.

"더 이상 내게 물어보지 마라."

문병을 왔던 사람들 중에 제가 가장 감사하는 사람은 바로 진리안 陳履安 감찰원장입니다. 몇 번씩 문병을 왔지만 그는 언제나 회복실 밖에서 살펴보기만 했습니다. 회복실 안으로 들어갈 수 있는 특권을 누리지도 요구하지도 않았습니다. 다년간 수행하고 선심禪心을 가진 사람답게 한 마디 말도 없이 그저 '온 마음을 다해' 지켜볼 뿐이었습니다. 오백웅吳伯雄 비서실장 역시 전화를 걸어 이렇게 말했습니다.

"지금 막 수술하셨으니 말할 기운도 없으실 거 압니다. 제가 이야기할 테니 대사님은 그냥 듣고만 계십시오."

남을 배려하는 그의 마음이야말로 정말 보기 힘든 훌륭한 문병인의 자세였습니다.

4월 29일, 이등휘李登輝 총통께서 송구스럽게도 꽃바구니를 보내 주셨습니다. 그저 일개 승려일 뿐인 제게 국가와 사회 각계에서 수많은 관심을 가져주니 송구하기 그지없었습니다. 퇴원하는 날까지도 꽃바구니의 꽃은 여전히 싱그럽고 화사하게 피어 있었습니다.

4월 30일. 정맥을 뽑아낸 다리의 부종을 막기 위해 의사는 스타킹을 신을 것을 권유했습니다. 스타킹은 무척 매끄럽고 반짝거렸습니다. 이런 저의 속사정을 모르는 몇몇 제자에게 유리로 된 스타킹을 신었다고 말했더니 모두들 의아해했습니다. '스님께서 정말 유리로 된 스타킹을 신었을까?' 하지만 제자들은 쑥스러워 이 말은 입 밖에도 꺼내보지 못하고 마음속에만 담아두었습니다.

여자를 업고 강을 건너는 일휴一休대사를 본 제자가 3개월 동안이나 마음에 담아둔 채 내려놓지 못했다는 고사가 있습니다. 유리로 된 스타킹을 신었다는 제 이야기의 내막을 말하지 않는다면 제자들은 얼마 동안이나 가슴속에 담아둘까요?

족부足部의 건강을 위해서는 잠자기 전 우전(優碘: 해독작용) 약물에 뜨거운 물을 붓고 약 30분 정도 발을 담그고 있으면 혈액순환을 촉진시켜 줍니다. 또한 신발 안에 세균을 막고 냄새를 제거해 주는 깔창을 깔면 산뜻한 느낌이 오래 지속됩니다.

수술 후 목이 말라도 수분을 다량 섭취할 수 없으므로 심장에 더욱 무리가 갈 수도 있습니다. 이때 입 안에 물을 오래 머금고 있으면 칼칼해진 목을 부드럽게 축일 수 있을 뿐만 아니라 구강과 위장까지 깨끗하게 할 수 있습니다. 더불어 소화 기능까지 증가시킬 수 있습니다.

5월 1일. 수술 후 처음으로 바깥바람을 쐬었습니다. 저녁 무렵 장연 선생이 영민병원 직원들의 기숙사 근처 정원까지 산책을 시켜 줬습니다. 정기적으로 맥박을 체크해 가며 천천히 한 바퀴를 돌았습니다. 30분 정도 산책을 하고 돌아왔을 때의 제 심장박동은 여전히 안정적이었습니다. 새 심장을 단 저의 첫 시험무대였던 셈이었습니다. 영민병원의 직원이 모두 8,000여 명에 달한다는 것도 그 덕분에 알게 되었습니다.

5월 2일, 심호흡 연습을 한 결과 며칠 전보다 더 나아져 3000ml까지 이르렀습니다.

수술 후 오늘까지 신체의 각 기능들이 하루가 다르게 회복되고 있었습니다. 병원의 조직, 의료설비, 의사와 간호사들이 알려준 각종 의학상식 등은 제게 또 다른 새로운 세상이었지만, 그들이 가르쳐 주고 시범을 보여주었던 것들 모두가 연기緣起 사상과 인간불교를 역설하고 있었습니다.

영민병원은 원장과 부원장의 지도 아래 저만을 위한 의료전담반을 꾸려주었고, 치료하는 동안 각 분야의 의사, 간호사 등은 서로 긴밀하게 업무를 분담하거나 협력해 왔습니다. 하지만 그 누구도 자신의 공을 내세우지는 않았습니다. 외과는 정확한 진단을 내린 내과에 감사해 했고, 내과는 외과의 빼어난 수술 실력을 칭찬했습니다.

외과의 예를 들어볼까요? 집도한 외과의사가 전체적인 수술 과정을 이끌기는 했지만, 묵묵히 도와주는 팀원들이 없었다면 성공적으로 수술을 끝내지는 못했을 것입니다.

호기심이 생긴 저는 장연 선생에게 물었습니다.

"수술을 하다가 가위나 거즈, 또는 핀셋 등의 물건을 혹시나 환자의 몸속에 남겨놓는 일은 없겠죠?"

그는 자상한 설명을 덧붙였습니다.

"수술에 참여한 사람들이 수술 전과 후의 물건들을 꼼꼼히 하나하나 대조하고 체크를 하기 때문에 그런 일은 없습니다."

장연 선생이 지금까지 집도한 심장 수술에 대한 내용과 경험, 그리고 소감 등을 책으로 엮어 펴내는 것에 박수를 보내는 바입니다. 그 책은 많은 사람들에게 도움이 될 것입니다.

5월 8일, 원래는 오늘 퇴원을 할 예정이었습니다. 하지만 부원장과 내 주치의인 강지환 선생 등 많은 사람들이 한결같이 저를 말렸습니다.

"평생을 바쁘게 뛰어다니다 모처럼 어렵게 시간이 났으니, 다른 곳도 검사해 보시는 것이 어떠십니까? 다른 특별한 이상 징후가 없긴 하지만 다른 곳도 검사를 해 보고 아무 이상 없다는 검사결과가 나오면 이번 수술이 더 가치 있지 않겠습니까?"

저는 의사의 충고대로 며칠 더 입원해 검사를 받기로 했습니다.

입원해 있는 동안 의사에게 "또 기록을 깨셨군요"란 말을 자주 들었습니다. 심호흡 훈련을 할 때마다 수치가 점점 올라가 결국엔 4500ml을 넘었기 때문이었습니다.

재활운동 중에 달리기를 할 때 일반적인 사람들은 혈중 산소함유량이 90에서 시작되다가 체력저하로 점차 수치가 낮아지게 됩니다. 제 테스트 결과는 97에서 시작해 100까지 상승했고 언제나 결과는 똑같았습니다.

제가 회복실에 있을 때는 마취에서 깨어나는 상태를 알아보기 위해 병원에서 일정한 시간을 정해 사람을 보내 살펴보게 했다는 얘기를 간호사들이 들려주었습니다. 간호사들은 올 때마다 제게 다녀간 사람의 이름과 관련 사항을 물었고, 저는 막힘없이 대답해 주었다고 했습니다. 이런 저를 보고 그들은 똑같은 결론을 내렸습니다.

"대사님은 너무 대단하셔. 의식이 완전히 돌아왔을 뿐만 아니라 기억력도 매우 좋으신 것을 보니 역시 보통 분이 아니셨던 거야!"

수술 후 지금까지 저는 가래를 뱉어 본 적이 없습니다. 뱉을 가래도 없거니와 저는 평생 가래를 뱉어 본 적이 없었습니다.

수술 후 수술부위가 아픈 것도 당연할 텐데 퇴원할 때까지, 그리고 두 달이 지나 집필을 하고 있는 지금까지도 아픈 적이 없었습니다. 참 신기한 일이 아닐 수 없습니다.

영민병원에서 저 같은 스님을 위해 심장수술을 한 건 병원 개원 이래 처음 있는 일이었습니다. 강필영 부원장이 수술을 부탁하며 장연 선생에게 무척 미안하다는 듯 말을 했다고 합니다.

"장 선생에게 큰 부담을 주는 것 같아 미안하긴 하지만 대사님의 수술을 맡아 주셨으면 합니다."

그러자 장연 선생은 다음과 같은 말들을 했다고 합니다.

"아닙니다. 대사님의 수술을 제가 직접 할 수 있다니, 제게는 오히려 더 큰 복입니다. 평소 천수다라니(大悲呪)를 열심히 외운 덕분에 이런 행운이 저에게 일어나는군요!"

"수술을 하는 그 순간만큼은 대사님을 평범한 사람이라 여기고 칼을 들어야지요. 그렇지 않으면 긴장해서 어떤 실수를 저지를지 모르니까요."

"저는 세계에서 대사님의 심장을 접촉했던 유일한 사람입니다."

"저는 대사님의 '심장을 열어(開心)' 심장의 병을 고치고, 대사님은 저에게 '마음을 열어(開心)' 마음의 병을 고쳐주십니다."

"제 아이도 출가해서 모든 사람들의 마음의 병을 치료해 주는 의사가 될 복이 있을지 모르겠군요."

영민병원에 입원해 있는 동안 저는 학생이라는 느낌을 받았습니다. 물론 의사나 간호사들에게는 제가 신비의 대상이었을 테지만 말입니다. 저는 모두를 위해 기쁘게 제 마음의 문을 활짝 여노니 모두가 원하는 바, 갖고 싶은 바를 얻게 되길 바랍니다.

진리안 감찰원장은 "개심(開心: 중국어로는 '카이신'이라 읽으며 '기쁘다'라는 뜻이다)"에 대해 특별한 견해를 가지고 있었습니다.

"대사님이 불광인들을 위해 제정한 업무신조 중에 '모든 이에게 기쁨을'이라는 조항이 있지 않습니까? 사람이 마음의 문을 연다는 것은 마음을 활짝 열어젖힌다는 뜻일 겁니다. 마음의 문을 활짝 열 수 있다면 기쁨을 얻을 수 있을 것이고, 모든 이에게 기쁨을 줄 수 있는 사람이라면 그 역시 마음의 문을 활짝 연 사람이겠지요. 그러므로 우리는 모두 마음을 열 필요가 있습니다."

그의 말이 옳습니다. '개심'은 다른 이에게 기쁨을 주는 것만이 아닙니다. 다른 이에게 믿음을, 다른 이에게 희망을, 다른 이에게 편리함을 주는 것 역시 일종의 '개심'인 것입니다. 불교를 배우면서 가장 중요하게 여겨야 할 것이 '개심'이자, 마음의 밭을 개발하는 것입니다. 그런 다음에야 발심하고 원을 세울 수 있는 것입니다.

그는 수년간 불교공부를 해오며 종종 교도소에 있는 죄수들에게 불법을 강의하기도 했습니다. 그가 강의하는 전주專注, 인과因果, 자비慈悲, 책임 등은 오늘날 사회가 가지고 있는 병폐를 치유하는 훌륭한 해결책이라고 할 수 있습니다. 병세를 정확히 밝혀 약을 처방할 수 있기에 그 역시 '개심'의 대가라 할 수 있습니다.

수술에서 퇴원하기까지의 이 시간은 제 평생 가장 긴 휴가였습니다. 또한 "삶과 죽음은 하나다(生死一線)"라는 진리를 더욱 통감하는 나날이었습니다.

수많은 환자의 보호자들은 수술실 밖 전광판을 초조하게 바라보며 환자가 수술을 무사히 마치고 나오기를 바랍니다. 종종 그 기다림의 결과가 '위험'이라는 두 단어로 결정되어지면 보호자는 살아생전의 환자를 다시 만날 수 없습니다. 이것은 인간의 가장 큰 고통이면서 어찌할 수 없는 일이기도 합니다. 불교교리에 있는 '윤회'라는 말은 사랑하면서 이별을 해야 하는 사람에게 오히려 미래에 다시 만날 수 있다는 커다란 희망적인 뜻을 가지고 있지만, 사람들에게 이 단어는 낯설고 두려움을 느끼게 합니다.

이번 수술을 인연으로 저는 몸이 필요로 하는 것을 다른 방법으로 소통하는 법을 배웠습니다. 이 소중한 깨달음을 얻은 것에 대해 감사하게 생각합니다. 도가道家에서 몸은 '작은 우주(小宇宙)'이며, 몸속에 있는 수많은 세포는 또 다른 중생의 한 종류라고 말합니다. 사람이란 항상 죽음을 두려워하며, 자신의 삶에 지나치게 애착을 가진 나머지 집착을 버리지 못하는 존재입니다. 그렇다고 자신의 몸을 사랑하고 보호하지 않아야 한다는 것은 아닙니다. 예를 들어 신체는 건강하지만 마음의 양분이 결여된 사람은 쉽게 후회할 일을 자주 저지를 수 있습니다. 반대로 마음이 강한 사람은 몸의 부족한 점을 채울 수 있습니다. 그러나 가장 좋은 것은 몸과 마음이 균등하게 어울리는 것입니다.

　마음의 영양소로 자애, 연민, 기쁨, 베풂(慈·悲·喜·捨)만한 것은 없습니다. 현대인들도 이것을 마음의 보약으로 삼을 수 있기를 희망하는 바입니다.

　미국의 교육가 겸 문학가인 존 듀이John Dewey의 "모든 가치를 새롭게 재조명하라"는 명언이 저에게 커다란 깨달음으로 다가왔습니다. 이번 병고는 제 자신의 생명과 미래에 대해 새로운 평가를 갖는 시간이 되었습니다. 또한 영민병원의 의료진 역시 저와 함께 똑같은 시간을 걸어왔습니다. 평생 어깨를 스치며 지나쳤을 수많은 사람들이 병중에 있던 저에게 한결같은 마음으로 보살펴 주었습니다. 길을 가다가도 저를 만나면 걸음을 멈추고 제게 필요한 것은 없는지 자상한 말투로 물었으며 제게 '생명의 지침'을 일깨워 주기도 했습니다.

　5월 26일, 영민병원의 의료진에게 감사하는 마음을 전하기 위해 불광산 타이베이 분원 주지인 자용 스님에게 음식을 준비하도록 부탁하고, 사람들을 초대했습니다. 의료진들이 흔쾌히 저의 초청을 받아주어 제게는 더없는 영광이었습니다. 이 자리는 제가 병이 난 후 처음으로 다 같이 식사하며 한담을 나누는 시간이었습니다. 또한 제가 의료라는 세계에 들어왔기에, 그들 역시 불광의 세계로 올 수 있었던 것입니다. 병을 치료하는 것 역시 가교 역할을 할 수 있다는 것을 보여주는 것이라 하겠습니다.

　전 예전부터 식이요법, 음악요법, 심리요법, 참선요법, 운동요법, 물리치료, 기공치료, 민간요법, 약물요법 등을 사용할 수 있는 불광의료원을 설립했으면 하는 바람을 가지고 있었습니다. 병원에 입원한 환자는 생명에 대한 재교육을 받는 학생이 되어 잠재력 개발부터 자아의 생명에 대해 재평가를 할 수 있게 된 뒤, 각종 물리적·의료적 치료를 시작하게 될 것입니다. 더 나아가 바람소리, 빗소리, 파도소리를 듣는 법도 배우고, 최종적으로 마음의 소리까지도 들을 수 있도록 할 것입니다. 간단히 말해 그들에게 '마음을 열게' 한다는 것입니다.

강지환 선생은 제 구상에 대해 적극적으로 찬성하며 장차 요양원이 설립되면 불광요양원의 고문이 되고 싶다고 말했습니다.

저는 평생토록 인간불교를 널리 전파하는 데 힘써 왔습니다. 이번 '심장수술'을 계기로 영민병원에 입원해 새 생명을 얻었고, 새로이 재정비할 수 있는 시간도 가졌습니다. 또한 몇 가지 새로운 깨달음도 얻게 되었습니다.

첫 번째는 사람이 살아가다 보면 때론 모르는 게 복일 때도 있다는 것입니다. 수술을 한 저에게 사람들은 이런 질문을 했습니다.

"수술부위가 아프지 않습니까?"

"하나도 아프지 않아."

"살을 아무 데나 조금만 베어도 아픔을 느끼는데 다리를 50센티나 찢고 정맥을 절단하고 다시 흉강골을 잘랐는데도 전혀 아프지 않단 말씀입니까?"

"그때는 내가 마취 상태라 전혀 감각이 없어 아픈 줄 몰랐네. 내가 제일 겁나는 것이 호스 같은 걸 꽂는 건데, 회복실에 있을 때 24시간 동안 일고여덟 개의 호스를 꽂았다고 들었네만, 내가 깨어났을 때는 이미 호스를 제거하고 없더군."

장연 선생이 제 심장 수술을 하는 동안 저는 마취에 취해 아무것도 알 수 없었습니다. 당신이 알지 못하는 사이 수많은 일이 일어난다면 고통이라는 것도 없을 것입니다.
　이 순간 세상의 수많은 고통과 번뇌는 모두 '앎'에서 온다는 것을 깨달았습니다. 사람이 평생 겪는 수많은 고통은 보고 듣고 느껴서 알기 때문에 오는 것입니다. 고통을 마음에 전달하고, 거기서 아집이 생기니 자신에게 형벌을 가하는 것과 같습니다. 예를 들어, 불쾌하거나 슬픈 광경은 아무리 찰나의 순간이라 할지라도 평생 고통의 기억으로 남게 됩니다. 남에게 비방 당하거나 억울한 일 또는 불행한 소식을 듣게 되면 슬픔에 빠져 헤어 나오기 힘듭니다.
　보지 말아야 할 광경, 듣지 말아야 할 말, 비밀로 묻어 두어야 할 것들을 알게 되었을 때 사람은 더욱 그러합니다. 예전 진시황의 무덤 공사에 참여했던 인부들의 이후 소식은 아무도 모르며, 과거 궁궐에 지은 보물창고 공사에 참여했던 인부들은 창고의 존재 유무를 안다는 이유만으로 죄인으로 몰렸습니다. 세상의 수많은 일들이 당신의 앎으로 인해서 화를 입게 됩니다.
　모르는 것이 때로는 약이 될 수 있으며, 복이 될 수 있습니다. 모른다는 것은 또 다른 아름다움입니다.
　이와 같은 '부지철학不知哲學'이 인간불교의 요점 중 하나입니다.
　두 번째는 특이한 기능입니다. 처음 심호흡 훈련을 받을 때 기계에 4500ml가 표시되자 놀란 간호사가 저에게 '초능력을 갖고 계신 건지, 아니면 토납술(吐納術: 입으로 묵은 기운을 내뿜고 코로 새로운 기운을 들이마시는 도가 호흡법의 하나)을 수련한 것인지'를 물었습니다.

저는 초능력을 갖고 있지도 않고, 토납술을 배운 적도 없습니다. 하지만 곰곰이 생각해 보니, 출가한 후 지금까지 아침저녁 불공을 드릴 때나 각종 불사에서 언제나 빠지지 않고 경전을 독송해야 했습니다. 저는 온 마음을 다해 힘써 경전을 염송念誦하였고, 나중에는 『반야심경』과 「천수다라니」를 각각 한 호흡에 완벽하게 읽을 수 있게 되었습니다.

큰소리로 경전이나 다라니를 독송하면 기氣를 길러낼 수 있습니다. 기가 충분하면 힘이 충만하고, 기가 충분하면 장수할 수 있습니다. 기와 힘은 밀접한 관련이 있습니다. '부처님은 향에 의존하며, 사람은 기에 의존한다'는 말도 있습니다. 먼저 '기'가 생겨야만 '힘'이 생길 수 있습니다.

이런 '능력(功能)'에는 '특별한 방법'이 없습니다. 그저 평상시에 좀 더 힘써 노력하면 됩니다. 이것 역시 인간불교 수행의 특색 중 하나입니다.

세 번째는 생명의 시계라 하겠습니다. 회복실에서 병실로 옮겨진 후 정신이 들었을 때 가장 먼저 눈에 들어온 것은 벽에 걸린 괘종시계였습니다. 바늘이 6을 가리키고 있었습니다. 저는 다시 눈을 감았다가 시간이 많이 흘렀다고 생각이 되어 눈을 떠 시계를 바라보았습니다. 그러나 겨우 6시 5분이었습니다.

다시 아주 오랫동안, 며칠이 흐른 것처럼 꽤 오랜 시간 눈을 감고 있었습니다. 하지만 눈을 떴을 때는 겨우 6시 10분이었습니다.

저 괘종시계는 얼마나 아름답고 사랑스러운가! 시계 위에서 바삐 움직이고 있는 초침과 분침은 저의 존재를 증명하는 것이며, 저와 이 세상을 연결해 주고 있는 것입니다. 시계바늘의 이동은 제 마음을 평안하게 만듭니다. 지금 이 순간 제게는 이 시계가 온 세상이자 생명인 셈입니다.

저는 그 동안 수많은 나라를 돌아다녔습니다. 나라마다 아름다운 산천과 명승고적이 많았지만 저는 유람을 즐길 틈도 마음도 없었습니다. 하지만 이 순간 아름다운 산과 강, 대지보다도 괘종시계가 더욱 아름답다는 것을 누가 알 수 있을까요! 진정 '모래알 하나에도 삼라만상이 있고, 나뭇잎 하나에도 부처가 있다(一沙一世界, 一葉一如來)'는 말을 절실하게 느낀 순간이었습니다.

인간 세상에 '시간'이 없다면 고통, 비애, 번뇌는 영원히 과거가 되지 않을 것입니다. 미래도 없을뿐더러 희망도 없을 것입니다. 인간불교는 시간이라는 심오하고도 평범한 진리를 통해서도 얼마든지 깊은 깨달음을 얻을 수 있습니다. 시간이란 무언가에 푹 빠지면 당신의 모든 것을 사라지게 하지만, 깨달음 뒤에는 곧 당신의 모든 것이 될 것입니다.

네 번째는 집으로 돌아가야겠다는 굳은 의지였습니다.

저는 회진을 도는 의사를 보자마자 말했습니다.

"침대에서 내려가고 싶소."

"몸이 아직 회복되지 않았습니다. 내려오셔서 뭘 하시려고요?"

"집에 가야겠소."

제가 말을 하면서도 어처구니가 없었습니다. 방금 수술을 마쳐 몸이 미처 회복되지도 않았는데, 집에 가겠다니? 어느 집으로 간단 말인가?

네, 맞습니다. 집으로 돌아간다는 것은 저와 제자들이 아침저녁으로 얼굴을 맞대고 생활하는 불광산을 뜻하는 것이었습니다. 불광산의 나무 하나, 풀 한 포기, 건물 한 채 한 채 모두가 제게는 익숙합니다. 저와 제자들은 서로 지극히 아끼고 보살펴 줍니다. 하지만 우리 사이에 어떠한 격식도 필요치 않습니다.

어렸을 때 밖에서 억울한 일을 당하거나 넘어지면 울면서 "집에 갈래"라고 말하던 것이 생각났습니다.

지금 저는 수술 때문에 병원에 입원해 있으면서도 어릴 적 억울한 일을 당했던 것처럼 병원에서의 일상은 적응이 되지 않습니다.

원래 집이란 안전하고 평화롭고 따뜻한 곳으로, 집에만 돌아오면 아무리 큰 번뇌나 억울한 일도 금방 사라져 버립니다. 집이란 인간의 삶에 있어 더없이 소중한 장소입니다.

우리는 모든 사람의 가정이 행복해야 인간정토를 펼칠 수 있음을 인간불교 제창의 제일 중요 조건으로 보고 있습니다. 지금 발생하는 수많은 사회문제는 가정에서 기인된 것입니다.

인간불교의 요점은 우선 가정생활이 행복해야 국가와 사회, 그리고 전 인류에 공헌을 할 수 있다는 것입니다.

다섯 번째는 참고 인내할 줄 알아야 한다는 것입니다. 재활운동 중에 달리기가 있습니다. 저는 점차 떨어지는 일반 사람과는 반대로 매번 97,8에서 100까지 상승했습니다. 이를 본 간호사가 제게 기공이나 소림무술을 연마한 적이 있냐고 물었습니다. 저는 기공을 연습하거나 소림무술을 연마한 적은 없지만 '불광체조'는 할 줄 안다고 대답했습니다.

12세에 출가한 저는 사미승이 되었고, 15살에 수계를 받고 머리에 계인을 새겼지만, 오히려 기억력이 떨어졌습니다. 당시 스승님과 사형, 동문 형제들은 종종 나에게 손가락질을 하며 놀려댔습니다.

"그렇게 남보다 잘나고 싶냐? 아마 태양이 서쪽에서 뜨기 전엔 안 될 거다."

이 말을 듣고도 저는 절대 낙담하거나 누구를 원망하지 않았고, 후회나 한탄도 하지 않았습니다. 저는 그저 묵묵히 그들의 말을 받아들였습니다.

하지만 맘속으로는 이렇게 되뇌었습니다. '잘되고 못되고는 지금 당장 판가름나는 것이 아니다. 시간이라는 큰 힘이 모든 것을 해결해 줄 것이다. 20~30년 후에 어떻게 변할지는 아무도 모르는 일이다. 언젠가는 스스로 알을 깨고 나와 내 길을 힘차게 달려갈 것이다.'

그 당시 제가 참고 이겨낼 수 있었던 원동력은 무엇이었을까요? 그것은 불법佛法이었습니다. 당시 저는 생인生忍, 법인法忍, 무생법인無生法忍이 뭔지도 모른 채 그저 '인욕忍辱바라밀'만 행할 뿐이었습니다. 소위 '바라밀'이라는 것은 '참아 넘긴다'는 의미로, 참으면 번뇌도 넘길 수 있고, 참으면 남을 미워하지도 않고, 참으면 좌절도 넘길 수 있다는 것입니다.

저는 어려서부터 고난을 당할 때마다 긍정적인 사고방식으로 생각한 덕분에 패배할수록 더욱 용기를 가지는 사람이 되었습니다. 긍정적인 성격은 체력을 보강시키고 체력이 좋아질수록 힘이 생깁니다. 이 역시 인간불교를 수행하는 중요한 이유입니다. 생활 속에는 번뇌를 끓어오르게 할 수도 있지만, 힘을 길러주기도 하는 상반적인 힘이 있습니다. 모든 사람이 마음속에 불광이라는 이름을 가지고 생활 속에서 늘 전환하는 연습을 하길 바랍니다. 잠재력 개발도 이렇게 하는 것입니다.

저 역시 세상 모든 환자들에게 용기를 북돋아 주고 싶습니다. 신체상의 질병을 면하기는 어렵습니다. 하지만 저는 사람들에게 마음의 병이 생기게 하지 말라는 말을 해 주고 싶습니다. 마음에 병이 있으면 신체의 질병을 더욱 악화시킬 수 있고, 영원히 건강을 되찾지 못하게 될 수도 있습니다. 또한 자신의 생명이나 앞날에 대해 낙담할 필요도 없습니다. 아무리 힘든 일이라도 시간은 그 힘든 일이 지나가게 해 주고 나아지게 해 줄 것입니다. 수술한 지 2개월이 지난 지금, 저를 만나는 사람마다 이렇게 말합니다.

"대사님, 10년은 젊어지신 것 같습니다."

저 역시 그렇게 느낍니다. 의사의 뛰어난 수술로 제 심장에 몇 개의 '고속도로'와 몇 군데 '교량'을 설치하였고 한동안 쉬면서 요양도 했으니, 정신과 의지가 살아나는 것은 당연합니다. 이렇게 새로운 생명을 얻었으니, 저는 인간 세상을 위해 더 많은 공헌을 할 것입니다.

제 심장 수술은 시간 싸움인 마라톤 경기와 같았습니다. 제게 관심을 가진 모든 분들은 관중이 되어 제가 이번 경기에서 이기기를 바랐습니다.

저의 '심장 수술기'를 읽고 힘들어하고 아파하는 중생들이 조금이나마 고통에서 벗어날 수 있기를 바라며, 모든 사람이 마음의 문을 열고 광명의 빛을 받아들여 다른 이에게도 기쁨을 줄 수 있는 '개심開心'의 인간이 되기를 바랍니다.

메이요 의료원 건강검진

옛날부터 사람이 칠십까지 살기는 어렵다는 뜻인 '인생칠십고래희 人生七十古來稀'라는 말이 있습니다. 저는 당뇨병의 고통과 함께 40년을 살아오긴 했지만 벌써 80여 년의 인생길을 걸어왔습니다. 반평생 동안 '병을 벗 삼아' 살아오긴 했으나 저는 언제나 자유로웠습니다. 또한 병 때문에 특별히 잃은 것도 얻은 것도 없었습니다. 특히 저는 군것질을 좋아하지 않습니다. 매일 세 끼의 식사를 제외하고는 특별히 좋아하는 것이 없습니다. 당뇨병에 걸리긴 했지만 수년 동안 평상시처럼 밥과 국수를 먹었습니다. 물론 혈당의 수치가 높아졌다 낮아졌다 하는 문제가 있기는 했지만 저는 크게 연연해하지 않았습니다. '군자의 사귐은 담담한 물과 같다(君子之交淡如水)'는 말처럼 저는 당뇨병과도 적절한 타협과 협력을 이루며 아무 탈 없이 지냈습니다.

10년 전 심근경색을 앓고 왼쪽 다리의 정맥을 떼어다가 심장 혈관으로 사용하는 심장요도 수술을 받았던 것이 제 인생에서 가장 안타까운 일이었습니다. 더구나 당뇨병을 앓고 있던 관계로 두 다리의 혈관이 막혀 지금까지도 걸음걸이가 편치 않습니다. 매일 오천 보 걷기 운동을 하고 싶지만 두 다리가 제 맘대로 따라주지 않아 못하고 있습니다. 솔직히 말하면 한발 내딛는 것도 힘이 듭니다. 저는 이런 몸으로 10여 년의 세월을 보냈습니다. 몇 년 전부터는 노안까지 와 눈이 침침해 사물이 잘 보이지 않았습니다. 눈병 때문에 매년 두세 차례 이상은 병원에 입원하고 퇴원하기를 반복했던 것 같습니다. 전 평소 제 몸 상태에 별 관심을 두지 않았습니다. 하지만 문득 제가 아프면 다른 사람에게 폐를 끼칠 수 있으니 평소 건강을 잘 지키라던 손운선孫運璿 선생의 말이 떠올라 저는 제자와 신도들을 안심시키기 위해 정기적으로 건강검진을 받습니다.

제 신체의 일부 중 가장 건강한 것은 위였습니다. 하지만 뼈는 좀처럼 말을 듣지 않았습니다. 1991년에 넘어져서 대퇴골의 뼈가 부러진 적이 있었습니다. 그 당시 뼈를 이어주는 역할을 한 2개의 철사가 지금까지도 제 몸에 남아 있습니다. 치료하는 100일 동안, 일본 아사히신문 요시다 기자의 초청으로 하게 된 일본 국회의사당에서의 강연도 어쩔 수 없이 휠체어에 앉아서 해야 했고, 대만 남부와 북부에서 치러졌던 귀의 의식 및 불학 강연 역시 앉아서 진행했습니다. 제가 골절로 다쳐 병을 치료하는 동안에도 이렇게 바쁘게 움직이다 보니 어느새 100일이 훌쩍 지나가 버렸습니다.

2006년 4월에는 실수로 넘어져 갈비뼈 3대가 부러진 적도 있었고, 2008년 4월 역시 잠시 한눈을 팔다가 손목뼈에 금이 가는 사고를 당한 적도 있었습니다. 사람들은 신체 부위 중 뼈가 가장 단단하다고 생각하기 때문에 신경을 쓰지 않아 오히려 더 많은 사고를 당하기 십상인 것 같습니다.

저는 어려서 출가한 탓에 가위나 부엌칼을 써 볼 기회가 없었지만 제 몸 군데군데에는 흉터가 있습니다. 타이베이, 타이중(台中)의 영민종합병원과 고웅高雄 장경長庚병원 및 미국 휴스턴 의학센터에는 제 수술기록이 아직도 남아 있습니다. 강필영, 강지환, 장연, 채세택, 곽계양, 라가 등 어진 마음과 실력 있는 의사들이 제게 큰 도움을 줬습니다. 저는 여러 차례의 수술을 겪었지만 단 한 번도 수술이 고통스럽다고 여기지 않았습니다. 오히려 병을 핑계 삼아 병원에서 요양을 할 수 있으니, 그 역시 인생의 행복이라고 여겼습니다. 어떤 때에는 저에게 찾아온 병마에게 감사할 때도 있었습니다. 병마가 찾아왔기에 병원에서 편히 휴식을 취할 수 있었고, 게으름 피운다고 저를 탓하지 않을 것이기 때문이었습니다.

'병이 나면 병원에 입원해 자신이 지금까지 해 보지 못했던 자유를 누릴 수 있다'고 상상해 보십시오. 그 상상만으로도 기분이 좋아지지 않습니까!

하지만 제가 생각했던 것 이상으로 제 건강을 챙겨 주시는 분들에게서 저는 도움을 많이 받았습니다. 올 봄 미국 화교 기업가 조원수趙元修 선생과 부인 조고회잠趙辜懷箴 여사께서 저를 위해 의사와 간호사, 직원 등 4만 명이 근무하고 있는 미국 미네소타Minnesota 주 소재의 메이요 의료원(Mayo Clinic)을 소개해 주었습니다. 이 병원의 의료기술은 이미 정평이 나 있고, 병원 관리도 철저해 매년 300만 명 이상의 환자가 세계 각지에서 찾아오는 곳이었습니다. 조 선생은 고령의 부모님 역시 이 병원에서 검사를 받고 오랜 지병을 고쳐 건강해졌다고 하며, 믿을 만한 병원이니 한번 검사를 받아보는 것이 어떻겠냐고 적극 권했습니다.

2008년 5월, 그들 부부는 강소성 의흥宜興에 중건한 선종사찰인 대각사大覺寺에 있던 제게 정성 가득한 전보를 보낸 것으로도 모자라 직접 의흥까지 찾아와 미국행을 권했습니다. 저는 그들 부부의 호의를 더 이상 거절하지 못하고 6월 초 일본 도쿄별원(東京別院) 낙성식을 집전한 후 미국 로스앤젤레스를 들렀다가, 7월 1일 미네소타 주의 메이요 의료원에 도착했습니다.

의료원이 위치한 로체스터Rochester는 전체 인구가 5만이 안 되는 작은 도시였습니다. 하지만 병원을 위해 이 도시가 존재한다고 해도 과언이 아닐 정도로 크고 작은 호텔, 여관들이 백여 개가 넘게 세워져 있었습니다. 그들은 치료를 위해 이곳을 찾은 세계 각지의 사람들을 위한 숙소로 제공되고 있었습니다. 여관과 여관, 그리고 여관과 병원 사이에는 확 트인 도로가 나 있습니다. 병원 건물끼리는 연결통로가 설치되어 함박눈이 펑펑 내려도 병원을 오가기가 편리하다고 합니다.

우리 일행은 일곱이었습니다. 그 중에서 각념覺念 스님과 묘향妙香 스님은 저의 간호를 담당했고, 조 선생의 부인과 각천覺泉 스님은 통역과 생활 전반의 도우미 및 각종 연락을 담당하기 위해 휴스턴과 노스캐롤라이나에서 날아와 주었습니다. 그들이 제 수고를 덜어 주어 저는 무척 편하게 지낼 수 있었습니다.

이 병원의 공덕주功德主인 조 선생 부부는 병원에서도 존경을 한 몸에 받고 있는 인물이었습니다. 그런 이유로 우리가 도착한 후에도 기획실장과 그의 비서가 수시로 들려 안부를 묻곤 했습니다. 우리는 조 선생 부부 덕분에 많은 혜택도 받을 수 있었습니다.

이번에 저를 진료할 로즈터커 박사(Dr. Ross Tucker)와 그의 팀원들은 이미 의료계에서 눈에 띄는 성과 및 공헌을 인정받아 노벨상을 받은 바 있습니다. 그는 원래 은퇴를 생각했으나 생명을 구하는 의사라는 직업이 천직이라 여겨 의료팀에서 여전히 환자들을 위해 봉사하고 있었습니다.

2일부터 본격적인 종합검진이 시작되었습니다. 검사를 받는 날 아침, 우리는 기획실장 비서의 안내로 진료실로 들어갔습니다. 의사는 저를 보자마자 수많은 질문을 쏟아냈습니다. 10여 분이라는 짧은 시간 동안 100여 가지의 질문을 받았고, 저는 그저 "YES" 또는 "NO"로 대답했습니다. 질문 중에는 다음과 같은 아주 사소해 보이는 것들도 있었습니다.

1. 매일 목욕을 하십니까?
2. 매일 밤늦게 주무십니까?
3. 매일 밤, 잠자리에 든 후에 자주 깨십니까?
4. 매일 대소변을 보는 데 문제없습니까?
5. 매일 식사 때마다 누군가 시중을 들어줍니까?
6. 두 층의 계단을 오르내리는데 숨이 찹니까?
7. 병세와 관련된 얘기를 들으면 놀라시겠습니까?
8. 다른 환자를 보면 동정심이 생깁니까?

의사는 치료와 관련된 것부터 시작해 그저 습관이나 일상생활 등 거의 모든 방면에 걸쳐 광범위하게 질문했습니다. 그에게서 받은 첫 느낌은 사람에게 병이 생기는 이유로는 수많은 외적 요인들이 존재하므로, 우선 이런 원인들을 정확하게 진단한 다음에야 정확한 치료와 처방을 할 수 있다는 것이었습니다.

질문을 마친 그가 눈, 귀, 구강, 피부 검사를 하고 손과 발을 움직이는 정도를 체크했습니다. 1시간 정도가 지나자 다시 신체의 현 상태 및 과거의 병력病歷 등을 자세히 물었습니다.

검사와 문진을 다 마친 후 그는 우리에게 앉으라고 자리를 권했습니다. 그는 컴퓨터에 자료를 입력하는 한편, 방금 검사한 결과 및 자신의 의견을 영어로 설명했습니다. 그가 빠른 어투로 제가 무슨 검사를 어떻게 해야 하는지 10여 분 정도 설명해 주었습니다. 오전 9시를 조금 넘긴 시간이었습니다. 우리는 검사를 마치고 정오쯤 호텔로 돌아왔습니다. 호텔에는 그의 보고서와 일주일간의 검사 일정이 들어 있는 서류가 도착해 있었습니다. 서류에는 다음과 같은 내용들이 자세하게 설명되어 있었습니다.

1. 오전에 간단하게 실시한 검사 결과
1) 평행걷기 검사: 직진(아주 좋음), 직선 보행(불가능), 발뒤꿈치로 걷기(가능), 발끝으로 걷기(가능)
2) 손가락을 평행하게 들어 코에 갖다 대는 검사(양호), 손등치기, 손등 마주보며 갖다 대기, 피아노치기 동작(모두 좋음)
3) 전립선 검사(양호)

4) 흉강, 복강, 손목 반응 등(정상)

5) 체중 7킬로 초과

2. 검사받아야 하는 항목

1) 안과

2) 심장과

3) 혈당전문가

4) 수면 실험

5) 왼손 X레이

6) 발 동맥확장과

7) 복용약품 컨설턴트

3. 금일 이후 반드시 준수해야 할 사항

1) 혈당 조절

2) 체중 조절

3) 주기적 운동

4) 주기적 검사

원래는 전체 검사 일정을 일주일로 잡았습니다. 하지만 7월 4일이 미국의 국경일(휴일)이자 토요일이고, 휴일인 일요일까지 있어 11일이 지나야 모든 검사를 끝낼 수 있었습니다. 생각했던 것보다 4일이 더 초과되긴 했지만, '기왕에 온 거 편안한 마음으로 현실을 직시하자'라는 생각이 들었습니다. 더구나 한 호텔에 열흘이나 묵는 것도 처음 있는 일이니 새로운 기록인 셈이었습니다.

우리가 묵었던 호텔은 26층 건물로 제 룸은 방이 두 개, 식당 하나,

회의실과 접견실이 있고, 주방과 찬장 등의 설비가 모두 갖춰져 있었습니다. 모든 방은 가정집 분위기로 꾸며져 있었고 우리는 방 2개를 예약해 사용했습니다. 호텔에 예약을 하며 모든 자료를 입력해 놓았기 때문에 이곳에서 묵는 동안 방으로 찾아와 이것저것 물어보거나 방해를 하는 호텔 직원은 없었습니다. 여기 호텔은 "기계가 사람의 일을 대신한다"라는 말처럼 현대 관리학의 가장 좋은 본보기였습니다.

호텔에서 허둥지둥 점심을 먹은 후 다시 서둘러 병원에 도착해 심혈관초음파 검사를 했습니다. 아침에 실시했던 채혈, 소변 검사, 흉부 검사, 왼손 X레이, 뇌와 심장 NMR, 심혈관초음파 등 하루에 무려 7~8가지의 검사를 했습니다. 늦은 밤이 돼서야 호텔로 돌아와 쉴 수 있었습니다.

저녁을 먹은 후 조 선생에게 모든 일정을 미리 준비해 준 것에 대해 전화로 감사를 전하며, 병원의 역사 및 설립된 배경에 대해 물었습니다. 조 선생은 무척 즐거워하며 자세하게 설명해 주었습니다.

1883년, 런던에서 미국으로 건너 온 스물 두 살의 마리아 캐서린 모Maria Catherine Moes 수녀는 휴스턴에 도착한 후 여러 곳을 전전하다 로체스터라는 작은 도시에 정착하게 되었습니다. 그 해 이 조그마한 도시는 토네이도의 습격을 받아 수많은 환자에게 도움의 손길이 절실했습니다. 수녀는 즉시 자신의 작은 성당을 임시 의료소로 꾸려 사람들에게 의료서비스를 제공하였습니다. 이후 수녀는 윌리엄 메이요 박사(Dr. Williams Mayo)를 이곳으로 초청했습니다. 두 아들과 함께 온 윌리엄 메이요 박사는 마리아 수녀와 합심하여 병원을 짓기 시작했습니다. 그리고 100여 년이란 시간 동안 발전한 결과 전 세계에서 가장 크고 가장 훌륭한 의료시스템을 갖춘 병원이 되었습니다. 당시 병원이 이렇게까지 발전될 것이라고는 그들도 상상하지 못했을 것입니다.

고행 수련으로 정평이 나 있는 천주교 '성 프란체스코회' 계열에 속하는 마리아 캐서린 모 수녀는 당시 거액의 성금을 모아 '성 메리스 병원'을 세웠습니다. 그녀는 스스로 고된 수행을 하였으며, 자비와 박애의 정신으로 고행을 마다 않고 초연하게 받아들이는 내적인 모습이 다른 사람에게 더 큰 감동을 주었습니다.

조 선생은 검사하는 기간 동안 시간이 허락되면 병원에서 멀지 않은 곳에 위치한 아시시Assisi 수도원을 방문해 보는 것도 좋을 것이라고 말했습니다. 그 말을 듣고 흥미가 생긴 저는 수도원을 방문해야겠다고 생각했습니다. 1995년 이탈리아를 방문한 저는 성 프란체스코 수도회와 아시시 수도원을 참관했던 적이 있습니다.

수도원에는 다량의 서적이 보관되어 있었고, 주교와 수사들은 불교사원에서와 비슷한 생활을 했던 것으로 기억합니다. 우리가 방문한 날 정오, 그들은 각자의 빈 그릇과 젓가락을 가지고 식당으로 모였습니다. 특별히 우리를 위해 몇몇 수녀님을 불러와 채소 요리를 만들어 주셨습니다. 우리와 인연을 맺어 주신 신부님께 감사를 드렸고, 나중에 저는 그 성당에서 강연도 했습니다. 2년 후 이탈리아에 발생한 대지진으로 성 프란체스코 수도회의 성당이 일부 파손되었다는 소식을 접한 저는 회의 참석차 가는 제자 혜개慧開 스님 편에 만 달러의 성금을 보내 수도원의 조속한 복구를 바라는 제 마음을 전했습니다.

낮 동안 여러 가지 검사를 끝내고 고단했지만 그날 밤 쉽게 잠이 오지 않았습니다. 자꾸 인생이 외롭게 날아가는 한 마리 외기러기처럼 느껴졌습니다. 동양에 있던 제가 어느새 서양에 와 있지 않습니까! 저는 저의 생사에 그다지 연연해하지 않았습니다. 생로병사는 다 인연을 따라 가는 것이기 때문에 연이 있으면 살게 되고, 연이 다하면 그대로 죽는 것이라 생각했습니다. 인연이 있어 태어났다가 인연이 다하면 가는 것처럼 인생은 본래 쉼 없이 영원토록 오고가고를 반복하는 것입니다. 최근 몇 년 동안 저는 세계 각지를 돌아다니며 각국의 인사와 만날 기회를 자주 갖게 되었습니다. 하지만 할 줄 아는 외국어가 별로 없어 직접 의사소통을 하지 못한 것이 아쉬웠습니다. 이번 건강검진에서도 조 선생의 부인과 각천 스님, 그리고 병원에서 지원해 준 전문 인력에 의지할 수밖에 없었습니다. 저의 팔다리 역할을 해 주신 그들의 수고에 대해 어떻게 감사의 인사를 해야 할지 모르겠습니다.

 3일 아침에는 젊은 여의사가 제 눈을 검사하는 것으로 하루가 시작되었습니다. 검사 결과 여의사는 제 안저眼底가 노화되어 망막이 좋지 못한 상태라고 했습니다. 특히 혈당이 지나치게 높아 그로 인해 안저에 출혈을 일으켜 이미 많은 상처가 나 시력을 다시 회복하기란 불가능하다고 했습니다. 나쁜 결과가 나왔음에도 그녀는 또 다른 전문의인 짐센 박사(Dr. Siemsen)를 소개시켜 주었습니다. 진찰을 한 짐센 박사 역시 똑같은 말을 했습니다. 그는 노화된 시신경을 치료해 시력을 회복시키는 것은 불가능한 일이며 외부적인 도움에 의지할 수밖에 없다고 했습니다. 그 말을 들은 제가 물었습니다.

 "외부적인 도움이란 무엇입니까?"

"돋보기나 독서기 같은 것들입니다."

그는 말을 마치자마자 몇 가지 기계들을 꺼내 내게 테스트를 해 보았습니다. 그 중 독서기라는 것을 사용해 보니 나한테도 잘 맞고 무척 만족스러웠습니다.

"이 독서기는 어디에서 살 수 있습니까?"

그도 잘 몰랐던지 서둘러 자료를 가져다 읽어 보고 나서 제게 말해 주었습니다.

"대만에서 생산되며, 홍콩을 통해 수입해 저희 병원에서 사용하고 있습니다."

그의 말을 들은 저는 대만의 의료 기술도 상당한 발전을 이뤘다고 생각했습니다. 다만 의료 기구를 생산하는 회사와 의료 조직 간의 긴밀한 협조가 이뤄지지 않아, 환자들이 정보를 쉽게 얻지 못하는 현실이 안타까웠습니다.

제가 독서기를 통해 글을 읽을 수 있는 걸 본 짐센 박사는 매우 기뻐하며 지금 당장 대만으로 건너가 독서기를 사다 주지 못하는 것을 매우 안타까워했습니다. 시력을 회복했으면 하는 바람이 이번 검사의 주목적 중의 하나였기 때문에 검사 결과가 좋지 않다는 소식을 접한 조 선생의 부인도 무척 안타까워했습니다. 그녀는 즉시 남편에게 전화를 걸어 이 같은 사실을 알렸습니다. 조 선생은 다시 병원으로 전화를 걸어 의학 잡지에서 신약이 개발되었다는 소식을 접했다며, 그것이 제 시력을 회복하는 데 도움이 될 것이라고 말했습니다. 저는 다른 의사인 패치 박사(Dr. Pach)에게 진찰을 받았습니다. 하지만 조 선생이 말한 약물은 다른 안과 질환에 좋을 뿐 제 눈에는 크게 도움이 되지 않는다는 결론을 내렸습니다. 그는 현재 과학 기술로는 제 눈을 치료하기 힘들다며 매우 미안해했습니다. 또한 앞으로 획기적인 치료약이 나오면 꼭 연락을 주겠다고 말했습니다.

하지만 저는 결과가 이렇게 나왔다고 해서 결코 실망하지 않았습니다. 오히려 의사를 위로하듯 말했습니다.

"괜찮습니다. 안 보이는 세상 역시 아름다울 수 있습니다. 세상의 모습을 더 이상 자세하게 볼 수 없을지도 모른다는 것을 예상하고 있었으니 너무 안타까워하지 마십시오!"

제 말을 듣고 마음은 홀가분해졌지만, 여전히 미안했는지 그는 씁쓸한 미소를 지어 보였습니다. 저는 이런 사실에 전혀 개의치 않았습니다. 지난 80년간 세상을 봤던 노인이 뭐 더 볼 것이 남아 있겠습니까? 더 많은 것을 보려 하는 것은 탐욕일 것입니다.

'눈은 영혼의 창'이란 말이 있습니다. 사람이 살아가는데 눈이 중요한 것은 사실이지만 중국인에게는 '눈을 감고 정신수양을 한다', '눈을 감고 사색에 잠긴다'라는 참선 수행이 있습니다. 사람은 눈으로 외적 세상만 보려 하지 말고, 자신의 내면세계도 들여다볼 줄 알아야 합니다. 자신의 내면세계를 연구하는 것도 매우 흥미로운 일일 것입니다. 부처님이 설법하시는 도중에 꾸벅꾸벅 졸던 제자 아나율은 부처님의 호된 꾸지람을 들은 후 피나는 수행과 정진을 하다 결국 실명까지 하게 되었지만, 후에 다시 부처님의 가르침을 수행하여 마침내 지혜의 눈을 뜨고 '천안통'을 성취하게 되었습니다.

하지만 저는 '천안통'이 있다고 해서 꼭 좋다고는 생각지 않습니다. 세상의 대자연이야 물론 아름답지만 다른 한쪽에서는 무자비한 살인과 '약육강식'의 공포와 불안 속에서 수많은 생명이 살아가고 있습니다. 처참한 고통과 폭력적이고 잔인한 장면을 직접 당신의 '천안'으로 목격한다면 결코 마음이 편안하지는 않을 것입니다. 그러기에 살아가면서 때로는 보지 못하는 것이 꼭 나쁜 것만은 아닙니다.

4일은 미국의 독립기념일로 국경일이었습니다. 200여 년 전 영국의 핍박을 견디지 못한 청교도들이 미국으로 건너왔습니다. 미국에 정착하게 된 새 이주민들은 1776년 7월 4일 필라델피아에서 열린 대륙회의에서 '독립선언'을 통과시키고 정식으로 미합중국을 선포하여 영국으로부터 독립했습니다. 이날을 기념하기 위해 미국 국민들은 미국독립기념일로 정했습니다. 이날만 되면 필라델피아에 있는 '자유의 종'을 필두로 미국 전역의 크고 작은 교회에서 종소리가 일제히 울려 퍼집니다.

로체스터는 조용하고 화목한 느낌을 주는 소박하고 작은 도시입니다. 국경일에는 더욱 조용해서 한낮에도 거리는 한산하기만 합니다. 휴일을 맞아 대부분의 사람들이 집에서 휴식을 취하듯 자동차들도 주차장 안에 조용히 세워져 있습니다.

이 도시는 해가 늦게 지는 이유로 밤 9시가 되어도 낮처럼 환하기 때문에 밤 10시가 넘어서야 국경일 불꽃놀이가 시작됩니다. 하늘에 화려하게 피어오르는 불꽃을 보며 문득 낮에 우연히 본 호수의 야생오리 떼가 생각났습니다. 저는 휴식을 취하던 기러기들이 요란한 폭죽소리를 듣고 놀라지나 않을까 걱정되었습니다. 오지랖이 넓다고 해야 할까요.

5일, 다시 건강 검진이 시작되었습니다. 오늘은 주로 심장혈관 단

층사진 촬영을 합니다. 대만에서 이 검사를 받을 때는 강적이라도 만난 듯 긴장을 했었습니다. 하지만 이 병원에서는 모든 의료진들이 환자들에게 게임을 즐기는 것처럼 자연스럽고 편안한 분위기를 제공해 주어 전혀 긴장이 되지 않습니다. 이 검사는 작은 구멍에 조용히 누워 있기만 하면 되는 것으로 전에도 해 본 경험이 있었습니다. 이중으로 된 동굴에 누워 있는 듯한 이 느낌은 꼭 관 속에 들어가 있는 것 같지만 기분이 나쁘지는 않습니다. 하지만 1시간이 소요되는 단층 촬영 동안 저는 종종 잠이 들어버리곤 합니다. 단층 촬영을 끝내고 나온 저에게 주위 사람들은 혈색도 좋고 생기가 넘친다고 말하곤 했습니다. 안에서 실컷 자고 일어났는데 혈색이 안 좋을 리가 있겠습니까!

제 혈관의 총 검사를 맡은 맥브라이드 박사(Dr. Mc Bride)는 이 분야의 권위자이자 현재 세계에서 독보적인 존재로 손꼽힙니다. 검사가 끝나자 그는 다리 혈관 동맥의 맥박이 잡히지 않고 허벅지의 맥박이 약한 것은 허벅지의 동맥이 막혀 있기 때문이라고 말했습니다. 이 경우에는 철심 또는 기구확장술로 상처를 호전시킬 수 있고, 수술 시간도 30분밖에 소요되지 않는 간단한 수술이라며 혹시 생각이 있는지 물었습니다.

이 분야에 대해 조금 알고 있었던 저는 질문을 했습니다.

"이 수술을 하면 앞으로 쉽게 걸을 수 있습니까?"

그는 낙관적이긴 하지만 모든 수술에는 위험 요소가 따른다고 말했습니다. 제가 또다시 물었습니다.

"세상에 태어난 사람은 늘 위험이란 요소 속에 살아가고 있습니다."

제 말을 들은 그는 '위험'이라는 저의 견해가 남달라 감탄한 듯 눈을 반짝거렸습니다.

그는 자신이 기구확장술을 집도하길 원했고 저도 흔쾌히 동의했습니다. 제가 심장혈관 전문가에게 받은 첫 느낌은 장군 같은 풍모였습니다. 침착하고 자신감 있는 그의 태도는 다른 이들의 감탄을 불러일으켰습니다. 수술을 하기도 전에 자신을 100퍼센트 믿게 만드는 의사라면 필시 성공한 의사임에 틀림없습니다. 그는 수술을 하면서도 줄곧 걱정하지 말라고 위로했습니다. 5~6시간이나 힘들게 누워 있을 필요는 없지만 아직 제 혈관 상태를 모르기 때문에 봉합할 수 있을지는 장담할 수 없다고 했습니다. 그래도 상태만 좋으면 깨끗하게 봉합할 수 있으니 걱정하지 말라고 저를 안심시켰습니다.

하지만 제 노화된 혈관을 다 봉합하기 힘들어 결국 반만 봉합하고 나머지 반은 할 수 없었습니다. 그는 미안함에 거듭 사과를 했지만 저는 전혀 대수롭지 않은 일이라 여겼습니다. 다 봉합하지 못했어도 고작 6시간 침대에 가만히 누워 있었고 동맥 혈관을 응결시킬 수 있는데, 무엇이 미안하단 말입니까! 전에도 이런 경험이 있었기에 저는 크게 신경 쓰지 않았지만 맥브라이드 박사는 수 킬로나 떨어져 있던 제 병실까지 찾아와 제 몸을 살펴보고 자세한 설명까지 해 주었습니다. 저는 그가 환자를 친가족처럼 대한다는 것을 느낄 수 있었습니다. 또한 그는 자신의 뛰어난 의술을 믿고 자만에 빠진 사람이 아니었습니다.

제 왼쪽 다리의 혈관 확장 수술은 성공적으로 이루어졌지만 오른쪽은 혈관이 막혀 더 이상 진행할 수 없었습니다. 맥브라이드 박사는 오른쪽 다리는 요도 수술이 가능하며 수술 시간도 한두 시간이면 끝난다고 말했습니다. 하지만 회복하는 데 2주 정도가 소요된다고 말했습니다. 저는 '당신의 마음은 너무 감사하지만 다음에 인연이 되면 그때 가서 다시 생각해 보자'고 말했습니다.

심장혈관 역시 이번 미국행의 주요 검사항목 중의 하나였습니다. 그나마 다행인 것은 검사결과에서 보듯 제 심장의 혈액공급이 좋고, 혈관도 완전히 막힌 것이 아니며 심장근육 역시 건강한 상태로 제어능력이 뛰어나다는 것이었습니다. 의사는 제가 50대의 체력을 가지고 있다고 설명해 주었습니다.

15년 전 영민병원에서 장연 선생에게 심장수술을 받은 후 지금까지도 이렇게 심장이 힘차게 뛰고 있다는 사실을 의사들은 믿기 어려워했습니다.

예전부터 저는 다른 이들에게 이렇게 말해왔습니다.

"제 서예 솜씨를 칭찬하지 마십시오. 그저 겨우 봐줄 만한 정도일 뿐입니다. 제 말에 감탄하지 마십시오. 강소성 양주 사투리는 알아듣기 힘듭니다. 하지만 여러분들은 제 마음을 볼 수 있고, 제 마음의 소리를 들을 수 있습니다. 저는 저에게 닥친 시련을 모두 이겨낼 수 있다고 자신합니다. 어느 한 군데 병이 들었다 하더라도 심장이 건강하고 튼튼하면 되는 것입니다. 이런 믿음이 건강의 가장 중요한 요소가 아닐까 싶습니다."

검사하는 동안 가장 흥미 있었던 것은 '수면 검사'였습니다. 처음에는 '잠자는 것도 무슨 검사가 필요한가? 먹고 싶을 때 먹고 자고 싶을 때 자면 되지. 그게 무슨 검사까지 필요해?'라고 생각했습니다. 하지만 문진과 검사를 통해 저에게 수면 장애(Sleep disorder)가 있다고 의심되어 검사를 하게 되었습니다. 수면 검사는 호흡기의 막힘 현상과 산소 흡입 상태 및 호흡 멈춤 횟수, 혈액 속 산소지수 측량, 수면 상태와 수면의 정도 등을 알아보는 것입니다.

저는 지금까지 저를 위해 애써 준 병원의 권고를 받아들여 수면 검사를 받기로 했습니다. 본격적인 검사를 받기 전 의사는 제가 수면 시의 자세와 얼마만에 잠이 드는지, 평소 잠을 자면서 꿈을 꾸거나 코를 고는지 등을 물었습니다. 의사는 수면 검사를 위해 병원에서 하룻밤 묵는 것이 어떠냐고 물었고, 저 역시 이왕 병원에 왔으니 의사의 권고에 따르는 것이 좋겠다고 생각했습니다. 그래서 6일 밤, 저는 병원 8층 41호 병실에 입원하게 되었습니다.

병실에 들어오고 얼마 후 간호사들이 뇌파 관찰을 위해 제 머리와 턱, 뺨 등에 10여 개나 되는 회로를 붙이고, 심장에도 심전도를 달았습니다. 또한 그밖에 호흡을 측정하기 위해 가슴과 복부에 다시 4개의 회로를 붙였습니다. 이런 모습을 거울로 보니 제가 마치 우주인처럼 보였습니다. 제 모습이 신기하고 우습기도 해 각념 스님에게 기념사진을 찍어달라고 했습니다.

그날 밤, 저는 잠을 쉬이 이루지 못했습니다. 온몸을 전자기기와 전선으로 칭칭 감아놨으니 어찌 쉽게 잠들 수 있었겠습니까! 특히 각념 스님과 조 선생 부인이 병실 한쪽 의자에 앉아 밤새 제 간호를 하는 것을 보니 마음이 편치 않았습니다. 이 순간 누군가 곁에서 이야기를 들려주거나 범패나 경전을 읊어주면 좋으련만…… 하지만 세상은 원한다고 다 이뤄지는 것은 아니지 않습니까!

그렇게 새벽 3시까지 뒤척이고 있을 때 의사와 간호사들이 들어와

'지속양압호흡기(CPAP)'라는 코끼리 코처럼 생긴 기기를 장착해 주었습니다. 이 기기를 장착하자마자 콧속이 뻥 뚫리는 느낌이 들고 기분도 상쾌해져 저도 모르게 잠속으로 빠져들었습니다.

2시간 후 내가 깨어나자 의료진들이 제 몸의 장비들을 하나하나 떼어냈습니다. 그제서야 몸이 날아갈 듯 가벼워졌습니다. 아침 6시 숙소로 돌아와 아침식사를 한 후 어제 못 잔 잠을 자고, 다음날 아시시 수도원을 방문할 준비를 했습니다.

일요일 오후 2시에 방문하기로 수도원과 미리 연락을 취해 놓았고, 수도원 측에서는 우리를 안내해 줄 사람을 보내기로 했습니다. 정시에 도착한 우리는 보통 일반인들이 입는 복장을 한 수녀를 만나게 되었습니다. 자신을 원로 수녀라고 소개한 그녀는 교황 요한 바오로 2세가 수녀들에게 전통 복장을 꼭 착용하지 않아도 됨을 이미 선포해 자신도 전통 복장을 착용하지 않았다고 설명했습니다. 과거 수녀복을 정갈하게 입은 수녀들은 신성하면서도 순결해 보였는데, 지금 일반복을 착용한 수녀는 그냥 일반 사람처럼 보였습니다. 저는 '천주교에서 내린 이 같은 결정이 과연 좋은 것일까? 혹시 수녀 교단 역시 타락했다는 인상을 심어주는 것이 아닐까?' 하는 우려심이 들었습니다.

1888년에 세워진 아시시 수도원은 수백 에이커에 달하는 부지에 현재 100여 명이 넘는 수녀가 생활하고 있었습니다. 그중 아직 젊고 활동이 자유로운 수녀는 4층에, 나이가 있는 수녀는 3층에, 행동이 불편한 수녀는 2층에 거주하고 있었습니다. 거처를 정하는 것 하나도 개개인의 특징에 맞게 계획적으로 한다는 것을 알 수 있었습니다. 하지만 현재 수녀가 되고자 하는 사람이 갈수록 줄어드는 추세여서 면

적당 비교해 보면 인원이 너무 적은 데다 경제적인 곤란함까지 겪고 있어 일부 공간을 개방하고 있었습니다. 회의나 단기 수련 등의 용도로 일반인들에게 제공하고, 여기서 생기는 수입은 수녀들의 생활비로 충당된다고 하였습니다.

수도원을 나서며 저는 불교의 '인연을 맺는다(結緣)'는 사상에 입각해 500달러의 헌금으로 성의를 표시하라고 일러두었습니다. 수녀들은 평상시 공부를 하지 않는 날에는 병원에서 봉사를 하거나 교도소에서 선교 활동을 하며, 어렵고 힘든 아이들을 가르치기도 합니다. '세상을 구하고 인간을 널리 이롭게 하는 일'에 종사하는 수녀들이 사회봉사를 하는 관례 덕분에 천주교의 박애정신이 사회 속으로 널리 퍼지며 사회의 모범이 될 수 있었습니다.

현재 대만의 비구니 역시 이런 상황에 있습니다. 초·중·고등학교에서 아이들을 가르치는 이도 있고, 교도소에서 포교를 하는 이도 있으며, 독서회·신문·잡지 등의 편집을 하는 이도 있습니다. 또한 저작 활동을 하거나 노인과 유아를 돌보는 봉사를 하는 이도 있습니다. 불광산의 비구니들처럼 장기간에 걸쳐 대장경·대사전 등의 편찬에 몰입하는 이도 있습니다. 저마다 묵묵히 자신의 보살행을 실천하고 있는 이들은 현대 인간불교의 실천자들인 셈입니다.

9일인 월요일, 출근하는 직원들로 병원은 다시 활기를 띠었습니다. 저의 검사 또한 다시 시작되었습니다. 오늘은 뇌신경 검사 외에 당뇨병 검사도 포함되어 있습니다. 당뇨병은 저와 이미 30여 년을 함께 해 온 동반자입니다. 의학 보고서에는 아직까지도 당뇨병의 원인이 무엇인지 정확한 연구 결과가 발표되지 않았습니다. 당뇨병은 타인에게 전염되는 병은 아니지만 유전이 되기도 합니다. 하지만 우리 가족 중에 단 한 사람도 당뇨병을 앓지 않은 것으로 보아 제 당뇨병은 유전이 아닌 것이 확실합니다.

저는 극한의 기아를 겪었던 두 번의 경험이 제 당뇨병의 원인이라고 생각합니다. 그로 인해 췌장이 손상되어 인슐린이 비정상적으로 분비가 됐을 확률이 가장 높습니다. 그 이후로 저는 배뇨, 갈증, 기아 등의 당뇨병 초기증상을 보이기 시작했습니다. 또한 검사 결과, 제가 당뇨병에 걸렸다고 의사가 확인시켜 주었습니다. 하지만 이것이 제 당뇨병의 진짜 원인인지는 의학 전문가의 연구 결과가 나와 봐야 알 수 있습니다.

저는 40년 가까이 앓아온 당뇨병 때문에 눈과 혈관 쪽에 질병이 생겼습니다. 이 모든 것이 당뇨병으로 인한 합병증입니다. 만약 제가 당뇨병에 걸리지 않았다면 제 몸의 각 기관들은 '인생은 80부터'라는 말에 딱 맞게 건강한 상태를 유지했을 것입니다.

메이요 의료원의 가장 큰 특징은 '종합 진료'라는 것입니다. 수많은 질병은 전문의 혼자 치료를 결정하는 것이 아니라 여러 명의 의사들이 다 같이 모여 고민하고 연구를 한 후에 결정을 내리는 것입니다. 과거에 제가 복용한 약들은 '이 환자가 이렇게 많은 약을 복용할 필요가 있을까? 환자에게 더 좋은 방법은 없을까? 환자가 지금 복용하는 약 말고 다른 신약을 복용해도 괜찮을까?' 등의 의견을 종합해 의논하고 연구한 뒤 내린 결정이었습니다.

특히 제 당뇨병과 심장 혈관 때문에 복용하는 약은 더욱 많은 회의를 걸친 끝에 내려진 결정이었습니다. 이곳 의사들은 저에게 약을 조

제해 준 대만의 의사들을 극찬하며 아스피린 복용을 적극 추천했습니다. 영양사 역시 담당 간호사들에게 음식과 혈당 조절에 대한 특별한 주의를 당부했습니다. 각념 스님과 묘향 스님이 쌀과 밀가루가 당뇨병의 가장 큰 적이라고 알려주었습니다. 절대 먹으면 안 된다는 것은 아니지만 되도록 양을 줄이는 것이 가장 좋다고 했습니다. 이 말을 듣는 순간 저는 '한평생 밥과 국수만을 먹고 살아온 내가 앞으로 그 두 가지 음식을 먹지 못한다면 무슨 낙으로 살아갈까?'라는 생각이 들었습니다.

최근 저도 친구들의 건의를 받아들여 아카이(Akai: 아미노산과 항산화제가 함유된 브라질에서 나는 과일류) 쌀을 먹고 있습니다. 혈당은 이미 정상치로 회복되었지만 포만감이 4시간밖에 되지 않아 계속 허기를 느끼게 됩니다. 보아하니 이 쌀도 오래 먹기는 힘들 듯합니다.

9일 하루 동안 이상 두 가지 검사를 마치고 나서도 수많은 전문의의 진료실을 들락거렸습니다. 한 가지를 검사하고 나면 또 다른 부수적인 것을 검사해야 했습니다. 의사들은 정성을 다해 저를 대해 주었지만, 하루 종일 진료실을 돌아다니는 것은 환자에게 무척 힘든 일이었습니다.

메이요 의료원은 여러 개의 병원이 함께 모여 진료를 보는 종합병원의 형태를 띠고 있습니다. 10일 받을 검사는 이미 수일 전에 예약을 해 놓았습니다. 올해 4월 18일 상해 보문경사普門經舍에 머물 때 손목을 접질렸기 때문에 또 다른 메디컬 빌딩에 있는 정형외과로 검사를 받으러 갔습니다. 상해의 서광曙光병원에서 기본적인 접골 치료를 받은 후 다시 의흥宜興병원과 양주의 강소江蘇병원에서 각기 X-레이 검사를 받았습니다. 당시 저는 대수롭지 않은 일이라 여겼습니다. 하지만 두 달이 지난 오늘까지도 완전히 낫지 않으리라 누가 생각이나 했겠습니까! 이번에 미국에 온 김에 정형외과 의사에게 치료를 받고 싶었습니다.

진료를 마친 데니슨 박사(Dr. Dennison)는 제 손목이 거의 회복 단계에 있지만, 손목 접합이 똑바로 이루어지지 않고 20퍼센트 정도 약간 뒤쪽으로 기울어졌다고 말했습니다. 또한 자라난 뼈가 너무 짧아 손의 관절 부위에 완전하게 접합되지 않았다고 했습니다.

제가 지금도 손등의 통증과 손가락 감각이 없다고 호소하자 아마도 손을 보호하기 위해 지나치게 압박해서 깁스를 한 탓이니 너무 신경 쓰지 말라고 했습니다. 그 점에 있어서 저는 그들의 견해가 중국 정형외과 의사들과는 매우 다르다는 것을 알게 되었습니다. 그밖에도 그는 12가지 재활 방법을 알려주며 당장 재활치료를 시작할 것을 권유했습니다. 또한 오후에 다른 정형외과 전문의인 로버트 박사(Dr. Robert)를 만나보라고 하였습니다. 재활치료과 의사는 즉시 전신운동을 저에게 일러주며 매일 30~45분씩 주 5회는 해야 한다고 당부했습니다.

손목 재활치료 방법은 12가지나 되지만 극히 간단한 동작들이었습니다. 손바닥과 손가락의 각 부위를 좌우전후로 젖히는 관절운동입니다. 퇴원하고 서래사로 돌아온 뒤에도 매일 꾸준히 운동을 하는 동안 재활운동을 가벼이 볼 게 아니라는 생각이 들었습니다. 며칠 동안 해 본 결과 손목이 하루가 다르게 부드러워지면서 천천히 회복되는 느낌이 들었습니다.

열흘간의 검사와 진료를 모두 마치고 11일 오전 로즈터커 박사와 다시 한 번 면담을 가졌습니다. 그날 정오 비행기를 타고 로스앤젤레스에 있는 서래사로 돌아왔습니다. 11일간의 미네소타 일정을 돌아보며 메이요 의료원에 대한 저의 몇 가지 감상을 적지 않을 수 없습니다.

첫째, 그곳은 화목하고 다툼이 없는 곳이었습니다.

앞에서 언급했듯이 메이요 의료원에는 4만여 명의 의료진과 직원들이 근무합니다. 이렇게 큰 병원에서 열흘 간 사람들과 부딪치며 알게 된 사실은 그들이 화목하고 다툼이 없는 단체라는 것이었습니다. 의사와 간호사 간에 서로 큰 소리로 다투거나 논쟁을 하는 일 없이 서로 존중하며 양보합니다. 이처럼 수많은 사람들이 모인 단체에서 화목하고 사이좋게 지낸다는 것이 저로서는 놀라울 따름이었습니다.

사실 인간 세상에서 벌어지는 다툼은 서로 다른 의견과 적절하지 못한 말 때문입니다. 이 병원에서는 그 누구도 다른 사람을 난처하게 하거나 자극하는 말을 하지 않습니다. 모두 작은 소리로 말을 하며 서로 존중하고 감싸 줍니다. 또한 자신의 주관적인 생각이 아닌 데이터와 측량기에 입각해 정확하고 자세하게 설명을 해 줍니다. 병원을 떠난 후에도 저는 그들을 잊지 못하고 종종 떠올리곤 합니다. 그들의 인간 됨됨이에 감탄한 점도 많지만, 그 중에서도 화목하고 다툼 없이 서로를 위하는 그들을 보며 저는 감동하지 않을 수 없었습니다.

둘째는 환자를 살갑게 보살펴 준다는 것입니다.

병원에 도착한 첫날, 기획실장의 수행비서가 우리를 병원으로 안내해 준 때부터 우리는 장장 열흘을 병원에서 머물렀습니다. 열흘 동안 병원 말단부터 고위직까지, 이곳에서 저곳으로, 이 진료실에서 저 진료실로 다니며 의사, 간호사, 심지어 접수대의 직원과 각 부서 직원들까지 모두 만나 보았습니다. 모든 사람이 얼굴에 웃음을 띤 채 더할 나위 없이 친절하였고, 존중 받는다는 느낌이 들게 해 주었습니다. 예의를 갖추도록 직원 교육이 잘 되어 있는 곳은 참 보기 드문 일입니다.

세계 각지를 돌아다니다 보면 질문이나 책망, 또는 꾸짖음, 관료적인 말투를 자주 듣게 됩니다. 듣는 사람을 기분 나쁘게 할 뿐만 아니라 툭툭 던지는 말투는 상스럽기까지 합니다. 예를 들어 "당신 여기 뭐 하러 왔소?", "그 사람은 왜 찾소?", "서류가 하나 미비하니까 내일 다시 와요" 등등…….

말하는 사람의 언어가 적절하지 않으면 다툼이 끊이지 않습니다. 그러나 이 병원의 모든 사람들은 자상한 태도로 사람을 대하고, 부드러운 어투로 말을 합니다. 평소 투박한 말에 길들여진 사람에게는 정말 놀라운 일이 아닐 수 없습니다.

셋째는 서비스의 질이었습니다.

메이요 의료원의 전체 의사, 간호사, 직원은 매달 받는 월급 외에 별도의 어떠한 비용도 일체 받지 않습니다. 이 병원에서 진찰을 받으면 선물 증정이나 팁조차도 줄 필요가 없습니다.

팁 문화를 따르지 않는 메이요 의료원의 서비스 품질은 조금의 소홀함과 저속함을 찾아볼 수 없고 오히려 병원을 더욱 숭고하게 승화시켜 줍니다. 진료 과정에서 의사는 공을 탐하거나 과오를 남에게 덮어씌우지 않으며, 남을 비방하지도 않고, 혼자 잘난 척하지도 않았습니다. 그들은 '공동창작'이라는 공통된 인식을 가지고 다 함께 의견을 교환하고 다 함께 진료합니다. 또한 간단한 검사라 할지라도 다 같이 거듭해서 상의하고 판단하는 것을 마다하지 않았습니다. 하루에 백여 명의 환자들을 진찰해야 하는 다른 병원과 달리 이곳 일부 문진 의사의 경우 하루에 4~5명의 환자만 접수 받아 진찰을 합니다. 이처럼 환자를 중시하기에 메이요 의료원의 서비스 질은 좋을 수밖에 없습니다.

넷째는 철저한 관리라 할 수 있습니다.

학교 관리, 기업 관리, 공장 관리, 병원 관리 등 현대는 관리학이 매우 성행하고 있습니다. 메이요 의료원의 세밀하고도 철저한 관리에 저는 놀라지 않을 수 없었습니다. 메이요 의료원에 있는 의사, 간호사, 직원들이 서로 다른 성격의 환자들과 화기애애하게 하나가 되기란 결코 쉽지 않은 일입니다.

검사를 위해 입원한 기간 동안 의료진들은 빠른 일처리뿐만 아니라, 긴밀한 연락을 취하는 것을 볼 수 있었습니다. 환자 한 사람을 위한 진료에 필요하다면 열 명이라도 동원할 수 있었습니다. 예를 들어 제가 안과 진료가 필요하다면 안과 전문의가 진찰을 하는 것뿐만 아니라 병원 전체에서 안과와 관련 있는 부서 역시 이 소식을 즉시 알게 됩니다. 또한 정형외과 진찰이 필요하다면 그 즉시 마을 전체의 정형외과 관련 의사, 재활치료 의사, 영양사, 심지어 통역사까지 다 달려와 협조와 지도를 아끼지 않습니다. 심지어 입구의 경비원까지도 당신에게 무슨 병이 있는지, 어느 부서를 찾아왔는지, 어디에서 진찰을 받는지 등 다 꿰뚫고 있는 것처럼 보였습니다. 또한 적극적으로 나서 환자를 안내하고 환자의 의문사항에 대답해 줍니다. 저는 이곳 직원들이 누군가 물어본 말에 "모르겠다"라고 대답하는 것을 들어 본 적이 없습니다.

제 오른손의 떨림은 10여 년 동안 지속되어 왔습니다. 과거에 의사를 찾아가 진찰을 했을 때 그곳에서는 완전히 회복되기가 불가능하고 말했습니다. 하지만 이곳 병원 신경과 의사 에드워드 박사(Dr. Edward)는 다음과 같이 말했습니다.

"이 증상은 반드시 회복될 수 있습니다. 하지만 저는 최고의 의사가 아닙니다. 파킨슨병 분야에서 최고 권위자인 분에게 진찰을 부탁드릴 테니 걱정하지 마십시오."

그는 말을 마치자마자 전화를 걸어 연락을 취했습니다.

"죄송합니다. 그분이 해외 출장 중이라는 군요. 제가 그분이 돌아오는 대로 진찰을 받을 수 있도록 조치하겠습니다."

이처럼 환자에게 최선을 하다는데 어찌 존경심이 일지 않으며, 감동을 받지 않을 수 있겠습니까!

여기까지 쓰고 보니 한 가지 잊은 것이 생각나는군요. 저는 이번 검사를 하는 동안 모든 비용을 보험회사에서 지불했기 때문에 한 푼의 돈도 쓰지 않았습니다. 저의 검사를 위해 힘써 주신 메이요 의료원의 의료진을 비롯해 조원수 선생 부부에게 뭐라 감사의 인사를 전해야 할지 모르겠습니다. 그들에게 삼보의 가피가 함께 하기를 바라며, 그들 가내 모두 평안하기를 기도하는 것으로 제 감사 인사를 대신할까 합니다.

죽음의 문턱

저는 국민당 군대가 북벌을 펼치던 민국 16년(1927)에 태어났습니다. 당시 8성省 연합군 총사령관을 맡고 있던 군벌 손전방孫傳芳은 국민정부에 항거하고 있었습니다. 그의 부대가 우리 집 앞에서 민간인 한 사람을 총살한 어느 날, 저는 울음을 터트리며 세상에 나왔습니다.

어머니는 제가 태어났을 때 얼굴의 반은 붉고 반은 하얘서 괴물을 낳았다고 생각해 키울 엄두를 내지 못했다고 하셨습니다. 하지만 시간이 흐르자 저도 보통 아이들 피부색으로 변했다고 합니다.

아버지는 성실한 서민으로 장사를 하셨으며, 어머니는 병약한 몸으로 형님과 누님, 남동생, 그리고 저까지 우리 4남매를 훌륭히 키우셨습니다. 하지만 우리 집은 항상 가난했습니다.

8살 때의 일입니다. 연말이 가까워 오는 한겨울, 집안 식구들은 설 준비를 위해 물건을 사러 나가고 집에는 13살인 형과 저만 남아 있었습니다. 잠시 밖에 나갔다 온 형은 강물이 꽁꽁 얼어 그 위에서 놀다 왔다고 말했습니다. 그 말을 들은 저는 호기심이 생겨 "나도 걸어 볼 거야"라며 당장 강으로 뛰어갔습니다.

제가 대문을 나서자 밖에서 한동안 놀다 들어올 거라 생각한 형은 대문을 자물쇠로 잠갔습니다. 강가에 도착한 저는 한동안 얼음 위에서 신나게 놀았습니다. 그러다 제 눈에 저 멀리 '오리 알'이 눈에 띄었습니다. '얼음 위에 낳은 오리 알을 아무도 보지 못 했으니 내가 가져가면 다들 놀라워하겠지!'라는 생각에 너무 기쁜 나머지 아무런 생각 없이 '오리 알'을 향해 걸어갔습니다. 그 순간 갑자기 "뿌지직" 소리가 들리며, 얼음이 갈라지기 시작하더니 속수무책으로 저는 얼음 구덩이 속으로 풍덩 빠지게 되었습니다. 제가 '오리 알'이라고 생각했던 것은 어처구니없게도 얼음이 갈라지기 직전의 얼음 자국이었습니다. 그 모양이 타원형이라 저는 더욱 '오리알'로 착각하고 말았던 것입니다.

얼음 구덩이에 빠지면 쉽게 구할 수 없다는 사실을 추운 지방에서 살아 본 사람이라면 누구나 다 알 것입니다. 두꺼운 얼음을 깨고 물속에 들어가 사람을 구하기는 쉽지 않은 일입니다. 만약 부주의해서 얼음 구덩이에 빠지게 되면 한동안 몸부림치다가 안에서 얼어 죽는 것이 대부분입니다. 제가 얼음 구덩이에 빠졌던 그날, 주위에는 아무도 없었습니다.

제가 얼음 구덩이 속에서 얼마나 몸부림을 쳤는지, 어떻게 그 속에서 빠져 나왔는지 기억조차 없습니다. 하지만 집으로 돌아와 문을 두드릴 때의 제 옷은 이미 꽁꽁 얼어 있었습니다. 문을 연 형은 저를 보고는 깜짝 놀라 멍하니 바라보고만 있었습니다. 이런 일을 겪고도 살아나리라곤 식구들조차도 모두 상상하지 못했습니다. 지금 생각해 봐도 제가 그 당시 어떻게 살 수 있었는지 도저히 알 수가 없습니다.

사실 저는 팔십 평생을 살아오면서 이와 비슷한 '죽음의 문턱'을 넘나든 일이 여덟 차례 이상은 됩니다. 어려서부터 외할머니와 자주 절에 다녔던 저는 네다섯 살 때 이미 채식을 하겠다고 고집했으며, 『반야심경』도 외울 줄 알았습니다. 불교에 대한 평생의 믿음이 한 차례 또 한 차례 위험을 겪으며 저를 더욱 성장시켜 주고 더욱 단단하게 만들어 주었습니다.

처음 죽을 고비를 넘기고 2년 후, 1937년 7월 7일에 '노구교 사변'이 터지면서 중일전쟁의 서막이 올랐습니다. 같은 해 음력 12월 13일, 함박눈이 흩날리던 그날, 일본군이 남경을 공격했습니다. 당시 열 살이었던 저는 홑이불 하나를 짊어지고 동네 사람들을 따라 피난을 가게 되었습니다. 계속 북쪽을 향해 걸어가던 우리들은 하늘이라도 집어삼킬 듯 활활 타오르며 불길 속에 휩싸인 남경을 그저 멀리서 바라볼 수밖에 없었습니다. 그것이 남경에 진입한 일본군의 공식적인 대학살의 신호탄이라는 것을 그 당시에는 아무도 알지 못했습니다. 우리는 우선 흥화현興化縣의 간이 창고에 머물다가 후에 마을에 있는 신묘神廟에 몸을 의탁했습니다. 며칠 후 강소성 전체가 일본군에 의해 함락될 것이라는 소문이 파다했습니다. 연로하신 외할머니는 일본군 총칼 속에서도 살아남았고, 차가운 강물에 빠졌어도 겨우 솜옷 한 벌에 의지해 살아남아 흥화현까지 도망쳐 나오셔서, 결국 우리는 재회할 수 있었습니다.

그 해 연말쯤 강소성 전체는 일본군에 의해 함락되었습니다. 외할머니는 고향집이 마음에 걸려 강도江都에 다녀와야겠다는 말씀을 하셨습니다. 저는 죽음이 뭔지도 모르는 철없던 나이였던지라 무작정 외할머니를 따라 나서겠다고 떼를 썼습니다. 어려서부터 저를 무척이나 귀여워해 주셨던 외할머니는 저를 데리고 꼬박 이틀을 걸어 강도에 도착했습니다. 작은 마을이었던 강도는 이미 전쟁의 불길에 휩싸여 산산조각 난 채 폐허 더미로 변해 있었습니다. 우리 집은 이미 다 타 버려 잿더미로 변해 있었지만 외할머니의 집은 그나마 형체라도 남아 있었습니다. 하지만 무너진 기왓장 사이로 아직도 연기가 피어오르고 있었습니다.

하지만 할머니는 자신을 생각하기보다는 먼저 이웃을 위로하고 조문했습니다. 평생 피땀 흘려 가꾼 집이 그렇게 허망하게 불타 버린 것을 못내 아쉬워하던 할머니는 쇠붙이 하나라도 찾을 수 있을까 싶어 재로 변해버린 잿더미를 뒤적거리셨습니다. 불행하게도 그때 일본군에게 발각된 할머니는 강제로 끌려가게 되었습니다. 제가 할머니를 놓아 달라고 울며불며 뒤쫓아 가자 일본군은 더 이상 따라오면 죽이겠다고 위협했습니다. 저는 그때 외할머니와 헤어지게 되었고, 외할머니가 어디로 끌려갔는지도 알 수 없었습니다.

나중에 외할머니에게 듣자니, 일본군은 예순이 넘으신 외할머니를 군대로 끌고 가 밥 짓는 일을 시켰다고 합니다. 일본 군대는 취사병을 필요로 했으나, 당시 촌민들은 모두 도망가거나 살해당했기 때문에 아무도 그들을 위해 밥을 해 주는 사람이 없었습니다. 그 덕분에 외할머니는 목숨을 구할 수 있었습니다. 외할머니와 헤어지고 난 뒤 저는 홀로 마을에 남겨졌습니다. 눈에 보이는 거라고는 사방에 널린 시체 뿐이었습니다. 산더미처럼 쌓여 있는 시체들은 누가 누구인지 분간할 수조차 없었습니다. 강물에 떠다니는 시체는 머리와 다리가 뒤집혀져 있었고, 길가에 얼어 죽은 시체의 내장은 굶주린 늑대개의 먹이가 되어 버린 지 오래였습니다. 사람 고기도 먹어 치우는 늑대개들은 모두 흉악한 얼굴을 하고 있었습니다. 집에 돌아온 저를 반긴 것은 집에서 키우던 개였습니다. 늑대개처럼 흉악한 눈빛으로 저를 쳐다보긴 했으나 오랫동안 키워 준 주인이란 걸 안 순간, 저에게 다가와 몸을 비비며 아양을 떨었습니다.

살고자 하는 사람의 잠재의식은 필사적이라 할 수 있습니다. 외할머니와 헤어진 후 당시 열 살이었던 저는 가족들이 있는 곳으로 돌아가는 길도 방법도 알지 못했습니다. 그때를 생각하면 지금도 눈앞이 캄캄합니다. 당시 저는 저 멀리 일본군이라도 보이면 재빨리 시체 사이에 숨어 죽은 사람 행세를 했습니다. 설밑까지 여전히 추운 날씨가 계속 이어져 대지는 이미 커다란 얼음 상자로 변해 있었습니다. 군데군데 핏자국만 보일 뿐 시체는 썩지 않고 죽었을 당시의 그 모습 그대로를 유지하고 있었습니다. 시체 곁에 누워 탁탁 군화 소리를 내며 지나가는 일본군들을 숨죽여 지켜보았습니다. 다행히도 저는 그들에게 발견되지 않았습니다. 저는 '죽음의 문턱'에서 처음으로 생명의 무상함과 공포를 깊이 깨달았습니다.

나중에 일본군의 밥을 짓던 외할머니가 도망쳐 나와 저를 찾아오셨고, 저는 외할머니와 재회하게 되었습니다. 외할머니는 저를 데리고 일본군들의 눈을 피해 훙화현까지 도망쳐 왔고, 저는 가족들과 다시 만날 수 있었습니다. 홍화현에서 머물던 두 달 동안, 저는 다시는 집에 가겠다고 떼쓰지 않았습니다.

일본군이 남경을 공격할 당시, 마쓰이 이와네(松井石根) 일본군 사령관은 철저하게 '불태우고(燒光), 빼앗고(搶光), 죽이라(殺光)'는 소위 '삼광三光'정책을 부하들에게 철저히 각인시켰습니다. 그 결과 남경에서 강도까지의 길은 '살인, 방화, 강간, 포로'라는 '삼광'의 조치와 딱 맞아 떨어졌습니다.

그 당시 항주에서 일하고 있던 아버지는 난을 피해 집으로 오던 중 전란에 휩쓸려 돌아가신 것이 아닌가 싶습니다. 그 후로 소식이 끊겨 다시는 아버지의 얼굴을 볼 수 없었습니다. 18세 되던 해 초산불학원 焦山佛學院에서 수학하고 있던 저는 작문 시간에 아버지에 대한 애도와 추억을 되새기며 '영원이 부칠 수 없는 편지'를 쓰기도 했습니다.

일본군이 남경을 공격하여 '남경대학살'이라는 피비린내 나는 참극을 저질렀을 당시, 사람들은 이성을 잃고 우리의 모든 것을 짓밟은 일본군에게 치가 떨리도록 분노를 느낀 것은 물론이요, 중국 군대가 여러 파로 나뉘어 서로 단결하지 못한 채 서로 배척하는 것에도 분노를 느꼈습니다. 특히 수비군 장교 당생지唐生智는 무능하고 어리석은 자로 대장이 갖춰야 할 지혜와 능력이 전혀 없는 자였습니다. 일본군이 성 밑까지 공격해 왔을 때 그는 성을 버리고 자신만 살고자 제일 먼저 도망쳤습니다. 또한 도망치기 전, 남경에서 양자강 이북을 왕래하던 모든 배들을 봉쇄시켜 일본군이 성으로 쳐들어 왔을 때 국민들이 강을 건너지 못해 수십 만 명의 사람들이 양자강가나 성벽 아래에서 비참한 죽음을 맞았습니다. 남경의 참혹한 죽음의 기억은 정말 떠올리기조차 괴롭습니다.

　1년 후인 1939년 정월, 저와 어머니는 소식이 끊긴 아버지를 찾아 강도에서부터 길을 따라 쭉 걸었습니다. 그때 경호로(京滬路: 남경과 상해를 잇는 도로)는 왕래하는 사람이 거의 없을 정도로 한산했습니다. 도처에 일본군의 초소가 세워져 있었고, 중국인들은 팔에 '일장기' 완장을 차야만 일본군 사이를 통과시켜 주었습니다.

　우리는 아버지를 찾아 헤매다 서하산(棲霞山: 남경의 북동쪽에 위치)을 지나게 되었습니다. 당시 어리고 무지한 저조차도 앞날이 막막하다는 것을 알 수 있었습니다. 하지만 복덕福德과 인연 때문이었는지 저는 서하산에서 머리를 깎고 출가하게 되었습니다. 전쟁이 터지고 출가하기 전까지 1년이란 시간을 돌이켜 보면, 우리 고향 마을에서는 유격대와 일본군이 일진일퇴를 거듭하는 접전을 펼치고 있었습니다. 낮에 일본군이 소탕작전을 펼치면 밤에는 유격대가 반격을 가했습니다. 그때 총과 포탄이 무섭고 끔찍한 물건이라는 것을 모르던 아이들은 전투가 휩쓸고 지나간 자리로 달려가 시체를 많이 세는 사람이 이기는 것이라며 시체 숫자세기 놀이를 하기도 했습니다. 출가해 승려가 된 후 '죽음의 문턱'을 넘나들며 살았던 날들을 생각하면 어떻게 그 끔찍한 상황을 견디어 냈는지 알 수가 없습니다.

　시간은 흘렀지만 고난은 결코 사라지지 않았습니다. 출가 후 6년째, 17살인 저는 갑자기 말라리아에 걸리고 말았습니다. 마침 가을을 향해 달려가고 있는 '추로호(秋老虎: 입추가 지난 후 음력 8월과 9월 사이 한동안 더운 날씨가 이어지는 때를 중국 민간에서 일컫는 말)' 계절이었습니다. 어른들은 '가을에 말라리아에 걸리면 살아날 가능성이 거의 없다'고 말씀하셨습니다. 저 역시 하루하루 죽음만을 기다리는 심정이었습니다. 사실 더 정확하게 말하자면, 그때는 죽고 사는 것 자체를 생각할 수 없었습니다. 17년을 사는 동안 부귀나 즐거움을 누려본 것이 없었기에, 살아도 그만 죽어도 그만이라는 생각뿐이었습니다. 그 시대에는, 특히 심산유곡에 위치한 고찰의 총림에서 누구 하나 죽는다고 그걸 알아 줄 사람은 아무도 없었습니다. 죽음을 증명하는 비석도 하나 없이 산 위의 화장터에서 화장을 할 뿐이었습니다. 아침저녁 불공을 드릴 때 영가 위패가 하나 더 늘고 회향할 영가가 하나 더 늘어나 있으면 그때서야 사람들은 누군가 죽었다는 것을 알게 됩니다.

　말라리아에 걸리면 온몸이 오한과 심한 고열에 시달리게 됩니다. 한꺼번에 밀어닥친 오한과 신열을 견디며 병상에 누워 있을 때였습니다. 어디서 소식을 들으셨는지 모르지만 은사이신 지개상인께서 제가 한 달 가까이 병석에 누워 신음하고 있다는 것을 아시고 방장실의 도인道人 편에 장아찌 반 그릇을 보내주셨습니다. 소금기와 기름기가 없는 음식이야말로 환자에게 가장 적합한 음식이었을까요? 약을 먹지 않고 장아찌만으로 제 병은 씻은 듯이 나았습니다. 당시 받았던 장아찌 반 그릇을 생각하면 저는 지금도 감격에 목이 메어 옵니다. 출가 후 이렇게 타인의 관심을 받은 적이 없었기 때문에 남들이 보기엔 하찮아 보이는 장아찌라 할지라도 저는 마음속에서부터 진한 감동이 올라오며, 스승에 대한 감사한 마음이 저절로 우러났습니다. 그와 동시에 저는 마음속으로 남몰래 원을 세웠습니다.

　'나중에 반드시 홍법을 널리 퍼뜨려 스승님의 은혜에 보답해야겠다!'

이듬해 저는 진강鎭江 초산불학원焦山佛學院에 진학하였습니다. 전국 불교계에서는 최고 학부로 보통 학생들은 진학하기가 결코 쉽지 않은 곳이었습니다. 초산불학원에서 지냈던 3년 동안 가장 인상 깊게 남은 사건은 20살 때, 몸에 종기가 하나 둘씩 생기더니 나중에는 온몸에 종기가 나 고름으로 짓물렀던 일입니다. 하루는 동문들 모두 점심 공양 하러 공양간으로 갔지만 저는 걷기조차 힘들어 혼자 마당의 돌의자에 앉아 불학원을 지키고 있었습니다. 저를 보고 호기심이 생긴 한 젊은 부부가 다가오더니 물었습니다.

"몇 살이니?"

그 물음에 저는 문득 오늘이 제 생일이라는 것이 떠올라 이렇게 대답했습니다.

"오늘로 스무 살이 됩니다."

하지만 질문한 사람은 아마도 제 말 속에 담긴 뜻을 알아차리지 못하고 그냥 '스무 살'이라고만 생각한 모양이었습니다.

저는 제 몸에 종기가 퍼졌을 때 '왜 내게 이런 악질적인 병이 생겼을까?'라고 생각해 보았습니다.

당시 몸 전체의 피부가 짓물러 고름이 흘렀고, 옷을 입으면 피부에 옷이 쫙 달라붙어 무척 괴로웠습니다. 목욕하려고 옷이라도 벗을 때에는 고름이 옷에 달라붙어 피부를 벗겨내는 것처럼 살점과 피가 섞여 나왔습니다. 지금 생각해도 무섭고 소름이 돋습니다.

불교사를 읽으면서 당나라 때 오달국사悟達國師 역시 다리에 '인면창人面瘡'이 났다는 것을 알게 되었습니다. 상처가 사람 얼굴 같이 생겨 이런 이름이 붙었으며, 심지어 입까지 있어 음식을 먹여야 고통을 멈추게 해 준다고 믿었답니다. 후에 고승을 만나 육체적 병이 아닌 업장으로 인해 생긴 병이라는 사실을 알게 된 오달국사는 고승이 가르쳐 준 대로 물로 깨끗이 목욕을 하고 죄업을 없앴다고 합니다. 후세 사람에게 가르침을 남기기 위해 오달국사는 '자비수참慈悲水懺'을 지었고 지금까지도 전해 내려오고 있습니다.

아직 어려 세상 이치를 제대로 모르던 저는 오달국사의 고사가 생각나 경건한 마음으로 관세음보살에게 귀의하며 참회하였습니다. 당시 이런 병을 치료할 수 있다고 말한 사람은 아무도 없었습니다. 하지만 동문수학하던 친구가 어떻게 손에 넣었는지는 자세하게 생각나지 않지만 '농창치료약'을 한 알 건네주었습니다. 그 약을 먹고 난 다음 날부터 종기가 사라지더니 며칠 지나지 않아 종기가 씻은 듯이 나았습니다.

누군가는 말라리아가 항일전쟁 시기 시체가 떠다니던 강물을 먹은 후 말라리아의 독이 체내에 쌓여 일정 시간이 경과한 후 독이 퍼지면서 생기기 시작한 괴병이라고 떠들기도 했습니다. 하지만 저는 증명되지도 않은 허황된 말이라는 생각이 들어 한 귀로 듣고 한 귀로 흘려버렸습니다. 죽지 않고 반드시 살 수 있다는 희망이 있다는 것은 다행스러운 일입니다. 이 병으로 인해 저는 부처님의 은혜에 감사하며, '부처님의 원력은 무한하다'는 믿음을 더욱 공고히 하게 되었습니다.

1948년 21살, 저는 문중인 대각사 근처의 초등학교 교장을 맡게 되었습니다. 참 부끄럽게도 저는 초등학교를 다니지 못했거니와 갈 기회조차도 없었습니다. 의흥교육국宜興教育局에서 제게 교장을 맡아달라고 부탁한 이유는 아마도 시골에서 인재를 구하기 어려운 데다 제가 남경에서 왔다는 얘기를 듣고 견식이 넓고 아이들을 가르치는 데 소질이 있을 거라는 소견에서 비롯된 것 같습니다. 경험이 전혀 없던 저는 걱정스러웠습니다. 하지만 제 인생 설계 속에는 불교 중흥을 위해 일찍부터 불교식 농장을 세우고 그 안에 무료 초등학교를 개설하려는 희망을 갖고 있었습니다. 그래서 이것이 더없이 소중한 기회라 생각했습니다. 저는 최선을 다해 아이들을 가르치겠다는 맘이 절로 드는 동시에 '체험을 통한 교육'을 잘할 수 있을 거라는 자신감도 생겼습니다.

하지만 안타깝게도 당시는 국공내전이 다시 발발하면서 제 문중인 대각사에도 낮에는 국민당 군대가 끊임없이 드나들었고, 밤이면 공산당원들이 활동을 펼치곤 했습니다. 수업시간에 어김없이 들려오는 '탕' 소리는 근처에서 누군가 총살당했다는 의미였으니, 수업이 제대로 진행될 리가 없었습니다. 밤낮으로 들려오는 개 짖는 소리에 사람들은 언제나 공포와 두려움에 떨어야 했습니다.

당시 국민당 군대는 군기가 전혀 세워져 있지 않았습니다. 어느 부대인지는 모르지만 그들이 절에만 왔다 가면 칫솔, 수건, 비누 등 세면도구가 감쪽같이 사라졌음은 물론이고, 곤궁했던 군인들이 손에 잡히는 물건은 무엇이든 남김없이 약탈해 갔습니다.

한밤중에는 공산당 군인들이 몰려나와 주로 활동을 했습니다. 학교에 있던 복사기도 감히 거절하지 못하고 그들에게 무조건 사용하게 해 주어야 했습니다. 이 일을 국민당 군대가 알게 된다면 반역자로 몰리겠지만, 정국이 혼란한 그 시기에는 운에 맡길 수밖에 다른 도리가 없었습니다.

1948년 2월로 기억합니다. 어느 날, 한밤중에 누군가 저를 깨우는 소리에 눈을 떠보니 수십 명의 무장군인들이 저마다 내게 총을 겨누며 소리쳤습니다.

"꼼짝 마!"

당시 저는 그들이 국민당 군대인지, 공산당 군대인지 알지 못해 그저 의아해 했을 뿐 그들이 두렵거나 무섭지는 않았습니다. 제가 어리둥절하고 있는 사이 그들은 제 몸을 밧줄로 묶더니 밭을 지나 황량한 벌판까지 끌고 갔습니다. 약 한 시간쯤 걸었을까요? 그들은 저를 어느 빈 건물로 데리고 들어갔습니다. 그곳에는 이미 수십 명이 밧줄에 꽁꽁 묶인 채 끌려와 있었습니다. 제가 도착하자 대장인 듯한 자가 소리를 질렀습니다.

"매달아."

그들이 말하는 매단다는 것은 밧줄로 양손의 엄지손가락을 묶어 공중에 매달아 놓는다는 것이었습니다. 그 소리를 들은 저는 이번만큼은 고문을 피할 수 없을 거란 생각이 들었습니다. 하지만 옆의 동료가 그에게 귓속말로 몇 마디 하자 저를 매달지는 말고 묶어서 한쪽에 데려다 놓으라고 명령했습니다. 그 건물에 있으면서 저는 두 사람이 총살당하는 것을 보았습니다. 멀쩡히 살아 있던 사람이 피부가 찢기고 살이 터진 채 들것에 실려 돌아오는 것을 본 저는 "눈앞에서 사람이 죽으면 나도 조급해진다. 다음은 내 차례임을 알기 때문이다"라는 불교의 말이 생각났습니다.

그렇게 열흘이 지났습니다. 갑자기 누군가 제 이름을 부르더니 밧줄에 묶인 저를 건물 밖으로 데리고 나갔습니다. 그들이 저를 어디로 끌고 가는지는 알 수 없었습니다. 가는 내내 나오는 검문소와 초소의 군인들은 적과 대치하듯 하나같이 긴장된 표정들이었습니다. 이번에야말로 틀림없이 사형장으로 끌려가 총살당할 거라는 생각만 들었습니다.

죽음을 목전에 두고 있는 사람의 심정은 어떨까요? 보통 사람은 하기 힘든 경험일 것입니다. 이런 상황에서 저는 아쉽다는 생각뿐 두려움을 느끼지는 않았습니다.

'난 겨우 22살인데…… 세상에 태어나 이뤄 놓은 꿈 하나 없이 아무도 모르게 세상을 떠나가야 하다니. 은사님도 내가 곧 총살당한다는 것을 알지 못하시겠지? 어머니도 아들이 22살의 생을 마감한다는 사실을 모르시겠지? 인생은 정말 물거품 같구나. 한 순간 '펑' 하고 거품이 터지면 세상은 다시 고요해지겠지.'

이런 생각에 빠져 있는 동안, 저는 어느새 다른 건물에 도착해 있었습니다. 건물 안에는 고문용 의자, 쇠사슬, 몽둥이, 쇠 집게, 낭아봉(狼牙棒: 쇠못을 많이 박은 창 비슷한 무기) 등 각종 고문 기구가 놓여 있었습니다. 그것을 보자 이번에는 정말로 고문을 피할 수 없을 거란 생각이 들었습니다.

'형장의 총살은 피할 수 있었는지 몰라도 고생은 피할 수 없겠구나. 다른 사람들처럼 살갗이 터져 들것에 실려 돌아가겠구나!'

하지만 제 예상을 뒤엎고 대장인 듯한 군인이 오더니 그 자리에서 밧줄을 풀어 주었습니다. 저는 어찌된 영문인지 알 수 없어 어리둥절하기만 했습니다. 저는 구불구불한 산길이긴 했지만 평탄한 길을 동문 사형의 부축을 받으며 걸어서 사찰로 돌아왔습니다. 하지만 제 두 다리는 마치 허공에서 춤추듯 제 맘대로 움직이지 않았습니다. 그것은 두려움 때문이 아니라 십여 일을 갇혀 있던 탓에 마음대로 걸을 수 없었기 때문이었습니다.

의홍에서 머물던 기간 동안, 국민당은 저를 가리켜 '공산당이 파견한 첩자'라 했고, 공산당에서는 저를 가리켜 '반동분자들의 특수공작원'이라고 했습니다. 지하 감옥에 십여 일을 갇혀 있었지만 저를 가뒀던 자들이 어느 당인지, 어떤 부대인지조차 알 수 없었습니다. 깊이 생각한 저는 다음과 같은 결론을 내렸습니다.

'또 한 번 죽음의 문턱에서 살아 돌아오긴 했지만 치안이 이처럼 악화되고 있는 이곳에는 더 이상 머물 수가 없겠구나.'

결국 저는 동문사형에게 이별을 고하고 남경으로 돌아왔습니다.

남경으로 돌아온 저는 처음에 화장사華藏寺 감원을 맡았다가 나중에는 주지까지 맡게 되었습니다. 하지만 시국은 날로 불안해져 갔습니다. 특히 국민당에 대한 공산당의 제2차 전략적 전투인 회해淮海전투가 국민당의 실패로 끝나면서 남경은 이미 일대 혼란에 빠져들었습니다. 경호로 길가에는 도망치는 난민들로 인산인해를 이뤘습니다. 기차와 버스는 서로 먼저 타려는 사람들로 아수라장이었으며, 기차 앞쪽에 매달린 사람도 있었고, 기차 지붕에 자리를 잡은 사람도 있었습니다. 또한 다리 한 짝을 차 밖으로 내놓은 채 버스를 탄 사람도 있었습니다. 길가 어디에서나 죽은 시체를 볼 수 있었습니다. 저는 이런 광경을 차마 지켜만 볼 수 없어 도반들을 모아 '승려구호대'를 조직해 부상자와 사망자들을 도와주려는 원을 세웠습니다.

그렇지만 '승려구호대'란 것이 민간에서 만들고 싶다고 맘대로 만들 수 있는 것이던가요? 국가기관의 허락 없이는 불가능했습니다. 그 당시 저는 단시간이라도 '승려구호대'를 훈련시켰으면 하고 바랬습니다. 하지만 당시 그들을 훈련시킬 수 있는 곳은 대만밖에 없었습니다.

23세 되던 해 여름, 저는 70여 명의 젊은 승려와 남녀 청년들을 데리고 전혀 알지도 못하는 대만으로 건너갔습니다. 이때부터 '백색테러(정치적 목적을 달성하기 위해 암살, 파괴 등을 수단으로 하는 우익세력의 테러)'의 시대에 몸을 맡긴 채 '생사의 갈림길'이라는 위험한 길을 또 다시 걷게 되었습니다.

1949년 여름, 대만에 도착했습니다. 하지만 대만 입국 허가증이 없던 저는 당시 경민협회警民協會 회장을 맡고 있던 오백웅 전 내정부장內政部長의 선친 오홍린吳鴻麟 선생이 신원보증을 해 주어 천신만고 끝에 대만 거류 허가증을 받을 수 있었습니다. 하지만 당시 대만성 정부는 중국에서 오백 명의 젊은 승려를 대만에 파견해 간첩 활동을 시킨다는 소문만을 믿고 사실여부를 조사해 보지도 않은 채 저와 중국에서 온 젊은 승려들을 타이베이와 도원桃園 등지에 나누어 감금했습니다.

그 중에 자항慈航 스님은 타이베이에, 저와 율항律航 스님 등 일행 십여 명은 도원의 한 창고에 감금되었습니다. 어느 날 갑자기 우리를 끌고 오라는 명령이 떨어져 한 시간여를 걸어 경찰서에 도착했습니다. 하지만 안에 있던 사람은 버럭 화를 내며 소리쳤습니다.

"누가 너희더러 이 중놈들을 데려오라고 했어? 어서 다시 데려 가!"

다시 창고로 끌려온 우리는 그곳에서 23일을 더 지내야 했습니다.

다행스럽게도 손립인孫立人장군의 부인이신 손장청양孫張淸揚 여사, 대만성 주석을 역임하신 오국정吳國禎 선생의 부친 오경웅吳經熊 선생, 그리고 입법위원 동정지董正之 선생, 감찰위원 정준생丁俊生 선생 등이 구조해 준 덕분에 저는 저승 문턱까지 갔다가 살아 돌아올 수 있었습니다.

'백색공포' 시절에는 일단 체포되면 살아나오는 사람이 거의 없었습니다. 운이 좋아 석방된다고 해도 고문으로 인해 살이 터지고 뼈가 부러지는 등 성한 곳이 한 군데도 없었습니다. 우리는 억울한 죽음을 당하거나 고문을 받지는 않았지만, 체포되었다는 이유 하나만으로 대만 사원의 신뢰를 얻기 힘들었습니다. 중국에서 온 젊은 승려들의 방부房付를 받아 주지 않았으며, 사찰에 머무는 것조차 대부분 거절하였습니다. 이처럼 힘든 상황이 계속되자 아쉽게도 많은 젊은 승려들이 떠나갔습니다.

사실 대만의 이런 입장을 탓할 수도 없는 일이었습니다. 당시는 '2·28사태(1947년 2월 28일, 국민당 정부의 강압적 지배에 대항하여 대만 본성인本省人들이 일으킨 항쟁)'가 발생한 지 얼마 지나지 않았던 때라 우리가 배척과 오해를 받을 수밖에 없었습니다.

'2·28사태'의 비극은 민족의 불행입니다. 당시 대만 국민들의 사상자도 많았지만 중국에서 온 인사들의 사상자 역시 적지 않았습니다. 오늘날 '2·28사태'를 평가하면서 중국에서 온 사람들의 죽음을 간과하는 경향이 큰 것에 저는 매우 불공평하다는 생각이 듭니다.

일정한 거주지 없이 이곳 저곳을 떠돌던 세월 동안 '승보僧寶를 돕자'라는 구호를 내걸고 도와준 자항 스님과 원광사圓光寺에 방부를 들일 수 있도록 각별한 은혜를 베풀어주신 묘과妙果 화상께 깊은 감사를 드리는 바입니다. 저 역시 그 은혜에 조금이나 보답하고자 사찰과 신도들을 위한 일이라면 적극적으로 나섰습니다. 하지만 저는 여전히 '백색공포' 속에서 생활하고 있었습니다.

항일전쟁 승리 후 저는 태허대사(太虛大師, 1889~1947: 민국 이래 불교혁신 운동을 일으켜 인간불교를 제창한 고승)께서 상해에서 발행한 『각군주보覺群周報』의 간행물 편집을 맡아 달라는 요청을 받게 되었습니다. 중력中壢에서 타이중으로 건너가 겨우 잡지 한 부를 편집했을 뿐인 저를 경찰에서 체포하려 한다는 얘기를 듣고 놀라고 두려워 다시는 타이중에 갈 엄두를 내지 못했습니다.

또한 대만 경비총본부警備總部에는 제가 '중국방송을 듣는다, 밤에는 변장을 하고 중국과 접선한다'는 무고가 잇따랐다고 합니다. 평생 라디오라곤 사용해 본 적도 없는 제가 라디오방송을 어찌 들을 수 있었겠습니까? 저는 평소 경전을 강의하거나 홍법, 포교하는 것 외에 세속적인 장소에서 누군가를 만나는 것을 좋아하지 않습니다. 또 한번은 불광산 개산 이후에 제가 총 200자루를 숨기고 있다고 고발한 사람도 있었다고 합니다. 불광산에는 몽둥이도 다 합해 봐야 200자루가 안 되는데 총 200자루가 어디 있겠습니까?

한번은 의란을 방문한 창카(章嘉) 활불을 환영하는 환영사에서 다음과 같이 말한 적이 있었습니다.

"우리의 영도자이신 창가 활불을 열렬히 환영합니다."

그 말이 끝나기가 무섭게 치안 요원이 제가 창카 활불을 지도자로 옹립하려는 반역을 꾀했다고 말했습니다. 대만 남부 경비총본부의 상지수常持琇 사령관은 자신의 책상 위에 저의 고발장이 산더미처럼 쌓여 있다고 말했습니다. 이 예만 봐도 제가 얼마나 모함을 받았는지 알 수 있으리라 생각됩니다. 하지만 다행스럽게도 모든 혐의를 다 벗을 수 있었습니다. 이 또한 죽음의 문턱에서 구사일생 살아온 것이라 할 수 있겠지요.

그 당시 전력회사에서 근무하던 진수평陳秀平 선생이 공산당에서 파견한 첩자라는 억울한 누명을 쓴 일이 있었습니다. 제 안위도 위태로운 상황이었지만 저는 그의 결백을 증명하기 위해 목숨을 내놓고 보증을 섰습니다. 후에 진수평 선생은 옛날 일이 고맙다며 나중에 타이베이에 지광智光중학교를 세울 때 도움을 주셨을 뿐만 아니라 학교 교장직도 맡아주셨습니다. 한 아가씨는 간첩이란 중상모략을 당해 이틀이 멀다 하고 불려가 심문을 받았습니다. 한나절, 혹은 밤새도록 심문을 받을 때도 있었고, 며칠 동안 심문을 받기도 했습니다. 또한 거주의 자유까지 박탈당했습니다. 하지만 갖은 노력을 다한 결과 누명을 벗을 수 있었습니다.

처음 대만에 도착한 몇 년 동안, 원광사에 머물고 있을 때의 일이 저는 가장 기억에 남습니다. 매일 새벽 4시 반에 일어나 리어카를 끌고 중력읍으로 나갑니다. 6시쯤 시장에 도착해 사찰의 80명이 생활하는 데 필요한 기름, 소금, 쌀, 채소 등을 사서 돌아오면 10시 정도가 됩니다.

저는 그 시간도 아끼기 위해 자전거 타는 법을 배웠습니다. 살 물건이 많지 않을 때면 자전거를 타고 근처 대륜大崙 길가 시장에서 물건을 사오곤 했습니다. 그때 처음 자전거를 배웠으니 자전거 실력이 뛰어나지 못한 것은 당연하겠지요. 어느 날 평소와 다름없이 자전거를 타고 길가로 나섰습니다. 좁고 구불구불한 길을 달리던 중, 어린아이 두 명이 내 앞으로 다가오는 것이 보였습니다. 저는 다급한 마음에 먼저 소리를 질렀습니다.

"비켜!"

소리를 지르는 힘이 너무 컸던 탓이었을까요? 중심을 잃은 저는 자전거와 함께 공중으로 붕 떴다가 3층 높이의 도랑으로 떨어지고 말았습니다.

떨어질 때 머리가 먼저 땅에 닿으면서 커다란 돌덩이에 부딪치고 말았습니다. 순간 머리가 어지럽고 세상이 빙글빙글 돌며 눈앞이 캄캄했습니다. 저는 속으로 '이제 죽는구나!'라고 생각했습니다.

얼마나 지났을까. 일어나 앉은 저는 좌우를 살펴보며 속으로 생각했습니다.

'듬성듬성 있는 돌덩이에 땅과 초목이 무성한 언덕. 아! 사후세계도 인간세상과 별 차이가 없구나!'

다시 정신을 차리고 보니 멀지 않은 곳에 타이어와 여기저기 뒹굴고 있는 자전거 부속품들이 보였습니다. 제정신을 차린 저는 제가 아직 죽지 않고 살아 있다는 것을 알았습니다.

온몸을 만져보았지만 상처 하나 찾아볼 수 없었습니다. 머리를 부딪친 곳도 전혀 아프지 않았습니다. 죽지 않고 살았으니 뛸 듯이 기쁘긴 했지만 망가진 자전거가 아까워 땅에 흩어져 있던 부품들을 모두 주워 체인으로 묶었습니다. 고물이라도 팔면 적어도 얼마는 받을 수 있을 거란 생각에 저는 사찰까지 자전거를 지고 돌아왔습니다. 그날 저녁 일기에 저는 다음과 같이 적었습니다.

'평소에는 사람이 자전거를 타지만, 오늘 난 자전거를 태우고 사찰로 돌아왔다. 항상 사람이 자전거를 타기만 했지 자전거가 사람을 탄 적은 없으니, 가끔 입장을 바꿔보는 것도 공평할 것 같다.'

어린 시절 얼음 구덩이에 빠졌다가 살아 돌아온 것처럼 이번에도 다행히 목숨을 건져 '죽음의 문턱'에서 살아 나왔습니다. 원광사에서 지내는 1년여 동안 매일 사찰을 위해 리어카를 끌고 장을 봐 오고, 청소하고, 물을 600통씩이나 져다 나르기도 했습니다. 육체적 노동 이외에 가끔 단편을 타이베이의 잡지사에 보냈고, 글이 잡지에 등재되어 원고료를 받은 적도 있었습니다. 이것은 제 인생에서 커다란 힘이 되었습니다.

그 당시 저는 제가 폐병에 걸린 것은 아닌가 하는 터무니없는 생각을 했습니다. 하루 종일 '난 폐병에 걸렸어'라는 생각이 머릿속을 맴돌며 몸과 마음을 괴롭혔습니다. 제가 이런 생각을 하게 된 것은 사람이 지나치게 힘들거나 피로하고, 충분한 영양을 섭취하지 못할 때 쉽게 폐병에 걸릴 수 있다고 한 어느 선생님의 말 때문이었습니다.

지금 생각해 보면 아마도 제 의구심 때문이었을 것입니다. '의심은 망상을 불러일으킨다'고 했습니다. 의심은 없던 병도 생기게 했습니다. 원광사에서 지내는 동안 사찰을 위해 있는 힘껏 일을 도와주는 한편 제 자신의 폐병 걱정도 해야 했습니다. 가끔 제 자신도 신체 건강한 내가 폐병에 걸릴 이유가 없다고 생각하기도 했지만, 폐병의 그림자는 여전히 제 머릿속을 맴돌며 저를 괴롭혔습니다.

민국 39년(1950년) 겨울의 어느 날, 토마토가 한창이던 때였습니다. 토마토가 폐병을 치료할 수 있다는 누군가의 말을 듣자마자 저는 잘됐다 싶은 마음에 한꺼번에 토마토 한 상자를 사서 시간이 날 때마다 먹었습니다. 당시 가난한 승려였지만 그래도 토마토 살 정도의 능력은 있었습니다. 어느 정도 시간이 흐른 뒤 저는 속으로 생각했습니다.

'토마토를 이렇게 많이 먹었으니 폐병이 다 나았겠지!'

사실 전 폐병에 걸렸던 것이 아니라 '의심병'에 걸렸을 뿐이었습니다. 하지만 토마토를 먹으면서 마음뿐만 아니라 몸도 따라 건강해졌습니다. 세상에는 '스스로 긁어 부스럼을 만드는 이'가 무척 많습니다. 의심의 그림자가 자신의 곁을 맴돈다면 편안한 삶을 살 수 없습니다. '결자해지結者解之'라는 말처럼 사람은 스스로 생각을 제어하고, 관념을 올바르게 가져야만 위험에서 벗어날 수 있는 희망을 갖게 됩니다.

저는 불교를 전파하면서 문화와 교육 방면에 열과 성을 다해 왔습니다.

민국 41년(1952), 『인생잡지人生雜誌』를 편찬하기 위해 타이베이의 선도사善導寺 납골당 유골감(骨灰龕) 아래 작은 다락방에서 수개월을 묵었던 적이 있었습니다. 당시 화련花蓮에 대지진이 일어나 사찰 안의 천정까지 겹겹이 쌓아놓은 유골 단지가 진동으로 흔들렸습니다. 저는 제 몸 위로 유골 단지가 떨어질까 걱정하며 우스갯소리를 했습니다.

"나 깔려 죽게 하지 마, 부탁해!"

지진이 지나간 화련시는 사상자들로 넘쳐났습니다. 저는 힘도 돈도 없었지만 『인생잡지』의 명의를 빌려 생사를 넘나드는 화련 지역의 이재민들을 위해 미력하나마 힘을 보태고자 동분서주했습니다.

불교에서는 '세상만사 무상하다'라는 얘기가 있습니다. 세상에 살고 있는 중생 누군들 '생사의 문턱'을 넘나드는 위험에서 쉽게 빠져나올 수 있겠습니까?

민국 44년(1955)으로 기억합니다. 저는 의란의 청년 신도 스무 명을 이끌고 중화불교문화관中華佛敎文化館을 위해서 대장경을 복사하여 인쇄하였고, 44일 동안 대만 섬 전체를 돌며 포교 활동도 펼쳤습니다. 타이베이를 출발해 화련과 타이동(台東)을 거쳐 병동屛東에 이르는 쉽지 않은 여정이었습니다. 타이동에서 병동까지 이어진 자갈길에서는 우리에게 더없이 소중한 녹음기가 망가질까봐 제 다리에 올려놓고 꼭 끌어안고 다녔습니다. 보통 5~6시간이나 걸리는 여정이었습니다. 병동에 도착 후 방부를 들인 사찰에서 예불을 보려 할 때 두 다리에 통증이 밀려오며 굽혔다 펴는 것조차 힘겨웠습니다. 여기까지 오는 내내 녹음기의 무게에 눌려 그런 것이라 생각하고 시간이 지나면 통증도 자연스럽게 사라지게 될 거라고 생각했습니다. 하지만 그 누가 알았겠습니까? 의란의 강당으로 돌아온 뒤 다락방에 눕자마자 한 달여를 일어나지 못했습니다. 통증은 사라지지 않고 걸음을 걷는 것조차 힘에 겨워 부득이 의사를 불러야 했습니다. 진단을 마친 의사는 급성관절염이라고 말했습니다. 두 다리를 즉시 절단해야 하며 그렇지 않으면 나중에는 생명까지도 위험할 수 있다고 했습니다.

이 말을 들은 신도는 아연실색했지만, 전 다리를 절단하는 것이 꼭 나쁘지만은 않을 것이라는 생각이 들었습니다. 이제부터는 전국 구석구석을 돌아다니며 힘들게 홍법을 펼치지 않고 한 곳에 안주하며 열심히 창작 활동도 할 수 있으니, 앞으로의 인생에 더 큰 의미가 될 수 있을 거라 생각했습니다.

하지만 두 다리를 절단하는 것은 그리 간단한 문제가 아닌지라 의사의 권유를 그대로 받아들이지는 않았습니다. 어느 정도 시간이 흐르자 통증도 점차 사라지고 오래 앉아 있거나 무릎을 꿇을 때 이외에는 불편함이 없었습니다. 의사는 항상 다리를 따뜻하게 해 줄 것을 권했습니다. 저는 지금까지도 아무리 땀이 뻘뻘 나는 여름이라도 선풍기나 에어콘 바람 때문에 관절염이 재발하지 않도록 내복을 꼭 착용합니다.

몇 년 후 다리 통증은 완전히 사라졌습니다. 수십 년이 지난 지금까지도 혈관경화와 정맥혈관의 노화 외에 어떠한 불편이나 통증도 없습니다. 저는 평생 '죽음의 문턱'을 넘나든 까닭인지 생명을 더욱 소중히 여기게 되었고, 더욱 사랑하게 되었습니다. 하지만 생명을 초월하여, 최악의 상황에 처했을 때, 생명에 집착하거나 매달리지 말아야 한다는 것도 알게 되었습니다.

이것이 바로 '산이 다하고 물길이 끊어진 곳에 길이 없는가 했더니, 버들이 푸르고 꽃도 밝게 핀 것이 또 하나의 세상이구나(山窮水盡疑無路, 柳暗花明又一村)'라는 그말이구나 하는 생각이 들었습니다.

1977년 51세가 되던 해, '관절염'사건을 겪은 후 전 처음으로 영민종합병원에 건강검진을 받으러 갔습니다. 당시 저는 불광산을 창건해 이름이 약간 알려진 상태라 그 덕분에 영민종합병원 각 분야 의사들의 각별한 호의를 받았습니다. 이틀에 걸친 검사가 끝나고 의사 한 사람이 오더니 제 검사 결과를 설명해 주었습니다. 주저하며 말을 꺼내기 어려워하여 제가 먼저 물었습니다.

"검사 결과가 어떻게 됐습니까? 사실대로 말씀해 주십시오."

그러자 의사가 도리어 반문했습니다.

"혹시 넘어진 적이 있으십니까?"

당시 50세였던 저는 건강 하나만큼은 여느 젊은이 못지않다고 자신하고 있었습니다. 그런데 넘어졌냐고요? 저는 자신있게 대답했습니다.

"넘어진 적 없소."

"출가인으로서 죽음이 겁나십니까?"

이 질문은 쉽게 대답할 수 있는 문제가 아니었습니다. 제가 '두렵지 않다'고 하면 너무 오만해 보일 것 같았습니다. 하찮은 개미조차도 목숨을 아끼는데, 어찌 사람이 죽음을 두려워하지 않을 수 있겠습니까? 하지만 '두렵다'라고 대답하면 아직 수행이 덜 된 출가인이라고 의사가 비웃을 것 같아 고심 끝에 이렇게 대답했습니다.

"사실 죽음은 두렵지 않지만, 고통은 무척 두렵소이다. 고통에는 한계가 없지 않소. 참을 수 있는 극한의 상황보다 더 심해지면 비명을 지르게 되고 신음을 내뱉게 만드는 것이 고통 아니겠소? 제 아무리 장사라도 그때가 되면 겁쟁이가 되고 말지요."

제 대답을 들은 의사가 그제서야 사실대로 말해 주었습니다.

"대사님 등에 흑점이 하나 있습니다. 저희가 그것을 잘라 검사를 해 본 결과가 아직 나오지 않아 뭐라 드릴 말씀이 없습니다. 그렇지만 내일 다시 재검사를 받아 보시는 게 어떻겠습니까?"

죽음의 문턱 115

"원적한 달덕達德 비구니 스님의 다비식이 있어 의란에 가야 합니다."

"내일모레도 괜찮습니다."

"내일모레는 고웅에서 열리는 회의에 참석해야 됩니다."

의사는 쓴웃음을 지으며 말했습니다.

"대사님의 건강과 생사生死도 소홀히 해서는 안 됩니다."

전 의사에게 감사 인사를 하며 다음에 오겠다는 말밖에는 할 수 없었습니다.

영민종합병원을 떠나 타이베이의 보문사普門寺로 돌아오자, 제자들이 관심을 갖고 제 검사결과에 대해 물었습니다. 전 우스갯소리로 모두에게 말했습니다.

"오늘 살을 잘라 냈지."

'잘라 냈다'라는 말이 무슨 뜻인지 몰라 어리둥절해하는 제자들을 보며 다시 말했습니다.

"내 몸에서 살 한 덩어리를 얇게 잘라 냈다고. 얼마나 무섭던지……."

이 말을 들은 제자들이 황급히 물었습니다.

"어디를 잘라 내셨어요, 어디를요?"

사실 이건 농담이었습니다. '잘라 내서' 검사를 한다는 것은 몸의 일부 조직을 떼어서 유리판에 올려놓고 현미경으로 관찰하여 건강 상태를 알아보는 검사였습니다. 어떻게 살아있는 사람의 살을 뭉텅 잘라 낼 수 있겠습니까? 하지만 이것만 보더라도 당시 일반인들이 의학용어와 의학상식에 얼마나 무지했는지를 알 수 있습니다.

두 달이 지났을 무렵, 전 병원에서 재검사를 받으라고 했던 얘기를 까맣게 잊고 있었습니다. 하루는 보문사에 올라갔더니 병원에서 여러 번 전화가 왔었다고 전해 주더군요. 그 순간 넘어진 적이 없느냐고 물었던 의사의 말에 퍼뜩 떠오르는 사건이 있었습니다. 몇 개월 전, 태풍이 대만을 강타했을 때 불광산의 대웅보전 앞에 있던 거목이 쓰러지고 말았습니다. 저는 난간에 올라가 나뭇가지를 고정시키다가 그만 실수로 돌바닥에 뒤로 떨어진 적이 있었습니다. 아마도 이때 등에 어혈이 생기면서 흑점이 생긴 것이 아닌가 싶습니다.

전 곧장 영민병원으로 달려가 이 사실을 의사에게 말해주었습니다. 의사 역시 한시름 덜었다는 듯 '휴'하고 한숨을 쉬며 말했습니다.

"역시 그랬군요."

의사는 안도한 듯 기뻐했습니다.

이와 같은 과정을 '죽음의 문턱'을 넘나들었다고 표현하기는 미흡한 감이 있지만 인생의 여정에서 본다면 죽음의 문턱을 무사히 넘기고 살아 돌아왔다고 할 수 있을 것입니다.

민국 84년(1995), 국제불광회이감사회의國際佛光會理監事會議가 필리핀 마닐라에서 열렸습니다. 그날 밤 갑자기 심장에 일정한 간격을 두고 찌르는 것 같은 통증 때문에 밤새 잠을 이루지 못했습니다. 당시에는 저녁에 치즈를 많이 먹어 소화가 안 되는 것이라고 가볍게 생각했습니다. 대만으로 돌아온 다음 혹시나 하는 마음에 즉시 영민종합병원으로 가 진찰을 받았습니다. 심장과 전문의 강지환 박사는 '심도관心導管' 검사 후 심근경색이라며 수술을 해야 한다고 말했습니다.

두 분 전 총통의 주치의를 맡으셨던 당시 부원장 강필영 박사께서 제 심장수술을 위한 수술팀을 꾸려주셨고, '관상동맥요도' 수술을 할 집도의를 선택할 수 있게 해 주었습니다. 당시 저는 장연 박사를 전혀 몰랐지만 심장수술은 정교함을 필요로 하기 때문에 경험도 풍부하지만 새로운 도전을 받아들일 만한 젊은 의사였으면 좋겠다는 생각을 했습니다.

나중에 장연 박사는 타이중의 영민종합병원의 심장과 주임을 맡았고, 우리는 서로 좋은 친구가 되었습니다. 그는 저와 함께 캐나다의 록키산맥과 이탈리아, 프랑스 등지의 유명 도시들을 둘러보기도 했습니다. 우리는 어느덧 12년 지기가 되었습니다. 그는 8시간에 걸친 수술을 한 후 제 제자들을 향해 자랑스럽게 말했습니다.

"스님들은 여러분의 스승에게 '관심觀心'이 있겠지만, 여러분 스승의 '마음(心: 심장)'이 어떻게 생겼는지 본 사람은 저밖에 없을 것입니다."

「관세음보살보문품」에 보면 "중생이 원하면 어떠한 모습으로든지 그 모습을 바로 나투어 중생을 제도한다"라는 구절이 있습니다. 질병을 인연으로 친구를 사귈 수 있었으니 이처럼 행복한 것이 또 어디 있을까요? 그 후 그들은 제게 '대만심장협회'의 이사를 맡아 달라고 부탁했고, 저 또한 흔쾌히 받아들였습니다. 지금까지도 이 회의에 참가할 수 있다는 것만으로도 무한한 영광으로 여기고 있습니다.

최근 저는 다시 한 번 '죽음의 문턱' 앞에서 살아 돌아왔습니다. 2006년, 저는 제네바에 '불광산회의센터(佛光山會議中心)'를 낙성하기 위해 유럽으로 향했습니다. 스위스의 작은 산골 도시에서 머물 때

느닷없이 중풍이 왔지만 다행스럽게도 팔을 움직일 수 없을 정도의 가벼운 증세만을 보였습니다. 전 노쇠한 몸을 이끌고 파리 분원의 착공식 주재와 제네바회의센터 낙성식의 개막까지 강행했습니다. 회의센터에서 양안(兩岸: 대만해협을 사이에 둔 중국과 대만)의 대사大使를 함께 모시고 악수와 환영 인사를 건네며 스스로 뿌듯한 기분이 들었습니다.

제 일생동안 '죽음의 문턱'에서 살아 돌아오기를 수차례 했지만, 저는 다른 사람의 삶과 죽음을 위해서도 애를 썼습니다. 폐결핵 3기 환자인 도반을 완전히 회복될 때까지 보살핀 적도 있었고, 돌아가신 노승의 관을 들고 다비식장까지 운송한 적도 있었습니다. 1967년 베트남전쟁 막바지에 수많은 난민들이 끊임없이 도망쳐 나왔을 때, 저는 많은 난민들이 배를 구입하여 전화戰火를 벗어날 수 있도록 돈을 기부하기도 했습니다. 저는 후에 세계 각지를 떠도는 베트남, 미얀마, 라오스 난민들과 친구가 되었습니다.

저는 홍콩에 갇혀 있는 수많은 보트피플(Boat People: 1975년 베트남 공산화 이후 배를 타고 탈출한 베트남 사람들)을 위해 설법을 펼친 적도 있으며, 홍콩 적주赤柱교도소(Stanley Prison)를 찾아 사형수들과 '생사의 갈림길'에 대한 대화를 나누기도 했습니다. 또한 대만의 토성교도소(土城: 정식명칭은 대북간수소台北看守所이지만 타이베이현 토성에 위치해 있어, 토성교도소라 부르기도 함)를 찾아 죽음을 기다리는 사형수들의 마음의 소리를 듣기도 했습니다. 저는 죄를 짓고 형이 확정된 사람일지라도 사랑을 가지고 그들을 교화시켜야 한다고 생각했습니다. 예를 들어 소성蘇姓 등 세 청소년은 수차례 사형 언도를 받았지만, 죽음의 문턱에서 살아남을 수 있었습니다. 저는 토성교도소에서 그들과 직접 만나 삶과 죽음, 인과因果, 억울함, 연기緣起에 대해 설법을 한 적도 있었습니다.

사실 사람은 줄곧 '인연因緣'과 '과보果報' 안에서 쳇바퀴를 돌고 있는 동시에 '죽음의 문턱'에서 항상 시험 당하고 있습니다. 믿음이 있는 사람은 생사의 위험한 고비도 담담하게 받아들일 수 있습니다. 우리는 살아 있어도 아직 산 것이 아니며, 죽어도 아직 죽은 것이 아닙니다. 삶과 죽음은 인간이 밤에 잠을 자고 아침에 일어나는 것처럼 아주 평범한 것으로, 산다고 기뻐할 일도, 죽는다고 슬퍼할 일도 아닙니다. 생의 끝에는 죽음이 있고 죽음의 끝에는 생이 있나니, '생'과 '사'는 시계처럼 쉼 없이 돌고 돕니다. 죽음은 결코 끝이 아니며 인생은 생사존망生死存亡의 사이에 있을 뿐입니다.

고행 苦行

'고행'은 견디기 어려운 일을 통해 수행을 쌓는 것을 말합니다. 석가모니 부처님께서도 6년의 고행을 몸소 하셨으며, 부처님의 십대 제자 중 한 분인 가섭존자도 하루에 한 끼를 먹고 나무 아래에서 자며, 평소에도 벼랑에 앉아 정좌하거나 냇가 옆에서 명상을 하셨습니다. 심지어 무덤 옆에서 수행하는 등의 '고행'을 하신 가섭존자는 두타고행頭陀苦行의 전문가라 하여 '두타제일頭陀第一'이란 칭호를 받았습니다.

중국불교의 수많은 조사님들 대부분도 고행을 통해 배출되신 분들입니다. 예를 들어 운봉雲峰 선사는 반두(飯頭: 절에서 대중이 먹을 밥이나 죽을 마련하는 스님)의 소임으로 고행을 하셨고, 경제慶諸 선사는 미두(米頭: 절에서 쌀을 관장하는 스님)의 소임으로 고행을, 의회義懷 선사는 수두(水頭: 대중 스님들의 세면장을 책임지는 스님)의 소임으로 고행을, 불심佛心 선사는 정두(淨頭: 해우소를 청소하는 스님)의 소임으로 고행을 행하셨습니다.

육조 혜능(六祖慧能, 638~713)께서는 방앗간에서 쌀을 찧으셨고, 계산稽山 선사는 산에서 땔감을 해오고, 임제臨濟 선사는 김을 매고 나무를 심었습니다. 앙산仰山 선사는 황무지를 개간하여 소를 방목하고, 단하丹霞 선사는 잡초를 제거하고 꽃을 가꾸었으며, 동산洞山 선사가 괭이로 차밭을 일구었던 것 역시 '고행'을 통한 수행이었습니다. 조주趙州 선사가 마당을 쓸고, 운문雲門 선사가 쌀을 나르고, 현사玄沙 선사가 장작을 패고, 나융懶融 선사가 전좌(典座: 음식 조리를 맡은 승려)를 맡는 등, 이 모든 것을 '고행'이라 할 수 있습니다.

고행은 출가인에게 있어 응당히 거쳐야 하는 수행이며, 승려가 마땅히 갖춰야 하는 밀행(密行: 부처님의 가르침을 은밀하게 실천하는 것)입니다. 출가 후 지금까지 70여 년의 세월 동안 제가 얼마나 많은 수행을 하였는지 자신 있게 말할 수는 없지만, 이제 얼마 남지 않은 인생의 마지막 시점에서, 제 생활의 일부라도 묘사해야 할 듯싶습니다.

젊은 시절 저는 고생을 마다 않고 일하였으며, 열정을 가지고 봉사하는 좋은 습관 하나가 있었습니다. 서하산 율학원에서 6년 동안 생활하며 공부는 물론이요, 평소에도 땔감을 해 오거나 2킬로가 넘는 곳까지 가서 물을 길어 오곤 했습니다. 특히 행당行堂 생활 6년 동안 다른 이를 위해 밥과 반찬을 떠 주는 소임까지 맡았었습니다. 그때는 총림사원의 건축물이 지금처럼 간결한 동선으로 계획되어 구성되지는 않았습니다. 특히 공양간(齊堂)에서 주방까지 거리가 200~300미터 남짓이었는데, 끼니마다 밥과 반찬을 날랐으며 물을 길어 설거지를 했습니다. 그때 당시, 하루 세 끼를 위해 소비한 시간을 합하면 그곳에서 지낸 시간의 20~30퍼센트는 될 듯도 싶습니다. 매일같이 새벽 3시 반에 일어나 새벽예불, 저녁예불, 그리고 사시공양까지 합하면 그야말로 하루에 다섯 가지 일과를 하는 셈이었습니다.

불교에서는 보통 행당(밥과 반찬을 떠 주는 소임)과 전좌 모두를 '고행'의 첫손가락에 꼽지만 저는 그것이 '고苦'라고 여기지는 않습니다. 오히려 봉사야말로 즐거움의 근본이라고 생각합니다.

행당 생활을 하면서 나름 그릇과 젓가락을 자유자재로 다루는 신기한 손재주를 익혔습니다. 밥 지을 물을 길어오는 것 또한 하나도 힘들지 않게 되었습니다. 일하면서 싫증이 난 적은 한 번도 없었으며 더할 나위 없는 기쁨을 느꼈습니다.

수행이란 '낙행樂行'이자 '고행苦行'이라 할 수 있습니다. 저는 고행의 생활 속에서 삶을 더욱 진실되고 즐겁게 살았다고 느꼈으며, 그 이후의 삶 속에서 이를 자랑스럽게 여겼습니다.

사원은 우리가 공부하는 곳으로 옛날에는 '총림叢林'이라 불렀습니다. '총림'이란 시방의 승려를 받아들여 머물 수 있게 하는 곳입니다. 시방의 승려를 접대할 때에도 엄격한 규율이 요구되었는데, 그래야 구름처럼 방랑하는 승려들이 규율을 준수하고 훈육을 받아들일 수 있기 때문입니다.

제 나이 15살 무렵, 서하산에서 불교의 비구 삼단대계三壇大戒를 받았는데, 도착한 첫날 보고를 할 때 계사(戒師: 계에 대한 법을 가르치는 스승)께서 제게 물었습니다.

"네 스승이 수계 받으러 가라 하여 왔느냐, 아니면 스스로 발심해서 왔느냐?"

"제자 스스로 발심해서 온 것입니다."

대답을 하자마자 그 계사는 회초리로 저의 머리를 마구 내리쳤습니다. 저는 깜짝 놀라 어리둥절해하며 '대체 내가 무엇을 잘못한 것이지?'라고 생각했습니다.

이어서 계사 스님이 차분하게 말씀을 했습니다.

"무엄하구나. 스승이 보내지도 않았는데, 스승의 허락도 없이 제멋대로 왔단 말이냐."

이 말씀도 일리가 있다고 생각한 저는 마음이 다소 누그러졌습니다.

첫 번째 계사의 질문을 받은 뒤 두 번째 계사 앞으로 가자, 그 스님도 똑같은 질문을 했습니다.

"네 스승이 수계 받으러 가라 하여 왔느냐, 아니면 스스로 발심해서 왔느냐?"

조금 전 회초리를 맞고 난 다음인지라 '스승을 존중한다'는 뜻을 내비쳐야겠다 싶어 얼른 계사님의 질문에 답을 했습니다.

"스승님이 보내서 왔습니다."

그런데 어찌 알았겠습니까! 이 계사 스님도 회초리를 들고 저의 머리를 마구 내리치셨습니다.

"당치도 않은 소리. 스승이 가라 하지 않으면 수계조차도 안 받으려 했단 말이냐."

생각해 보니 그 말도 아주 틀린 말은 아니었습니다. 다시 세 번째 계사 스님 앞으로 나아가게 된 저는 이곳에서도 첫 번째와 두 번째와 똑같은 질문을 받게 되었습니다.

"네 스승이 수계 받으러 가라 하여 왔느냐, 아니면 스스로 발심해서 왔느냐?"

앞에서 두 번이나 회초리를 맞았으니 요령이 조금 생겨 다음과 같이 답하였습니다.

"자비로우신 계사님. 제자가 수계를 받으러 온 것은 스승님이 보내신 동시에 제자 스스로 발심해서 온 것입니다."

저는 이 답변만큼은 철저하고 빈틈이 없을 것이라 생각했지만, 아니나 다를까 이번 계사 스님도 회초리를 들고 마구 질책을 하셨습니다.

"이도 저도 아닌 대답으로 교묘하게 빠져나가려 하는구나."

다시 네 번째 계사 앞에 도착하니, 이번 계사 스님께서는 다른 질문을 하셨습니다.

"살생을 한 적이 있느냐?"

불가佛家에서 살생이란 계율을 엄청나게 어기는 것입니다. 수계까지 받으러 갔던 제가 어떻게 살생을 한 적이 있었겠습니까. 그래서 저는 스스럼없이 답을 하였습니다.

"살생한 적이 없습니다."

그러자 계사 스님이 반문하셨습니다.

"평소에 개미 한 마리도 밟은 적이 없더란 말이냐? 모기 한 마리도 죽인 적이 없단 말이냐? 망령되이 말을 하는 것을 보니 거짓말임이 분명하다."

말을 끝내고는 회초리로 사정없이 등을 내리쳤습니다.

다음 다른 계사 앞에 당도하자, 그의 질문도 똑같았습니다.

"살생을 한 적이 있느냐?"

조금 전에도 맞았기 때문에 이번에는 시인을 하였습니다.

"제자, 살생한 적이 있습니다."

"네 어찌 살생을 하였단 말이냐. 죄업이로다. 죄업이야."

계사는 죄업이라는 말을 외칠 때마다 회초리로 저의 몸을 내리쳤습니다.

그 다음 계사의 질문 역시 같았습니다. 저는 머리를 쑤욱 내밀며 대답했습니다.

"스승님, 그냥 때리십시오."

소위 '이치에 맞아도 회초리를 맞고, 이치에 맞지 않아도 회초리를 맞는다'라는 말처럼 '이치가 아님(無理)으로 이치(有理)를 대하고, 이치(有理)로서 이치가 아님(無理)을 대하는' 교육방식은 생각을 끊어 없애고 난 다음에야 법신法身으로 다시 태어나게 할 수 있는 것입니다. 처음에는 이런 교육방식에 수긍이 가지 않았지만 나중에는 이런 훈련의 효과를 확실히 깨달았습니다.

무리無理 앞에서 불만이 있어도 복종할 수밖에 없을 정도라면, 장차 진리 앞에서는 당연히 고개를 숙이고 수긍할 수 있지 않겠습니까? 냉정한 회초리와 꾸지람의 교육 말고도 53일 간의 수계 기간 동안 언제나 바닥에 꿇어 앉아 계사 스님의 말씀을 들어야 했습니다. 바닥이 나무판자이거나 벽돌일 경우는 그래도 괜찮았지만, 가끔 대웅보전의 붉은 섬돌에서 몇 시간씩 꿇어 앉아 예절교육을 받은 뒤, 일어날 때면 바닥에 있던 돌조각들이 날카로운 매처럼 피부 속에 박혔습니다. 가사와 바지까지 겹겹이 걸친 옷 사이로 선혈이 배어나왔습니다.

그때 저는 만화 속 손오공의 수행에 관한 이야기가 생각났습니다.

'천일 동안 수행을 해야 비로소 성취한다는 손오공은 그 중 백일은 서서 움직이지 말아야 하고, 또 백일은 앉아서 움직이지 말아야 하고, 백일은 쪼그리고 앉아 움직이지 말아야 한다. 또 백일은 꿇어앉아 움직이지 말아야 하고, 백일은 자면서 움직이지 말아야 하며, 백일은 머리를 제외하고 온몸이 물속에 잠겨 있어야 했다. 손오공이 천궁을 어지럽히고, 무궁무진한 신통력을 가지게 된 것도 고된 수행을 통해서 얻어진 것이리라. 그에 비하면 난 겨우 53일뿐인데, 못 견딜 것이 뭐 있는가?'

육체적인 고통은 그래도 참기가 쉬웠습니다. 더욱 힘든 시험은 수계 받을 당시 겨우 15살로 혈기왕성하고 호기심 강한 나이였으니, 주변의 사물들에 대해 호기심이 일어나 쳐다보지 않을 수 없었습니다. 하지만 수계장의 인례引禮 스승님께 들키기라도 하면 회초리로 인정사정없이 저의 몸을 후려치며 경책하셨습니다.

"여기 네 소유의 물건이 어디 있다고 눈을 이리저리 굴리는 거냐?"

때로 바람에 풀이 흔들리는 소리라도 들리면 신이 나서 귀를 쫑긋 세웠지만, 결국 제게 돌아온 것은 호된 꾸지람과 회초리였습니다.

"어린 것이 쓸데없는 말을 들어서 뭐에 쓰려고 그러느냐? 어서 귀를 접지 못할까?"

제 소유의 물건이 없다는 것은 확실했습니다. 그래서 저는 눈을 감고 보지 않고, 귀를 접고 듣지 않았습니다. 53일 간의 수계 기간 동안 전 어둡고 소리가 없는 세계 속에서 생활했습니다. 하지만 제 내부에서는 밝은 등불이 하나 밝혀지며, 세상의 모든 것은 원래 우리들 맘속에 자리하고 있다는 것을 알게 되었습니다. 그래서 저는 외면이 아닌 내면을 보는 법, 유有가 아닌 무無를 보는 법, 허망한 것이 아닌 참 진리를 보는 법, 남이 아닌 내 자신을 보는 법을 배웠습니다.

수계 기간이 끝나는 마지막 날에서야 길게 난 복도에서 눈을 크게 뜨고 세상을 바라보던 저는 바깥세상의 푸르른 산과 물, 파란 하늘과 흰 구름 등이 더할 나위 없이 아름답게 느껴졌습니다. 특히 자신의 내면만을 바라보던 날들을 겪고 나니 비록 산을 봐도 산이고, 물을 봐도 물이지만 마음속에서 느끼는 것이 이전과 크게 달랐습니다. 산은 이미 예전의 그 산이 아니고, 물도 이미 예전의 그 물이 아니었습니다. 그래서 지금까지도 저는 밤길을 걷거나 계단을 오르내리면서 눈으로 보지 않더라도 거리낌 없이 자연스러울 수 있습니다. 심지어 마음의 눈으로 세상사를 느끼는 것이 실제 눈으로 관찰하는 것보다 더 진실되다고 늘 생각해 왔습니다.

서하산에서 수계를 받고 또한 6년간 참학參學을 하였습니다. 하루하루 생활이 수계 받을 때와 별반 다르지 않았습니다. 측간에 갈 때도 길가에서 지켜보는 스승님이 계셨으며, 밤에 이부자리에 누운 다음에도 한마디의 호령이 들려왔습니다.

"어서 자라."

측간을 가는 것도, 옷을 벗는 것도, 심지어 잠자리에 눕는 것도 3분 안에 모두 다 끝내야 했습니다. 그런 다음에는 미동도 허용되지 않았습니다. 한밤중에도 스승님이 항상 조용히 앉아 지켜보았습니다.

매일 새벽 3시 반에 일어나 아침예불을 했습니다. 일찍 일어나 잠이 모자랐기 때문에 아침 예불시간에 절을 올리다가 그대로 잠이 들어 일어나지 못하는 경우도 종종 있었습니다. 그때 감찰스승께서는 제 머리맡에서 머리를 툭툭 치며 일갈하셨습니다.

"일어나!"

다년간의 이와 같은 훈련을 마친 덕분에 지금까지도 저는 앉아서 잠을 잘 수 있을 뿐만 아니라 서서도 잠을 잘 수 있고, 심지어 걸으면서도 잠을 잘 수 있습니다. 당초 고되고 엄격했던 수행이 지금에 와서 생각해 보면 오히려 득이 더 많았던 것 같습니다.

18살에 초산불학원에 진학했습니다. 신입생이라 세 끼 밥하고 반찬 만드는 직무인 대요전좌大寮典座의 소임을 맡게 되었습니다. 2년간 전좌 소임을 살면서 채소 다듬기, 씻기 외에도 요리법까지 덤으로 배워 익히게 되었는데, 지금까지도 요리 방법이나 요리 기술에 대해 일류라고는 할 수 없어도 약간은 안다고 자부합니다.

초산불학원에 있는 동안 젊으니까 무슨 일이든 앞장서야 하며 용감하게 정의를 수호해야 한다 여겼습니다. 하지만 직설적인 탓에 늘 말썽을 일으키곤 해서 스스로 '묵언'의 필요성을 깨달았습니다. 처음에는 스스로도 익숙하지 않아 자신도 모르는 사이 입에서 말이 튀어나오곤 했습니다. 말을 하지 말아야 한다는 것을 알고 있으면서도 번번이 잊어버리고 말이 흘러나왔습니다. 스스로를 벌하기 위해 종종 홀로 인적이 드문 대웅보전 뒤쪽 작은 연못으로 달려가 따귀를 때리며 꾸짖었습니다.

"누가 시키지도 않았는데 묵언하겠다고 다짐해 놓고 이랬다저랬다 하면서 잘 지키지도 않다니. 이런 못난 것."

못된 습성을 없애기 위해서는 자신에게 잊지 못할 훈계를 해야 할 필요성이 있었습니다. 그래서 스스로를 엄하게 경책하였으며, 가끔은 입에서 피가 날 때까지 때리기도 하였습니다. 이렇게 1년 동안 '묵언'을 수행했습니다. 1년간의 '묵언' 수행 경험은 청년시절 처음 불법을 배우기 시작한 제게 의의가 컸습니다.

저는 '묵언'이 입에서만 소리를 내지 않는 것이 아니라 더욱 중요한 것은 마음에서도 소리를 내지 않는 것이라는 것을 깨달았습니다. 우리들은 가끔 억울함을 당하면 겉으로는 아무렇지 않은 척 하지만 마음속에서는 불만과 원망이 끓어 넘치는 커다란 소리가 울립니다. 만약 우리가 마음속의 번뇌 소리를 잠재울 수 있다면 그것이 곧 아무런 소리도 들리지 않는 고요한 깨달음의 세계인 것입니다.

스무 살에 초산불학원을 떠나면서 모든 짐과 옷가지들을 버리고 혈혈단신 문중인 의흥의 대각사로 돌아와 가진 것 하나 없는 무소유의 생활을 시작했습니다. 이곳에서 생활하는 3년 동안 잡지 편집도 해 보고, 초등학교 교사도 해 봤으며, 사찰의 감원監院과 주지도 역임한 바 있습니다. 당시 저는 사찰 내 승려는 아침저녁 예불을 정상적으로 드리고, 정시에 매 끼 식사를 하며, 함부로 외출을 하지 않는다는 '새 생활 규칙'을 정립하였습니다.

보수파의 반대에 부딪치기는 했지만 스스로를 신세대 승려의 선구자이자 시대의 청년이며, 태허대사太虛大師의 흠모자라 자부하고 있던 터라 심혈을 기울여 혁명을 하려는 용기를 내야 한다고 느꼈습니다. 물론 이런 것들이 고행의 생활과는 크게 관계가 없어 보일지 모르나 어려움을 무릅쓰고 나아가려는 저의 정신과 불교를 혁신하고 기강을 재정립하려는 저의 용기를 엿볼 수 있는 대목입니다. 다만 당시 불교를 위해 노력했던 수많은 행동들은 더 이상 소개할 필요가 없을 것입니다.

　23살 때 저는 다시 한 번 몸뚱아리 외의 모든 물건을 도반에게 주고 혈혈단신 대만으로 건너왔습니다.『인생백사人生百事』에서도 말씀드렸듯, 사람은 평생에 한두 번 정도는 자신의 물건을 전부 다른 이에게 주고 무소유의 세계를 경험해 볼 필요가 있습니다. 초산을 떠나기 전과 대만으로 오기 전의 '희사喜捨'는 제 평생의 수행에 있어 커다란 도움이 되었을 뿐만 아니라 무언가를 깊이 느끼게 해 주는 체험이었습니다.

　대만에 도착했을 당시 의지할 사람도 없고 머물 곳 또한 없어 유리걸식하는 거지와 다를 바 없었습니다. 다행히 중력 원광사의 묘과 화상께서 저를 거두어 주었습니다. 저는 제 몸의 업장을 참회하며 매일 정오 이후의 금식과 피를 찔러 사경을 하는 것과 동시에 원광사를 위해 수레를 끌고 가 물건을 사 온다든지, 쌀을 지고 나른다든지 하는 힘든 일도 마다하지 않았습니다. 특히 80여 명의 승려가 쓸 생활용수를 길어오기도 하고, 사찰 뜰에 떨어진 낙엽 청소와 도랑 청소, 측간 청소 등을 하였습니다. 2년 동안 옷 하나 변변한 것 없이 홑겹의 옷 한 벌로 엄동설한을 나기도 했지만, 마음속에는 따스하고 안락함이 가득했습니다. 당시 저는 고행에다 '참회'라는 수행을 더하였습니다. 이것은 혈기왕성한 젊은이에게 매우 중요한 일이었습니다.

　불교에서 일반적으로 출가인의 수행은 염불이나 참선 또는 스스로 예불하는 것을 가지고 밀행을 삼습니다. 조석朝夕으로 행하는 예불과 세 끼 식사를 합쳐 '하루의 다섯 가지 일과'는 반드시 모두 함께 해야 합니다.

중국 서하사와 초산에서 참학하는 동안 매년 겨울이 되면 '7일간의 불사(佛七: 7일간 한 곳에서 아미타불의 명호를 부르며 수행하는 염불법회)' 아니면 '7일간의 참선(禪七: 선가에서 7일간 법사의 법문을 들으며 참선하는 참선법회)'을 하곤 했고 매번 49일을 치렀습니다. 아직 어렸던 제가 참선이나 염불을 제대로 할 수 있었겠습니까. 당시 초산에서는 매일 밤 대판향大板香을 태우고 한 시간이 좀 넘어 모두에게 야채만두를 하나씩 나눠 주었습니다. 이 야채만두를 위해 매일 한 시간이 조금 넘는 긴 대판향을 기다렸습니다.

저는 금산金山과 천녕天寧의 선당禪堂에 머문 적이 있었습니다. 긴 시간은 아니었지만 각 '선문禪門' 특유의 풍모를 체험할 수 있었습니다. 특히 저는 수년 동안 계속해서 보화산寶華山의 수계 기간에 참가를 했습니다. 자원봉사 명목이었지만 보화산 전통 수계의 의례를 배워 보고 싶었기 때문입니다.

보화산의 전통 수계는 중국 제일의 품격을 자랑하는 것으로, 해마다 봄가을로 수백 명이 수계를 받고 있습니다. 특히 3년에 한 번씩 천여 명이 참가하는 수계회 때는 수계를 받는 이의 가사와 의발衣鉢이 넘쳐나 '나한수계기(羅漢戒期)'라 불리기도 하였습니다.

출가할 당시 저는 어린 나이였을 뿐만 아니라 학습 환경 역시 좋지 않았습니다. 당시는 항일전쟁이 최고조에 달한 때였습니다. 서하산 생활 동안 세 끼 모두 밥을 지을 물은 이미 끓였는데 솥에 넣을 쌀이 없는 경우가 자주 있었습니다. 밤에 잠을 잘 때도 미군기에서 떨어뜨린 폭탄 때문에 침대가 들썩거리거나 침대에서 떨어지는 경우도 있었습니다. 심지어 진동 때문에 침대가 무너질 때도 있었습니다. 비행기에서 폭탄이 떨어졌지만, 다치거나 죽은 사람이 없어 다행스러운 경우도 여러 차례 목격을 하였습니다.

저는 생활은 힘들고 고생스러웠지만, 불문에서 여러 가지를 배울 수 있었습니다. '선종禪宗'인 금산에서 천녕까지, '율종律宗'인 고림율사古林律寺에서 보화산 계당까지, '교하敎下'의 서하산에서 초산까지 두루두루 참학한 적이 있습니다. 특히, 서하산은 본래 삼론종三論宗의 도량(고구려 승려 승랑대사僧朗大師가 5세기경 서하산에 머물며 삼론종의 새 종조가 되었다)으로 '태평천국의 난' 때 훼손된 이후 종앙상인宗仰上人이 부흥시키고 나서 금산사의 법맥을 이어가는 곳으로 바뀌었습니다. 사실 서하산에는 염불당이 있었습니다. 특히 아침저녁 예불 때면 항상 무척 긴 능엄주楞嚴呪를 염불해야만 했습니다.

10년의 참학 기간 동안 수많은 총림을 다녀 본 덕분에 율종, 정토종, 선종, 그리고 밀종까지 4대 종파의 수행법을 두루 이해하게 되었습니다. 제가 어린 시절 불문에서 받은 총림 교육을 현대식으로 말하자면 육·해·공 삼군의 훈련과정을 통과하여 완전한 자격 등을 갖춘 한 군인과 같다고 할 수 있을 것입니다. 이것은 당시 어린 나이의 제가 사찰을 위해 힘들게 봉사한 결과이기도 하지만, 스스로 참학을 통해 얻은 경력입니다.

대만에 오기 전 제가 참가했던 7일 참선이나 7일 불사 모두 각기 50회가 넘습니다. 매번 7차례의 7일 불사이니까 49일이 되고, 다 합하면 적어도 수백 일은 됩니다. 후에 대만에 도착해 중력 원광사에서도 해마다 7일간의 불사를 행했지만 7차례의 7일 불사가 아닌 3차례의 7

일 불사를 행했을 뿐이었습니다.

　1953년, 제가 의란에 도착한 후 뇌음사에서 26년간 매년 한 차례의 7일 불사를 주재했습니다. 새벽 5시에 첫 번째 향을 피우는 것을 시작으로 밤에 회향할 때까지 단 한 시각도 자리를 비운 적이 없었습니다. 당시 뇌음사는 작았지만 시 중심인 중산로中山路에 위치해 있어 7일 불사를 할 때마다 재가신도들이 앞 다투어 참석했습니다. 늦게 도착한 사람은 종종 산문 안으로 들어서지도 못했습니다. 특히 매년 한 번 있는 7일 불사를 의란 사람들은 설이나 되는 것처럼 여겼고, 외지에서 일하던 사람들도 특별히 참석하기 위해 고향으로 돌아왔습니다. 염불할 때는 언제나 법회가 충만했고, 저 역시 무척 진지하게 임했습니다. 7일 불사 때마다 붉은 종이에 붓글씨로 염불 표어를 썼고, 불당 전체를 새롭게 재배치했습니다. 매번 이틀 정도 지나고서야 불당 전체에 붙일 수 있었습니다.

　저는 평생 서예를 연습한 적이 없습니다. 하지만 제가 붓글씨를 잘 쓴다고 말한다면 아마도 26년 동안 치른 7일 불사를 통해서 염불뿐만 아니라 신도들과 인연을 맺을 수 있는 붓글씨를 쓸 기회가 주어졌던 덕분일 것입니다. 제가 쓴 표어의 내용은 대부분 「서재정토시西齋淨土詩」(명나라 초 선승인 초석범기楚石梵琦가 지은 정토 찬양 시)에서 따온 것입니다.

　　한 줄기 연꽃이 한 성인을 잉태했으니
　　일생 공을 이뤄 꽃을 피웠구나.
　　자신의 구슬은 마음 따라 나타난다 하니

그릇 가득 감로수가 생각을 좇아오는구나.

손가락으로 지목한 먼 곳, 해 지는 곳에 집이 있으니,
곧장 돌아가는 길이 곧 활시위(弦)와도 같구나.
공중에서 반야의 음악이 연주되고
물위에 꽃 피었으니 줄기마다 연꽃이라.

사바세계에서 열심히 수행하지 않고
안양국安養國에 태어나길 바라는가.
염불 공력이 다다르지 않으면
어찌 평범함을 초월한 원력을 이룰 수 있을까.

향기로운 안개 하늘에 들어 모든 그림자에 떠 있고
따뜻한 바람 나무에 불어 거문고 소리 이루니
분명 진여眞如의 의미를 알겠구나!
즐겨 마니摩尼를 수정이라 여기겠다.

일촌(짧음을 의미)의 광음(시간)은 일촌의 금이라
그대에게 권하노니 어서 염불로 마음을 돌리오.
봉황각과 용루각의 귀함도 모두 허상이니
그것이 늙음을 대신하지는 못 한다오.

향로 안의 연기가 아직 흩어지기도 전에

아미타불의 법가法駕는 이미 아득히 임하였네.
온 세상 불토 비록 청정하여도
유독 아미타불의 원력만이 깊구나.

사바의 고해에서 자비의 배로 나아가려 하나
차안에서 능히 피안으로 오를 수 있겠는가?
직지直指의 근원을 모르겠거든 모름지기 염불하라.
성난 파도를 면하여 곧장 피안에 닿을 수 있나니.

천생 만겁 길이 편안하니
오취 삼도 모두 쉬는구나.
비록 자신이 하하품下下品에 있더라도
호화롭고 귀한 염부제(사바)의 왕으로 떠도는 것보다 낫도다.

一朵蓮含一聖胎, 一生功就一華開.
稱身瓔珞隨心現, 盈器酥酡逐念來.

遙指家鄉落日邊, 一條歸路直如弦.
空中韻奏般若樂, 水上花開朵朵蓮.

不向娑婆界上行, 要來安養國中生.
此非念佛工夫到, 安得超凡願力成.

香霧入天浮蓋影, 暖風吹樹作琴聲.
分明識得眞如意, 肯認摩尼作水晶.

一寸光陰一寸金, 勸君念佛早回心.
直饒鳳閣龍樓貴, 難免雞皮鶴髮侵.

鼎內香煙初未散, 空中法駕已遙臨.
塵塵刹刹雖淸淨, 獨有彌陀願力深.

娑婆苦海泛慈舟, 此岸能登彼岸否.
直指迷源須念佛, 橫波徑度免隨流.

千生萬劫長安泰, 五趣三途盡罷休.
縱使身沾下下品, 也勝豪貴王閻浮.

저는 1953년 정월 의란 뇌음사에 도착한 뒤로 50여 년 동안 한 번도 의란을 떠난 적이 없었습니다. 후에 불광산을 창건하고 남쪽에 불학원을 세웠지만, 저의 호적은 여전히 의란으로 되어 있습니다. 그 동안에도 호미虎尾, 용엄龍嚴, 타이베이(台北), 삼중三重, 두성頭城, 고웅高雄 등지에서 7일 불사를 거행했습니다.

당시 염불의 예절과 요체를 잘 이해하지 못하던 일반 신도들에게 자세하게 알려 주었습니다. 염불은 '기쁜 마음'으로 할 수도 있고, '애절한 마음'으로 할 수도 있습니다. 또는 '진실되게' 할 수도 있고,

'무념무상'으로 할 수도 있습니다. 염불에서 가장 중요한 것은 '정념正念'으로 '망념妄念'을 물리쳐야 하는 것일 뿐만 아니라 무념으로 정념을 물리쳐야 하는 것입니다. 저의 설명과 가르침을 통해 모두 기쁜 마음으로 참가하며, 수십 년간 이미 대만의 성대한 축제로 자리 매김하였으니, 제 자신을 위한 밀행 하나가 더 추가된 셈입니다.

81년의 인생에서 염불만 하며 보낸 세월은 대략 수천 일에 달하는 것 같습니다. 출가인이 일생 동안 잡무 없이 수천 일 동안 염불과 참선을 한다 해도 심득心得이 없을 수 있지만, 제 경우는 꼭 그런 것만은 아니었습니다.

민국 43년(1954), 의란에서 7일 불사를 주재하고 있을 때였습니다. 7일 동안 걸음걸이가 어찌나 가볍던지 마치 구름과 안개 속을 거니는 듯한 느낌이었습니다. 아침에 일어나 이를 닦는데도 입에서 "아미타불, 아미타불……" 하는 염불이 절로 새어나왔고, 한 숟가락씩 죽을 뜰 때마다 "아미타불, 아미타불……"이 나왔습니다. 잠을 자는데도 바깥의 모든 일이 뚜렷하게 마음속에 그려졌습니다. 7일이라는 시간은 순식간에 휙 지나가 버렸습니다. 염불을 하다 보니 하늘도 비고, 땅도 비고, 사람도 텅 비어 버렸습니다. 그 자리에는 '아미타불' 한 마디만이 맴돌고 있었습니다. 그때 7일 불사를 통해서 염불에 대한 믿음이 더욱 커졌습니다.

무념무상의 염불을 통해서 시공과 신심身心을 벗어난 법락法樂을 경험하였습니다. 또한 7일간의 용맹정진을 통해 나 역시 '몸과 마음은 모두 소멸되고, 대지는 공허하다'라든가 '시간, 공간, 천지만물 모두 공이 된다'는 수행 체험을 하였습니다. 하지만 부끄럽게도 깨달음을 얻지도, 결실을 맺지도 못했습니다. 지금까지도 그저 편안하게 밥 먹고, 편안하게 잠자고, 편안하게 불사를 할 뿐입니다. '삼천대천세계에 불광佛光이 두루 비치고, 오대주五大洲에 법수法水가 흐르게 하자'는 것이 제 평생의 염원입니다.

각종 수행 중에서 제가 가장 크게 덕을 본 것은 '예불'입니다. 최근에는 다리 수술로 예불을 할 수 없게 되었지만, 과거 매일 아침저녁마다 부처님들께 절하는 데 반 시간이 걸렸습니다. 시간은 길지 않지만 되도록 중단 없이 꾸준한 의지를 가지고 매일 계속했습니다. 15살 때 수계 받으면서 계인을 태우는데, 머리 뼛속까지 타 들어갔습니다. 그 후 갑자기 기억력이 떨어졌습니다.『고문관지古文觀止』(청淸나라 강희康熙 34년인 1695년, 오초재吳楚材와 그의 조카 오조후吳調侯가 제자들을 교육하기 위해 교재로 편집한 고문 선집),『사서독본四書讀本』을 읽어도 도저히 외울 수가 없었습니다. 제가 열심히 노력을 안 한 것이 아니라 아무리 열심히 외워도 기억에 남지 않았습니다.

책을 읽어도 외울 수 없어 저를 지도하던 각민覺民 스님에게 무릎 꿇고 있는 벌을 받거나 손바닥을 맞는 경우가 다반사였습니다. 하루는 또 외우지 못한 저에게 교무주임 각민 스님이 매를 내리치시며 호통을 쳤습니다.

"이런 바보 녀석! 관세음보살에게 지극 정성으로 절을 하면서 총명하고 지혜롭게 해 달라고 빌어야지."

정말 이상한 일이었습니다. 그때 스승님이 때리는 데도 전혀 아픔을 느끼지 못했습니다. 오히려 등불 하나가 켜지며 마음이 갑자기 밝아지는 느낌이었습니다.

'아, 관세음보살에게 지극 정성으로 절을 올리면 총명과 지혜를 얻을 수 있는 거구나. 나도 이제 희망이 있다. 희망이 있어.'

태어나면서부터 총명하지는 않았지만, 그렇다고 멍청하지도 않았던 저는 수계 때 기억력이 저하된 이후 제 인생에 이제 미래란 없을 것이라고 생각하고 있었습니다. 그런데 관세음보살에게 지극 정성으로 절을 올리면 총명과 지혜를 얻을 수 있다는 말을 듣고, 불현듯 제게도 희망의 불꽃이 솟아오르기 시작했습니다. 다만 문제는 당시 총림 고찰 안에는 관세음보살에게 예불을 드리고 싶어도 그럴 만한 장소가 없다는 것이었습니다. 대웅보전은 아침저녁 예불을 할 때 이외에는 아무나 함부로 출입할 수 없었고, 다른 전각도 각기 당주$_{堂主}$가 있었습니다. 불학원 내에서 공용으로 쓰는 작은 불당 이외에 어딜 가서 관세음보살에게 예불을 드릴 수 있었겠습니까.

그래서 깊은 밤, 모두가 잠든 시간마다 몰래 불당으로 가 홀로 관세음보살을 외쳤습니다.

"세상 가득하신 관세음보살님께 보리심을 발원합니다. 제자 마음이 어지러워 관세음보살님께 절을 올립니다. 똑똑해지고 지혜를 얻을 수 있도록 기원합니다. 대자대비하시고 세상을 고난에서 구하시는 관세음보살님께 기원합니다."

이렇게 외치고 난 뒤 절을 올렸습니다. 대략 30초 정도 머문 뒤 감격하여 눈물을 흘리며 외쳤습니다.

"관세음보살, 관세음보살, 관세음보살……"

이렇게 외치면서 절을 했습니다. 한 번, 또 한 번…….

관세음보살님께 절을 올리고 얻은 영험담은 수없이 많습니다. 누군가는 절을 한 후 관세음보살님이 감로수를 머리에서 부어 주었다고도 하고, 또 누군가는 머리를 쓰다듬어 주었다고도 합니다. 그렇지만 부끄럽게도 제게는 그런 일들이 하나도 일어나지 않았습니다. 다만 3~4개월이 지난 다음 기이한 일이 일어났습니다. 관세음보살께 절을 올리기 시작한 이후로 저의 기억력이 갑자기 좋아지기 시작했습니다. 더구나 전보다 훨씬 더 좋아졌습니다. 전에는 『고문관지』 한 편을 두세 번 읽어도 외울 수가 없었지만 지금은 두세 번 만에 다 외울 수 있었습니다. 심지어 『전국책戰國策』, 『사기史記』에 나오는 단편들은 스승의 가르침을 받지 않고도 스스로 한 번 보기만 해도 기억할 수 있을 정도였습니다. 60년이 지난 지금까지도 이 문장들은 저의 입가를 맴돌고 있을 뿐만 아니라 또랑또랑하게 외울 수도 있습니다.

특히 행운이었던 것은 마침 그때 불학원 측에서 제게 도서관의 관리를 맡긴 것입니다. 도서관은 원래 서하사범대학교 소유였지만 군대를 따라 후방인 중경重慶으로 후퇴하면서 서하불학원에 책들을 남겨놓았습니다.

처음에는 이렇게 많은 책 중에 어느 것을 먼저 읽어야 할지 알 수가 없었습니다. 하지만 스승님과 사형들이 어떤 책을 가져가 읽는지 주의 깊게 봐두었다가, 그들이 책을 반납하고 나면 제가 가져다 읽었습니다. 그 중에 특히 시골 사범학교의 문예집과 각종 문예소설이 제게 커다란 도움이 되었습니다.

솔직히 말해 평생 수많은 고행을 아무런 불평 없이 받아들였지만 크게 좋아한 것은 아니었습니다. 하지만 소설을 읽는 것은 정말 흥미롭고도 더할 나위 없는 즐거운 일이었습니다. 그 당시 『삼국연의三國

演義』, 『수호전水滸傳』, 『칠협오의七俠五義』, 『소오의小五義』, 『봉신방封神榜』, 『탕구지蕩寇誌』 등의 책들은 한 번 보면 모두 기억할 수 있을 정도였습니다. 몇 년이 지난 후에도 가끔 제자들과 모임을 가질 때면 제가 읽었던 『삼국연의』 중 '제갈량이 동풍을 빌리다'라든가, '조맹덕이 화용도로 패하여 쫓겨 가다'라는 흥미진진한 구절들을 들려주었습니다. 제가 읽어주는 부분들은 모두 책 속에 있는 원문 그대로였으므로 제자들 모두 놀라 눈을 동그랗게 뜨곤 했습니다.

가끔씩 저도 모르게 입에서 나오는 대로 아무 생각 없이 『수호전水滸傳』의 한 구절을 얘기할 때가 있습니다. 양산박의 108 영웅들의 이름과 호, 복장, 무기 등을 하나하나 줄줄 말했습니다. 제자들은 제가 젊었을 때 본 책을 아직까지 이토록 자세히 기억하고 있다는 것에 감탄해 마지않습니다.

저의 일생에는 관세음보살님과의 인연에 감사할 수밖에 없는 일들이 무척 많습니다. 저는 지금까지도 젊은 제자들의 수행은 언제나 부처님께 절을 올리는 것에서 비롯되어야 한다고 생각합니다. 절을 함으로써 몸과 마음을 경건히 하고, 나를 낮추고 더욱 겸손함을 키울 수 있으며 부처님께 마음속의 말을 토로할 수 있기 때문입니다. 부처님께 절을 올릴 때는 몸을 숙이게 되지만 마음속의 감정은 승화시켜 부처님과 호응해야 합니다. '북은 쳐야 소리가 나고, 종은 두드려야 소리가 울린다' 하였습니다. 지극정성으로 절을 하는데, 부처께서 어찌 자비심을 보이지 않을 수 있겠습니까.

1985년, 그러니까 제가 불광산을 창건하고 18년이 흐른 뒤 주지 소임을 심평 화상에게 물려주고는, 비행기를 타고 미국 서래사로 건너갔습니다. 감사하게도 주지이신 자장 스님이 내게 관방을 마련해 주시어 서래사의 관방에서 '폐관閉關'의 생활을 시작했습니다.

과거 줄곧 단체 속에서의 생활이 습관화되어 있던 저는 한 번도 대중을 떠난 적이 없었습니다. 산문을 나설 때마다 수많은 사람이 저를 따랐고, 제가 어디를 가든 수많은 사람과 함께였습니다. 하지만 폐관한 그때는 커다란 관방 안에 저 혼자였습니다. 폐관 시기야말로 고행을 수련할 수 있는 적절한 시기였습니다. 그래서 여느 때와 마찬가지로 새벽 4시에 일어나 세수한 후 예불, 독경을 한 후 경행(經行: 승려가 좌선 중에 졸음이 오거나 피로할 때 심신을 가다듬기 위해 일정한 장소 등을 조용히 걷는 것)과 사경寫經 등을 하였습니다. 하지만 부끄럽게도 관방에서 생활하던 5개월 동안 매일 신문을 보고 싶었던 것을 보면 마음은 그래도 쉽게 폐관되지 않았던 모양입니다. 제 마음은 말처럼 한곳에 집중하지 못하고 자꾸만 밖을 향해 달려가려고만 했습니다. 마음을 안정시키기 위해서는 우선 '그 마음을 굴복시켜야 하기' 때문에 난 '굴복시킬' 수많은 방법들을 생각해 냈습니다.

예를 들면 불교의 '오정심관五停心觀'으로 다섯 가지 번뇌를 치유할 수 있고, '구상관九想觀'으로 탐욕을 치유할 수 있으며, '구주심九住心'으로 자신의 마음이 한곳에 안주되었는지를 살필 수 있었습니다. 또한 예전 배웠던 선문의 공안公案을 하나씩 실천해 보았습니다. 그래서 5개월의 폐관 기관 동안 『성운선화星雲禪話』라는 책을 완성하였으며, 후에 텔레비전에서 계속 방영도 하게 되었습니다. 이것 역시 폐관하여 얻은 결실이기도 합니다.

저는 과거 줄곧 '선정쌍수(禪淨雙修: 참선과 정토를 함께 닦음)'를 제창해 왔습니다. 신도들에게도 '일체의 불법을 이해하고, 선정을 병행'하라고 이끌었습니다. 하지만 어머니는 저의 '쌍수'가 아직 부족하다고 여기시고는 제게 '십수법문十修法門'을 가르쳐 주셨습니다.

첫째, 다른 이와 따지지 않는 수행을 하며
둘째, 서로 비교하지 않는 수행을 하며
셋째, 예의 있게 행동하는 수행을 하며
넷째, 사람을 만나면 미소 짓는 수행을 하며
다섯째, 사귐에 손해를 보더라도 신경 쓰지 않는 수행을 하며
여섯째, 후덕함을 갖추는 수행을 하며
일곱째, 마음에 번뇌를 없게 하는 수행을 하며
여덟째, 좋은 말을 입에 담는 수행을 하며
아홉째, 군자를 사귀는 수행을 하며
열 번째, 불도佛道를 이루는 수행을 한다.

후에 저는 이것을 '십수가十修歌'로 편곡을 하였습니다. 사람마다 이 열 가지 수행을 해낸다면 진정한 불국정토가 될 것입니다.

고행이 나와서 말이지만 평생 감사하게 생각하는 것은 '인욕바라밀(욕됨을 참는 수행)'을 할 수 있도록 제게 기회를 주신 수많은 인연들입니다. 저는 어려서 출가할 무렵부터 선배들의 질시를 많이 받았습니다. 작은 사찰에서 기초 수양부터 쌓지 않고 갑자기 큰 규모의 총림에 들어와 참학하게 되어 나쁜 습관이나 결점이 많았기 때문에, 자주 선배들의 비웃음을 사곤 하였습니다. 예를 들어 제가 길을 걸을 때면

위엄이 없다며 걷기 연습을 시켰는데, 한번은 몇 시간 동안 걸은 적도 있었습니다.

세 끼 식사 때마다 밥을 퍼 달라, 반찬을 집어 달라며 아무리 사소한 일이라도 옆에 세워 놓고 시켰습니다. 그 중에는 저와 동문수학한 사형도 끼어 있었는데, 그들은 밥을 먹으면서도 저를 비웃었습니다.

"성운星雲 녀석, 큰 인물은 못 될 거야."

그러자 또 누군가 대꾸를 했습니다.

"우습게보지 마. 쟤가 그래도 누구만큼 똑똑해질 수도 있잖아."

그러자 저의 사형이 말했습니다.

"쟤가 누구만큼 똑똑해진다면 아마 해가 서쪽에서 뜰 거야."

이 정도까지 다른 사람의 멸시를 받았지만 저는 조금도 기가 죽거나 하지 않았습니다. 속으로 늘 이렇게 생각했습니다.

'큰 인물이 되지 못할 것이라는 걸 어찌 지금 당장 알 수 있는가. 10년, 20년 이후의 일이지.'

'인내'라는 말이 나왔으니 말이지만 수행에도 최고의 인내가 꼭 필요하다는 것을 뼈저리게 느낄 기회가 몇 차례 있었습니다. 한두 가지 예를 들어 봅시다.

민국 50년대의 일입니다. 대만불교에서는 이렇다 할 사업이 없었습니다. 당시 저는 저의 발심과 능력이라면 능히 유치원 하나 정도는 설립할 수 있을 거라고 생각했습니다. 그래서 의란의 젊은 비구니를 몇 명 뽑아 외지에서 유아교사 교육과정을 이수하도록 했습니다. 그들이 교육을 받으러 간 사이 저는 의란에서 유치원 설립을 시작하였습니다. 급작스럽게 경비를 마련하기가 어려워 뇌음사 옆 쓰레기를 버리는 작은 웅덩이를 메워 그 위에 건물 두 칸을 세웠습니다. 공사는 무척 더디게 진행되었습니다. 신도들이 발심하여 도와주고는 있었지만 경비가 턱없이 부족한 탓에 공사는 더 이상 빠르게 진행되지 않았습니다.

어느 날 곧 교육이 끝나고 졸업한다는 자혜, 자용 두 사람의 연락을 받은 저는 유치원 공사를 서두르지 않으면 안 된다고 생각했습니다. 그날 공사장을 돌아보던 저는 일꾼들이 천천히 장식을 꾸미고 있는 것을 보았습니다. 하지만 네 벽은 아직도 칠을 하지 않은 그대로였습니다. 저는 일꾼들한테 다가가 말했습니다.

"서둘러 벽에 칠을 해주시오."

이 말을 하고 있을 때 마침 연세 지긋한 노인이 나타나 큰소리로 말했습니다.

"안 돼요. 내 조카가 벽에 칠할 석회를 살 돈이 없다고 합디다."

그 말을 들어보니, 저는 노인의 말씀이 옳다고 생각했습니다. 돈이 없는데 어찌 칠을 하겠습니까.

며칠 후 다시 공사장에 가 봤더니 일꾼들이 이번에는 벽을 칠하고 있었습니다.

"칠을 할 돈이 부족하니 그만해 주시오."

이때 다시 나타난 노인이 말했습니다.

"저의 조카 말이 그래도 벽을 칠하는 것이 보기 좋다고 합디다."

당시 저는 모욕감을 느끼면서도 한편으로는 부끄러워 몸 둘 바를 몰랐습니다.

'이곳에 유치원을 세우는 것은 나인데 누가 이러쿵저러쿵 하며 참

견을 하고 그 말을 따라 칠을 안 한다고 했다가 금방 다시 칠한다고 하니 이게 무슨 꼴이란 말인가?'

하지만 이 일도 고민할 필요가 없었습니다. 기왕지사, 더 이상 생각하면 무얼 하겠습니까. 그냥 참고 삼켜야지 싶었습니다.

며칠 후 저는 관계기관에 유치원 신청서를 내려고 이사회를 열고자 하였습니다. 모두 사회의 저명인사나 유지들을 불러 유치원의 이사를 맡기자고 의견이 분분했지만, 저는 하나도 받아들이지 않았습니다. 회의 당일 십여 명의 인사가 참석했고, 의란 고등학교에서 교편을 잡고 있던 정욱존程郁尊 선생이 기록을 담당했습니다. 회의가 시작되고 단상에 올라선 저는 참석해 주신 분들에게 고마움을 표했습니다.

"오늘 오신 분들 모두 이사이시지만, 이제 이사장을 한 분 선출해야 합니다."

당시 저는 마음속으로 다음과 같은 생각을 하였습니다.

'내가 비록 젊고 학력이나 경력이 없긴 하지만, 그래도 유치원을 설립하자는 것은 내 생각이었으니 내가 이사장이 되는 것은 당연한 것이겠지.'

하지만 누군가 불쑥 나서며 말했습니다.

"장진무張振茂 선생을 이사장에 천거합니다."

장 선생은 의란 시청에 다니다 퇴직한 노인이었습니다. 그를 이사장으로 임명하자는 소리를 듣는 순간, '유치원 입안을 서둘러야 하고 교육과정을 이수한 젊은이들이 돌아오기 전에 서둘러 개학해야 하는데, 그가 이사장을 맡아서 그 일을 해낼 수 있을까'라는 생각이 먼저 들었습니다. 하지만 이미 누군가 그의 이름을 거명했으니 하는 수 없었습니다.

"장 선생님, 이사장에 임명되셨으니 단상으로 올라와 회의를 주재해 주시기 바랍니다."

장 선생이 천천히 단상으로 올라올 때 단상 아래에서 기록을 하고 있던 정 선생이 붓을 바닥에 내동댕이치면서 버럭 화를 내고는 자리를 떠나 버렸습니다. 나가면서 듣기 안 좋은 욕까지 하였습니다. 당시 그 자리에 참석한 사람 대부분이 원주민이라, 그가 한 말을 알아듣지 못했습니다. 그때 잠시 전 장 선생의 이름을 거명했던 곽 거사가 제게 물었습니다.

"저 분이 뭐라고 한 겁니까?"

"기분 나빠서 회의에 참석하고 싶지 않답니다."

그러자 그가 다시 다그쳐 물었습니다.

"왜요?"

옆에 있던 사람이 대신 대답했습니다.

"스님께서 이사장을 맡아야 한다고 생각했는데, 장 선생이 맡게 됐으니 기분이 나쁠 수밖에요."

그러자 곽 거사가 말했습니다.

"스님께서는 원장직을 맡으시면 되지 않겠습니까?"

다시 한 차례의 갑론을박이 이어지고 나서 곽 거사는 자신의 잘못을 인정하며 장 선생에게 말했습니다.

"그만 내려오시는 것이 좋겠습니다. 이사장은 그래도 스님께서 맡으시는 것이 아무래도……."

그런 다음 저를 향해 말했습니다.

"스님, 단상으로 올라가시지요."

단상 아래에서 단상 위까지의 거리는 겨우 몇 걸음 정도밖에 되지 않았지만, 이 순간만큼은 지금의 대만해협만큼 멀게만 느껴졌습니다. 체면도 서지 않고 용기도 나지 않아 다시 제 자리로 돌아왔습니다. 하지만 제가 올라가지 않으면 이사회가 성립되지 않을 것이고 유치원의 입안은 물거품이 될 수도 있었습니다. 그렇게 되면 개학을 연기할 수밖에 없었습니다. 생각이 여기에 미치자 저는 힘겹게 스스로에게 말을 했습니다. '겨우 몇 걸음일 뿐인데 참지 못하겠는가? 아무리 험한 길이라도 내가 건너기만 하면 유치원은 성공할 수 있을 것이다.'

그래서 저는 다시 단상으로 올라가 회의를 주재했고, 이사회는 순조롭게 성립되었습니다. 이 사건 후 적어도 10년은 수행을 한 것처럼 느껴졌습니다.

1965년 어느 날이었습니다. '세계불교사회봉사대회'에 참가해 달라는 베트남불교회의 연락을 받았습니다. 그 직후 타이베이에서 열리는 사전 회의에 참석해 달라는 중국불교회의 연락을 받게 되었습니다. 난 즉시 야간열차표를 사서 다음날 타이베이에 도착해 곧장 중국불교회 회의가 열리는 곳으로 향했습니다.

회의장에 도착한 저는 제 자리를 찾아가 앉았습니다. 회의는 제 시간에 정확히 시작되었습니다. 이사장 백성白聖 스님이 저를 보고 던진 첫마디는 "자네도 가고 싶은가? 자네가 가면 난 안 갈거네"였습니다.

그 말을 듣고 저는 얼른 답했습니다.

"이 단체는 스님처럼 연륜이 있는 분이 이끄셔야지요. 스님께서 가시겠다면 전 가지 않아도 괜찮습니다."

"안 갈 거면 회의장에서 나가 주시게."

잠시 어안이 벙벙했지만 저는 즉시 자리에서 일어나 침착하고 여유 있게 회의장을 빠져나왔습니다. 제가 회의장에서 나올 때 입법위원이었던 막담운莫淡雲 여사가 뒤따라 나오며 물었습니다.

"그냥 돌아가실 겁니까?"

"가지 않으면 여기서 무엇을 하겠소."

결국 다시 기차표를 사서 고웅으로 돌아왔을 때는 이미 황혼 무렵 저녁공양 시간이 다 되었을 때였습니다.

사실 이것은 참으로 견디기 힘든 상황이었습니다. 특히 혈기왕성하고 불교혁신의 이상을 가졌다고 자부하던 제가 완고한 보수 세력 앞에서 고개를 숙일 생각은 절대 없었습니다. 하지만 그날 회의장에 적지 않은 사회의 명사들이 참석했습니다. 저는 불교 내부의 불미스러운 일을 보여주고 싶지 않아 참을 수밖에 없었습니다. 저는 스스로에게 다짐했습니다.

"불교를 위해 참지 못할 게 뭐가 있겠는가."

이런 일들이 발생할 때마다 10년, 심지어 20년까지 수행이 늘어난 것처럼 느껴집니다. 그래서 저는 훗날 "사람은 모욕을 참는 만큼 성공할 수 있다"고 말할 수 있게 되었습니다.

저는 고행을 논하려면 우선 수행을 논해야 한다고 생각합니다. 선정이나 예불이 아니라, 일상생활 속에서 육도만행六度萬行을 실천하고 대중을 이끄는 사성법을 고수하며, 4대 보살의 자비롭고 지혜로운 원행을 배워야 비로소 우리들은 인간세상에서 불교를 널리 보급하고 인간불교의 정토를 실현할 수 있을 것입니다.

　이때 이후 인간불교를 보급하면서 '다른 이에게 좋은 일을 하고, 스스로 불도를 행해야 한다'고 스스로에게 부단히 되뇌었습니다. 고행은 스스로 은밀히 행하는 것일 뿐 다른 사람에게 드러내 보이는 것이 아닙니다. 행동으로 자신을 바꿔야 하는 것입니다. 자신의 행동거지와 의식주, 침묵, 고요 등에 모두 불법이 들어 있습니다. 예를 들면 다른 이에게 기쁨을 주고, 다른 이에게 믿음을 주고, 다른 이가 크면 난 작고, 다른 이가 있으면 난 없고, 손해 보는 것을 배우고, 잘못을 인정하고 고치며, 이해하고 감사하며, 존중하고 감싸 안는 것입니다. 또한 친절하게 대하고, 따지거나 비교하지 말며, 좋은 일을 하고 좋은 말을 하며 좋은 마음을 가지면 자신의 신구의身口意로 하여금 불법佛法에 부합되게 할 수 있습니다. 그것이 곧 수행인 것입니다.

　사람들은 제게 늘 이런 질문을 하곤 합니다.

　"스님은 불광산을 창건하고 전 세계에 200여 개의 사찰 도량과 서래대학, 남화대학, 불광대학, 미술관, 방송국, 신문사 등 수많은 불교 사업을 벌였습니다. 혼자서 어떻게 그 많은 사업을 벌였습니까? 그리고 돈은 모두 어디서 난 것입니까?"

　사실 저는 평생 돈을 저축하는 습관이 없었고, 돈을 향유하지도 않았습니다. 제가 거리에서 물건을 사는 것을 본 불광산의 신도들은 아마 없을 것입니다. 신도 중에 제가 그들의 집을 방문하거나 그들 집에서 차를 마시는 것을 본 사람도 없을 것입니다. 또한 그들에게 시주를 요구하는 것을 들은 사람도 없을 것입니다.

저는 늘 '무無를 유有로 여긴다'라는 신념으로 무無에서 모든 것을 이룩했습니다. 하지만 불광산이 외부에서 받은 가장 심각한 충격은 아마도 '성운대사는 돈이 많다'라는 말이었을 것입니다. 사실 이 말은 '성운대사는 범속하고 무능하며 특별히 뛰어난 능력도 없다'라는 뜻일 것입니다. 하지만 남들은 가지지 못한 특별한 장점을 제가 가지고 있다고 자부합니다. 그것은 바로 저는 돈을 한 푼도 필요로 하지 않는다는 것입니다.

최근 20년 동안 가끔 신도들이 제게 홍빠오(紅包: 시줏돈)를 줄 때가 있었지만 그러면 시자를 시켜 모두 돌려주었습니다. 저는 사고 싶은 물건도 없고, 개인적으로 특별히 필요한 것도 없습니다. 또한 제가 먹을 밥과 제가 탈 차까지 사찰에서 내주는데 돈을 모아 무엇 하겠습니까? 특히 예전에는 국수도 즐겨 먹었지만 지금은 이미 그것도 시들해져 먹고 싶을 때도 있고 그렇지 않을 때도 있습니다.

저는 어려서부터 총림에서 고된 수행과 고된 학업을 해 왔기 때문에 절제된 의식생활이 이미 습관화되어 있습니다. 현재 불광산의 반찬 두 가지와 국 하나의 식단이 제게는 무척 만족스럽습니다.

평생 건축을 공부한 적은 없지만 저는 집을 지을 줄 압니다. 서예를 배운 적은 없지만 붓글씨를 쓸 줄 압니다. 문학을 공부한 적은 없지만 글을 쓸 줄 압니다. 변려문이나 운문을 만드는 수업을 받은 적은 없지만 사詞를 짓거나 가歌를 지을 줄도 압니다. 외국어는 못하지만 자주 국제 인사와 접촉하고 왕래를 하고 있습니다. 그렇기에 총명하다는 칭찬을 받기도 합니다.

총명이라는 것은 어디에서 온 것일까요? 정말 제가 총명하다면 그것은 '타인을 위한 봉사'라는 고행 가운데서 닦여진 것이라고 생각됩니다.

당초 불광산을 창건할 때도 건축사가 없었습니다. 대중들이 모두 나와 땅에 쪼그려 앉아 '여기는 얼마만큼 길며, 여기는 얼마만큼 넓고 높겠다'라며 막대기로 바닥에 일일이 그려가며 하나하나 세운 것입니다.

불광산에 비록 수많은 객실을 만들었지만 산사를 찾아오는 신도들이 묵기에는 여전히 부족한 형편입니다. 가끔 대규모 행사 때 자운煮雲 스님 같은 일부 스님들이 사찰을 방문하면 제가 기거하는 방까지도 그들에게 양보하고 저는 사람들이 다니지 않는 베란다에서 잠을 청하기도 합니다.

주원장(朱元璋: 중국 명나라의 태조)의 사미승 시절 일화가 생각납니다. 황각사皇覺寺의 대문이 닫혀 어쩔 수 없이 문 밖에서 잠을 자게 된 주원장이 이런 시를 지었습니다.

하늘은 장막이 되고 땅은 융단이 되니,
해와 달과 별이 나와 함께 잠을 자는 구나.
한밤중 감히 다리를 뻗지 못하는 것은
바다 위 하늘에 닿을까 봐서이다.
天爲羅帳地爲氈, 日月星辰伴我眠.
夜間不敢長伸足, 恐怕踏破海底天.

인생이 즐겁고 자유롭기만 하다면 도처가 정토일진대, 굳이 침대와 자리가 필요하겠습니까? 그래서 저는 개산開山 당시부터 지금까지 서랍 달린 사무용 책상에 앉아 본 적도 없고, 방 열쇠를 사용해 본 적도 없습니다.

저는 물질을 가지고 누리는 것을 중요시하지 않고, 자신을 위해 저축을 하지도 않습니다. 돈이 생기면 모두 홍법과 인연을 맺는 데 씁니다. 불광산출판사에서 출판한 서적은 제 자신의 저작일지라도 제가 돈을 지불하고 사서 다른 이에게 선물합니다.

불광산의 장로들이 가끔 제게 적수방에서 차 한 잔 하자고 권할 때가 있습니다. 그들이 사기로 하고 가지만 막상 돈은 제가 지불합니다. 그들이 만류하며 자신들이 계산하겠다고 고집을 부리면 저는 이렇게 말합니다.

"스승와 제자가 함께 한 자리에서 제자가 돈을 내는 경우는 없어."

저는 스스로 절제 의식이 높고 세심한 사람이라고 자부합니다. 수개월 동안 제 수중에는 단 한 푼도 들어 있지 않은 때가 종종 있습니다. 물론 돈이 없을 때의 고통도 알지만 이런 성격은 이미 오래 전부터 습관처럼 굳어져 있습니다.

사실 제가 돈이 없고, 돈이 필요하지 않기 때문에 무無를 유有로 여길 수 있고, 무소유가 곧 소유가 될 수 있다는 것입니다. 만약 돈이 있다면 사람 마음에 탐욕이 생겨 돈을 은행에 저축하고 쌓아두려 하기 때문에 사업을 창건할 수 없습니다. 제가 돈이 필요치 않고 소유하고 있지 않기 때문에 돈이 와도 그것이 모두 시방 신도들의 것이라 여기며 또한 돈을 다 써야지만 진정한 돈의 가치가 있다고 여깁니다.

저와 함께 같은 길을 걸어온 불광산의 천여 명 제자들에게 당부 드리고 싶은 말은, "수행은 법문法門에만 있는 것이 아닙니다. 중요한 것은 침착하고 건실한 길 안내자의 마음을 길러내고, '중생이 고난에서 헤어나기를 발원하며 자신의 안락을 구하지 않는다(但願衆生得離苦, 不爲自己求安樂)'는 보리심을 발해야 한다"는 것을 알아주기 바랍니다. 수행은 개인의 해탈에 치우치는 것이 아니라, 전 방위적인 홍법과 이익을 주는 것입니다. 생활 속의 고행 역시 일시적인 과업이 아니라 일생의 수행을 계속해 나가는 것입니다.

'고행'의 의미를 이해할 수 있느냐 하는 것이 곧 '행불行佛'의 요지인 것입니다.

홍법 弘法

홍법弘法은 집안일이고, 이생利生은 사업이다
弘法是家務, 利生爲事業

    홍법이생弘法利生이 출가자가 당연히 짊어져야 할 책무라는 것을 설명해 주는 말입니다. 하지만 일반 승려는 이 정도의 수준에 쉽게 도달하지 못하고 대부분 사찰에 배치되어 사찰 업무를 돌보거나 이곳 저곳을 돌며 참학參學을 합니다. 그중 가장 많이 하는 것이 독경입니다. 진정으로 홍법이생을 실천하려는 승가라면 학문적 수준과 덕행뿐만 아니라 인연도 있어야 합니다.

    저의 일생 중, 중국에 있던 기간이 제게는 성장과 학습의 시기와 마찬가지였다는 것은 다시 얘기할 필요가 없을 것입니다. 하지만 1949년 봄, 제가 대만에 도착하여 도원桃園현에 처음 머물던 시기에는 묵고 있는 사찰의 고된 잡일을 돕는 것 외에는 앞길이 막막했습니다. 미래의 희망이 있는지조차 알 수 없던 시기였습니다. 저는 불경이나 읽으며 참회하는 것을 원치 않았고, 사찰의 주지가 될 생각도 없었습니다. 그래서 신문, 잡지에 글을 기고하여 언론을 통하여 불교를 호위해야겠다고 생각했습니다.

당시 타이베이 영락永樂극단에서 경극단의 유명 배우가 불교를 모욕하는 연극을 공연하고 있었습니다. 저는 분연히 나서 공개적으로 그녀에게 항의하는 글을 썼습니다. 물론 그녀 역시 장기판의 장기 말처럼 누군가가 시켜서 한 것일 뿐 불교를 비방하려는 뜻이 없었다는 것을 저 역시 잘 알고 있었습니다. 제가 불교를 옹호하는 글을 열심히 쓰고 있을 때 제 옆을 지나가시던 한 노인이 민남어閩南語로 제게 이런 말을 하였습니다.

"스님, 일을 하셔야지요. 일을 안 하는데 어디서 밥이 나옵니까."

저는 무척 놀랐습니다. 글을 써 홍법하는 것을 사찰에서는 정당한 일로 여기지 않고, 오히려 책이나 읽고 글이나 쓰면서 게으름 피우는 것이라 여긴다는 것입니다. 그래서 그 후로 신문사와 잡지사에 계속 투고를 하면서도 공개된 공양간 탁자에 앉아(당시에는 책상이 드물었다) 글을 쓰지 못하고, 사람이 없는 호젓한 곳을 찾아 몰래 글을 써야만 했습니다. 그때『청년주보靑年週報』,『감전일보戡戰日報』,『중화부간中華副刊』,『각생잡지覺生雜誌』,『인생잡지人生雜誌』등에 제가 투고한 글이 실렸습니다.

물론 홍법은 반드시 글을 읽고 발표하는 것에만 국한되는 것은 아니며, 불경을 강의하거나 설법하는 것 역시 홍법이기도 합니다. 하지만 당시에는 이러한 능력을 펼칠 장소도, 강연을 들으려는 군중도 없었습니다. 그래서 저는 먼저 '대만불교강습회'의 요청을 받아들여 강연을 했습니다. 2년 후인 1952년 5월에는 '의란염불회' 마둥馬騰 거사의 초청으로 의란으로 가 홍법할 수 있는 계기를 마련하게 되었습니다.

말하자면 부끄럽지만, 당시 저는 의란이 어디에 붙어 있는지조차 몰랐습니다. 12월까지 미루다가 새해가 될 때쯤 이결화李決和 거사가 의란에서 직접 타이베이까지 달려왔습니다. 그는 저와 직접 마주한 자리에서 제게 요청을 했습니다. 자상하면서도 온화한 중년 신사였던 이 거사를 보는 순간 그의 성격을 짐작할 수 있었습니다. 특히 그의 정성스럽고 공손한 태도는 감동을 주기에 충분했습니다. 결국 그 자리에서 홍법을 위해 의란으로 가겠다고 약속했습니다.

1953년 설이 막 지난 뒤에 저는 타이베이 터미널에서 도로관리국 차를 타고 의란으로 향했습니다. 길은 온통 자갈밭이었습니다. 아침 8시에 출발해 4시간이 걸려서야 겨우 의란에 도착했습니다. 이것이 제가 처음 의란 뇌음사雷音寺에 발을 들여놓은 것이고, 이때부터 정식으로 홍법 인생에 들어서게 된 것입니다.

뇌음사는 의란 북문구北門口에 위치한 작은 사찰입니다. 20~30평 남짓한 작은 법당에는 크고 작은 백여 개의 부처님 조각상이 모셔져 있고, 그 옆 몇 개의 작은 상방廂房에는 군인 가족 세 가구가 머물고 있었습니다. 제가 도착한 날 법당의 붉은 벽에는 아직도 설에 먹다 남은 납육(臘肉: 겨울에 소금에 절여 말린 훈제고기), 소금에 절인 생선이 걸려 있었고, 햇빛에 말리느라 널어놓은 여자와 아이들의 옷도 있었습니다. 뇌음사의 전체 외관은 과거 중국의 대잡원(大雜院: 여러 가구가 함께 사는 주거 형태)보다도 못했습니다.

뇌음사에 도착했을 때 특별히 저를 마중 나온 사람은 없었습니다. 저는 묵묵히 법당 한쪽에 있던 대나무 의자에 앉아 신도를 위해 액막이(消災) 독경을 하는 60~70세 된 비구의 독경이 끝날 때까지 조용히 기다렸습니다.

저를 흘끗 쳐다본 비구가 다시 독경을 계속했습니다. 잠시 후 다시 저를 쳐다보던 그는 그제야 제게 다가와 물었습니다. 비록 알아듣지는 못했지만, 경전 강의하러 왔느냐는 뜻이라는 것은 알 수 있었습니다. 저는 그렇다고 대답했습니다.

10분쯤 지나자 그가 물 한 잔을 가지고 와 제게 건넸습니다. 아무런 말도 하지 않았지만 제가 잘못 온 것이 아니라는 것은 알 수 있었습니다. 그가 제게 차를 건넨다는 것은 호의적이라는 것을 의미하기 때문입니다. 그래서 저는 계속 기다릴 수밖에 없었습니다.

대략 한 시간 정도 앉아 있었던 것 같습니다. 시간은 이미 2시를 가리키고 있었습니다. 그제야 옆에 있는 작은 골목에서 식사하라며 저를 안내했습니다. 식탁이라고 해 봤자 두 개의 나무판자를 부랴부랴 이어 박은 것이고, 중간에 틈이 5㎝ 정도 나 있었습니다. 젓가락, 숟가락 등은 모두 그들이 대나무와 양은으로 직접 만든 것이었습니다. 그것을 보니 뇌음사 스님들의 살림살이가 무척 청빈하면서도 고생이 막심하다는 것을 알 수 있었습니다.

식사를 마친 후 그는 저를 법당 안에 있는 작은 방으로 안내해 주었습니다. 법당과 나무판자 하나로 막아놓은 방에는 대나무 침대와 재봉틀 외에 다른 물건은 하나도 없었습니다. 아침부터 지금까지 화장실을 가지 못한 저는 사방을 두리번거렸지만 찾을 수 없었습니다. 저는 다른 사람에게 아무런 설명도 없이 혼자 15분을 걸어 방금 내린 의란 기차역과 가까이 붙어 있는 도로관리국 정류장 화장실을 들렀습니다. 그런 뒤 홀가분하면서도 즐겁게 산책하듯 천천히 걸어서 뇌음사로 돌아왔습니다. 그리고 다시 나무의자에 조용히 앉아 기다렸습니다.

황혼이 가까워 오자 방안에는 모기들이 극성을 부렸습니다. 손을 뻗기만 하면 몇 마리 정도는 쉽게 잡힐 듯했습니다. 저는 속으로 생각했습니다. '예전에 부처님께서도 홍법이생을 위해 말 사료를 먹고 허기를 달랬으며, 각종 핍박을 당하시지 않으셨는가. 보아하니 오늘은 나도 인내를 해야겠구나.'

이렇게 저녁 7시를 넘긴 시각까지 기다리고 있었더니 드디어 누군가 법당 안으로 들어서며 묻는 소리가 들렸습니다.

"스님 도착하셨습니까?"

대답하는 소리가 무척 작았지만 굳이 듣지 않아도 그가 어떻게 대답했을지는 알 수 있었습니다.

"벌써 도착하셨습니다."

다시 또 20분을 기다리는데 족히 20여 명은 되는 사람들이 밖에서 시끄럽게 떠드는 소리가 들렸습니다. 드디어 누군가 문을 두드리며 말했습니다.

"스님, 이제 나오셔서 저희들에게 설법을 해 주십시오."

당시 누군가 와서 말을 건네주기를 고대하고 있던 무렵이었는데,

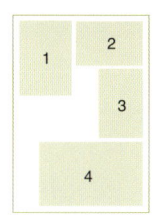

1. 1953년 3월 불교 역사상 처음으로 창설된 '불교청년합창단'은 수많은 젊은이들을 홍법의 대열에 참여시켰다. 그 당시 젊은이들은 지금 대부분 불광산 승가단에서 고위 지도자의 위치에 있다.
2. 영사기를 이용한 최초의 홍법 활동. 현대의 과학 발명품을 홍법에 응용하여 인간불교의 이념을 널리 전파하였다. 1953년.
3. 1957년, 의란에서의 성운대사.
4. 불광산의 처음 모습은 어떠했을까? 흙먼지만 날리고, 사방 어디에서도 지형을 구분할 수 없었다. 측량사를 데려다 등고선을 측량하는 모습. 1967년.

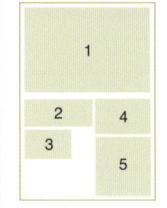

1. 남경 우화정사雨花精舍에서 어머니와. 1994년.
2. 불광산과 해인사의 문화교류 체결식. 2003년 9월 15일.
3. 성운대사는 동국대학교에서 명예철학박사 학위를 받았다. 2004년 4월 26일.
4-5. 통도사 주지 정우 스님이 '부처님 금란가사'를 불광산에 봉헌하고 대웅보전까지 호송했다. 불광산 주지 심배 스님은 답례로 미얀마 언어로 된 패엽경을 통도사에 봉헌하였다. 2009년 9월 9일.

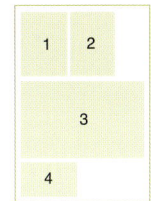

1. 성운대사와 어머니(이유옥영 여사)가 미국 서래사 기획처에서 함께 찍은 사진. 1979년.
2. '불법이 있으면, 그 방법도 있다.' 70세 이후의 성운대사.

3. 성운대사는 통도사의 요청으로 오계·보살계 수계법회에 참석하여 오천여 명 수계자에게 법문을 하였다. 2004년 4월 23일.
4. 송광사 방장 보성 스님은 1998년, 불광산을 방문하여 불광산총림학원과 형제강원의 관계를 맺었다. 2004년 4월 24일에 성운대사 또한 송광사를 직접 방문하여 법문을 하였다. 송광사 주지 영소 스님, 방장 보성 스님, 통역 대견 스님.

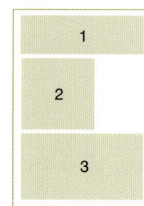

1. 국제불광회 세계총회 제4회 5차 이사회는 2009년 10월 21일 오전에 원만하게 폐막되었고, 세계 각국에서 참석한 1,700여 대표와 불광인들은 버고Virgo 유람선 앞에서 성운대사와 단체사진을 촬영했다.
2. 성운대사 법상法相. 진벽운陳碧雲 촬영.
3. 불타기념관 건설 설계도.

신도가 저를 청하는 소리를 듣자마자 어둠 속의 작은 방에서 나와 법당 안으로 들어섰습니다. 법당의 한 구석에 강연자를 위한 의자를 하나 마련해 놓고 신도들은 나무판자를 박아 만든 방석에 앉았습니다. 듣자니 그마저도 군인 가족들이 베개로 쓰려고 가져갔던 것을 그들과 상의해서 임시로 빌려다 자리로 만든 것이라고 했습니다. 이렇게 해서 의란에서의 첫날이 시작되었습니다.

의란은 소박한 작은 시골마을입니다. 뇌음사는 용화파龍華派의 맥을 잇고 있는 작은 사찰이었습니다. 평소에는 이곳에 거주하고 있는 승려도 없었습니다. 가끔 운수행각하시는 스님이 잠시 머물렀지만, 이곳에서 지내기가 너무 힘들어 어쩔 수 없이 다시 다른 곳으로 떠나가곤 하였습니다.

제가 도착했을 때는 묘전妙專 스님이 초청을 받고 절의 주지를 맡고 있었습니다. 제가 이곳에서 20일 가까이 「관세음보살보문품觀世音菩薩普門品」을 설법하는 동안 4명이 통역을 담당했지만 모두 적임자가 아니었습니다. 결국 세무처에 근무하는 장우리張優理 양께서 마지막으로 그 일을 담당했는데, 목소리가 청명하고 기억력이 좋아 녹음기처럼 한마디도 놓치지 않고 저의 설법을 그대로 민남어로 통역해 주었습니다. 모두들 가장 뛰어난 통역이었다고 입을 모았습니다. 그 사람이 바로, 후에 출가하여 50여 년 동안 저의 통역을 도맡고 있는 자혜慈惠 스님입니다.

「보문품」의 설법이 끝나고 난 후 연령에 상관없이 108명이나 되는 신도가 귀의 의식을 치렀습니다. 제가 집전한 첫 귀의 의식이었습니다. 당시 저는 뇌음사가 싫지는 않았지만 머물 만한 여건이 제대로 갖취져 있지 않아 오래 머물고 싶은 생각은 없었습니다. 그래서 설법이 끝나자 곧 타이베이로 돌아와 심오心悟와 심인心忍 두 스님과 함께 원산圓山 임제사臨濟寺의 작은 방 안에 둘러앉았습니다. 두 스님은 복주福州가 한 고향이며 학문이 뛰어났으며, 저를 마다하지 않고 친구가 되어준 분들로 타이베이에도 저의 발이 쉴 수 있는 곳을 만들어 주었습니다.

하지만 타이베이로 돌아온 후에도 의란 신도들은 매일같이 타이베이까지 찾아와 의란으로 저를 청했습니다. 그 중에서도 특히 애고愛姑, 면고免姑 두 노부인의 정성이 가장 감동적이었습니다. 당시 젊었던 저는, 신도들의 공경과 칭찬에 몸 둘 바를 몰라 다시 의란으로 가겠다고 약속을 하였습니다.

의란에서는 사용할 만한 책상도 제대로 없어 낡아빠진 재봉틀을 글 쓰는 책상으로 삼았습니다. 앉을 만한 의자 또한 변변하지 않아, 신도 몇몇이 십시일반으로 30원을 모아 감옥에서 버리는 나무의자 하나를 사다 주었습니다. 그 정성 덕분에 어떤 의자보다 편안했습니다.

제가 기거하던 작은 방은 전등도 없었지만 예전에도 전등을 사용해 본 적이 없었기에 크게 불편하지는 않았습니다. 저는 26살에 뇌음사에 도착했습니다. 남경 화장사에서 짧은 기간 전등의 혜택을 누렸던 때를 제외하면, 중국의 서하산, 초산, 백탑산白塔山, 그리고 대만의 원광사, 청초호青草湖의 영은사靈隱寺에서도 수도와 전기의 혜택을 누려보질 못했습니다.

하지만 저를 초청한 신도들은 제가 불편하지 않도록 온갖 정성을 기울여 주었으며, 전등이 없었던 저의 방문까지 불전 앞 전등의 전선을 끌어와 주었습니다. 최대한 길게 늘인 그 전깃줄은 겨우 방문 앞까지밖에 닿지 않아, 하는 수 없이 전등을 침실 문 앞에 놓았습니다. 하지만 저는 이렇게 부처님의 빛을 받아 매일 밤마다 글을 읽을 수 있었습니다. 문을 닫을 수 없었지만 다행히 작은 사찰이라 밤에 돌아다니는 사람도 없었습니다.

후에 저는 보일러 뒤쪽에서 작은 화장실 하나를 발견했습니다. 사용할 때마다 보일러를 옮겨야 하는 불편함과, 내부가 너무 좁아 몸을 돌리기 쉽지 않다는 단점이 있었지만, 생리적인 커다란 문제는 해결되었습니다. 이밖에 그곳에서 지내는 동안 목욕 문제를 어떻게 해결했는지는 지금 기억나지 않습니다. 그때 도로관리국의 차를 타고 초계(礁溪: 의란현에 있는 지명)에 가면 온천물로 목욕을 할 수 있었지만 저는 한 번도 이런 생각을 가져본 적이 없었습니다.

제가 뇌음사에 머물게 된 후 군인 가족 세 가구는 저와 무척 친하게 지냈습니다. 우호적인 태도를 가지고 있는 그들은 제가 신도를 모아 공수共修 법회를 할 때면 먼저 나서서 사찰을 비워 주었습니다. 그중 사천에서 온 진존봉陳存鋒 장교 부부는 이전에 치른 108명의 귀의 의식에도 참가했었습니다. 1년 후 그가 가장 먼저 이사를 갔고, 마씨 성을 가진 그의 친척 등 두 가구 역시 뒤이어 이사를 했습니다. 그런데 5~6년 전이던가! 영민종합병원에서 그를 본 저는 단숨에 그의 이름을 외쳤습니다. 그 역시 감동해 마지않으며 후에 시주 명목으로 5천 위엔(한국 돈으로 약 20만 원)을 시주했습니다. 평생 동안 저는 기이한 인연들을 많이 만났습니다. 이처럼 좋은 인연 덕분에 인생이 그 무엇보다 아름답게 느껴집니다.

군인 가족 세 가구가 이사 간 뒤부터 사찰 전체가 조용하고 소박한 것이 어느새 도량의 모습을 갖춘 듯 보였습니다. 사찰 내의 빈 공간이 늘어나자 저는 모두가 책을 볼 수 있도록 열람실을 만들었습니다. 그리고도 남는 작은 응접실은 불법에 대한 토론을 하는 장소로 활용했습니다. 객실 두 개는 네 평 남짓 돗짚자리방이었지만 서너 명은 묵을 수 있었습니다.

이 시기에 저는 동초東初 스님, 연배演培 스님, 자운慈雲 스님, 남정南亭 스님, 인순印順 스님 등과 심지어 창카 활불(活佛: 티베트 밀교에서 원력으로 환생한 스님)까지 한 분 한 분 의란으로 초청했습니다. 이러한 대덕들이 의란을 방문할 때마다 부엌에서 쓰는 식기들과 식당의 탁자와 의자가 늘어났으며, 심지어 베개, 이불 등 생활용품까지 늘어났습니다. 귀빈을 맞이하기 위해 신도들이 자발적으로 시주하였으며, 이것으로 귀빈을 맞이할 설비들을 마련하였습니다.

이밖에 저는 홍법을 위해 미국의 소실지蘇悉地 스님과 프랑스의 아난타 스님을 의란으로 초청하여 의란 사람들의 시야를 넓힐 수 있게 하였습니다.

다른 지방에서 온 젊은 화상和尙뿐만 아니라 이제 외국의 코쟁이와 파란 눈의 비구까지 의란을 방문하자 작은 마을이었던 의란 전체가 술렁였습니다. 불교에 대한 관심이 점차 높아지는 것을 보며 의란에서의 불교가 이미 조금씩 발걸음을 떼어놓고 있다고 느껴졌습니다.

이 기간 동안 저는 매월 잡지 편집을 위해 의란에서 타이베이로 갔다가 다시 의란으로 돌아와야만 했습니다. 뇌음사에서 기차역으로 가든, 기차역에서 뇌음사를 가든 오고가는 길마다 수많은 사람들이 저를 에워쌌습니다.

어려서부터 총림 안에서 참학을 했던 저는 늘 '위의威儀를 갖추라!'는 말을 많이 들었습니다. "길을 갈 때는 바람처럼, 서 있을 때는 소나무처럼 하라(行如風 立如松)"는 말처럼, 길을 걸을 때 두리번거리지 않고 시선은 항상 앞을 향했습니다. 그래서 더욱 시민들의 호기심을 자아내게 되었습니다.

출가인은 말로 가르치는 것보다 몸으로 가르치는 것이 더 중요하다는 것을 저는 잘 알고 있었습니다. 후에 누군가 이런 얘기를 해 주었습니다. 제가 의란 전신국을 걸어갈 때마다 안에서 일하는 전화교환원 아가씨들이 전화는 받지 않고 일을 중단한 채 모두 뛰쳐나와 외지에서 온 젊은 승려를 구경한다는 것이었습니다. 그녀들은 제가 길을 걷는 모습을 보고 불교에 대한 호감이 생겼다고 합니다. 그리고 보면 불문에서는 위의 있는 승려의 얼굴뿐만 아니라 입고 있는 가사의 한 귀퉁이조차도 모두 중생을 구제할 수 있는 것 같습니다.

의란에 도착한 처음 1~2년 동안 저는 연이어 청년회, 합창단, 홍법단, 아동반, 심지어 유치원까지 설립했습니다. 또한 강당講堂 건축을 시작하는 동시에 광화光華학원 설립을 위해 교육부에 신청서를 내기도 하였습니다. 전 교육부 훈육위원회 상임위원인 정석암鄭石岩 교수가 바로 당시 학원을 다닌 우수한 청년 중의 하나였습니다.

홍법을 위해 저는 의란중학교에서 우수한 교사들을 학원의 교사로 초빙하였으며, 난양蘭陽여중의 우수한 교사를 홍법대와 합창단에 참석시키고자 초청하기도 했습니다. 그밖에 의란농업학교, 두성頭城중학교에서도 단체 활동에 참가하는 교사와 학생이 늘어나면서 당시

홍법 165

뇌음사는 의란의 또 다른 대학처럼 여겨졌습니다.

그 가운데 제가 가장 감사드리는 분은 양용부楊勇溥 선생입니다. 그는 수많은 찬불가를 작곡해 주었으면서도 돈은 조금도 받지 않았습니다. 더구나 그를 모셔 변변한 식사 대접 한번 제대로 하지 못해 더욱 송구할 뿐입니다. 지금도 자주 불리는 '서방西方', '홍법자의 노래(弘法者之歌)', '기원합니다(祈求)', '종소리(鐘聲)', '불교 결혼축가(佛化婚禮祝福歌)' 등이 모두 양용부 선생이 작곡한 것이며, 노래를 지도해 주기까지 하였습니다.

그밖에 노래를 잘 불렀던 여인부 씨와 정욱존, 이호연, 종균량 등이 모두 의란염불회의 구성원이자 강연의 버팀목들이었습니다. 그중 제게 가장 큰 도움을 준 사람을 굳이 뽑으라면 이결화 거사와 임송년林松年 거사라 할 수 있습니다. 각기 의란염불회의 홍법주임과 총무를 맡은 두 사람은 열정적으로 꾸준하게 일을 해왔기 때문에 무슨 일이든 능히 맡길 수 있었습니다. 제가 의란에서 불교를 널리 전파하며 하나의 결실을 맺을 수 있었던 것은 모두 그들 덕분입니다.

의란에 도착했을 당시 제게서 불학을 공부했던 뛰어난 몇몇 젊은이들이 후에 출가하여 불교계에 투신하였습니다. 이것이 제가 의란에서 거둔 또 하나의 성과이기도 합니다. 예를 들어 불광산의 제4대 주지를 맡은 심평心平 화상이 바로 의란 출신이고, 자장慈莊, 자혜, 자용慈容, 자가慈嘉, 의공依空 스님 등이 모두 의란의 우수한 젊은이들이었습니다.

또한 학생회의 일원이었던 임청지林清志, 임수미林秀美 거사는 그 뒤로도 30년 동안 한 주도 거르지 않고 매주 감옥을 찾아 홍법 봉사를 하고 있습니다. 임청지 거사는 현재 의란대학의 교수로 재직 중에 있습니다. 역시 학생회 일원이었던 장조張肇 거사는 고등학교 교직에서 퇴직한 후 지금은 발심하여 불광대학에서 원예 일을 수행하고 있습니다. 그의 부인 장황소정張黃素貞 역시 불광학사佛光學舍에서 직책을 맡고 있습니다.

2006년 타이베이 국부기념관에서 열린 홍법 30주년 기념법회에 특별 출연한 의란합창단은 강연 중간 중간에 합창을 해 주었고, 후에 고웅에서 다시 한 차례 공연을 가지기도 했습니다. 지금 이 합창단 단원들은 이미 70세에 가까운 백발이 성성한 노인들입니다. 당시 귀엽고 앳된 젊은이들이 제 홍법의 발자취를 따라 전국을 돌며 안 가본 곳 없이 곳곳에서 홍법을 펼쳤습니다.

1950년대, 아직 대만에는 TV가 없었을 시절입니다. 시골 광장에서 포교를 펼칠 때면 우리에게 있는 영사기와 녹음기로 노래를 곁들여 재미있고 활기찬 강연을 펼쳤습니다. 그 덕분에 시골사람들의 열렬한 환영을 받았습니다.

수많은 청년들이 저를 따라 홍법을 펼쳤습니다. 강연하기 전, 징과 북을 두드리며 골목을 누비며 '오늘 밤 어디에서 법문을 한다'고 홍보 했습니다. 혹은 나팔을 단 자전거를 타고 이 골목 저 골목을 누비고 다니며 광고를 했습니다.

당시 우리의 홍보 멘트는 "우리의 불교가 왔습니다!"였습니다. 그 외침을 들을 때마다 저는 감격에 겨웠습니다. 1950년대의 대만은 기독교의 강한 배척과 압력으로 불교신앙이 점차 설 자리를 잃어가고 있을 때였기 때문입니다.

다행스럽게도 당시 건장했던 자항慈航 스님이 책임감을 가지고 뛰어다닌 덕분에 불학 동아리를 위한 장학금을 마련할 수 있었습니다. 또한 손중산孫中山 선생의 군수처(軍需處: 군사물자 보급부서) 처장을 지낸 바 있고, 영풍함永豐艦으로 도피한 손중산 선생이 위험에서 벗어날 수 있도록 도와준 주경주朱鏡宙 거사와 주춘희周春熙 거사는 대만인경처台灣印經處를 설립했습니다. 이병남李炳南, 허염돈許炎敦, 동정지董正之, 정준생丁俊生, 주방도周邦道 거사 등은 타이중(台中)에 '연사(蓮社, 염불결사모임)'를 설립하고 불교잡지를 발행함으로써 불교가 생존할 수 있는 공간을 조금이나마 마련할 수 있었습니다. 특히 손립인 장군의 부인이신 손장청양孫張淸揚 여사와 당국黨國 원로이신 이자관李子寬 거사는 1,200만 위엔으로 선도사善導寺를 사들여 타이베이시 불교회의 중심으로 삼았습니다.

대만불교는 그 후로 수많은 활동을 할 수 있게 되었습니다. 후에 중국불교회는 내정부內政部와 교섭하여 삼단대계(三壇大戒: 사미니계, 비구니계, 대승보살계를 수여하는 계단)를 해마다 한 사찰을 지정해 돌아가며 치르기로 했습니다. 이처럼 불교도 대규모 행사를 성황리에 치러 가며 발전하기 시작했습니다. 의란의 불교청년회, 합창단, 홍법대 등은 대만에서 녹화와 노래 녹음 및 방송국에서의 홍보프로그램을 제작하기도 했습니다. 또한 시골 마을을 돌며 홍법과 포교를 펼치는 대열에 기쁜 마음으로 동참해 주었습니다. 이때부터 불교는 사회를 향해 천천히 나아가기 시작했습니다.

제가 처음 대만에서 홍법을 펼칠 때만 해도 결코 순조롭지 못했습니다. 끊임없는 좌절을 겪어야 했습니다. 그 당시 타이베이사범전문대학(현 국립 타이베이교육대학)에서 공부를 하고 있던 의란 청년 정수웅鄭秀雄 선생은 제게 강연을 해 달라고 요청해 왔습니다. 포스터도 이미 만들어 붙였고, 저 역시 의란에서 타이베이까지 와 있는 상황이라 저는 흔쾌히 허락했습니다. 하지만 강연 당일 정수웅 선생이 정류장으로 달려와 이렇게 말했습니다.

"스님, 죄송합니다. 강연 포스터까지 다 붙였는데도 학교에서 허가를 안 하는군요."

이 사건을 계기로 그 후 수년 동안 불교계에서는 학교에서의 강연을 허락하지 않았습니다. 하지만 상황이 어떻다 해도 저는 어려움을 뚫고 나갈 방법을 생각했습니다.

저는 모종삼牟宗三, 당군의唐君毅 등 유학儒學의 대학자들을 초청해 대만 각 대학에서 강연회를 가졌습니다. 더 나아가 일본 동경대학 미즈노 고겐(水野弘元) 교수를 초청해 대만대학에서 강연을 했습니다. 승려이면서 국제적으로 널리 알려진 학자인 미즈노 고겐 교수의 초청을 대만대학에서도 감히 거절하지 못했습니다. 저는 마음속으로 생각하였습니다.

'중국 스님이 싫다고? 그럼 일본 스님은 반대하지 않겠지.'

홍법을 펼치는 과정 중에 가장 골치를 썩이는 일이 있었다면 경찰과의 빈번한 충돌이었다고 할 수 있을 것입니다.

용담龍潭의 어느 시골 마을에서 포교를 펼치고 있을 때의 일입니다. 광장에 모인 수천 명의 청중들은 열심히 저의 강연을 듣고 있었습니다. 갑자기 옆에서 시끄러운 소리가 들려왔습니다.

"내려오시오, 내려와!"

고개를 돌려보니 경찰 한 명이 제게 내려오라고 소리치고 있었습니다. 강연이 진행 중이고, 단상 아래 수많은 청중이 모여 있는데 어떻게 그대로 내려갈 수 있었겠습니까. 하지만 공무수행 중인 경찰의 명령을 어길 수는 없었습니다. 저는 자용 스님에게 단상으로 올라와 모두와 함께 노래를 부르게 하고는 내려가 경찰과 얘기를 나눴습니다.

"왜 내려오라고 하셨소?"

"강연을 중단하고 즉시 해산하시오."

"안 됩니다. 강연을 들으라고 초청한 것은 저입니다. 강연을 중지할 것이면 당신이 직접 얘기하고 해산시키시오."

경찰은 감히 단상에 올라가 강연을 중단시키지 못했습니다. 서로 팽팽히 맞서고 있을 때 제가 다시 말을 이었습니다.

"다시 강연을 하게 해준다면 강연이 끝나고 아무 일도 없이 자연스럽게 해산할 것이오."

경찰은 고개를 숙인 채 더 이상 아무 말도 하지 않았습니다. 이때를 틈타 다시 단상에 올라간 저는 강연을 계속했습니다. 물론 강연이 끝나고 아무 불상사도 없이 모두 돌아갔습니다. 그 일은 원만하게 마무리 되었습니다.

화련에서 홍법을 펼칠 때의 일입니다. 사전에 자전거로 마을을 돌며 '오늘밤 7시 반 아무개가 모 광장에서 홍법을 펼친다'는 광고를 하였습니다. 그 소식을 들은 경찰에서는 곧바로 저를 찾아 곳곳을 뒤지고 다녔습니다. 숨을 수 없다는 것을 안 저는 홀로 경찰서를 찾아갔습니다. 저를 본 경찰이 대뜸 물었습니다.

"누가 당신더러 화련에서 홍법한다고 광고하고 사람을 모으라고 했습니까?"

저는 즉시 대답하였습니다.

"저는 타이베이에서 매일 군중을 모아놓고 홍법을 펼치는데, 화련이 무슨 특별한 지역이라도 됩니까? 왜 안 된다는 겁니까?"

제가 '타이베이에서 왔다'는 말을 들은 그는 놀라는 눈치였습니다. 당시 '경성에서의 스님도 경성을 벗어나면 관리가 된다'는 말이 있었습니다. 타이베이에서 온 저한테 어떠한 뒷배가 있을지 모를 일이라고 생각한 경찰은, 괜히 긁어 부스럼을 만들거나 누군가의 비위를 건드리기라도 할까 봐 태도를 좀 누그러뜨리며 말했습니다.

"끝까지 질서를 잘 유지해 주시기 바랍니다."

저는 그러겠다고 대답했고, 화련에서의 홍법도 순조롭게 회향할 수 있었습니다.

한번은 의란염불회의 강당에서 일본 스크린 영화를 상영하고 있을 때였습니다. 당국에서 보면 이것은 반역에 버금가는 일이었습니다. 그러자 지역 파출소의 순경에게 명령해 강당의 문을 닫게 했습니다. 위협하려는 것에 지나지 않는다는 것을 알기 때문에, 그와 몇 마디 나누면 괜찮을 것이라 생각했습니다. 하지만 아무런 소용이 없었습니다. 그런데 뜻밖에 며칠이 지나 경찰국에서 염불회의 강당을 시험장으로 사용할 수 있도록 빌려 달라는 뜻을 그 경찰을 통해 타진해 왔습니다. 저는 거절했습니다. 그 후 경찰국장이 상의하기 위해 직접 방문했을 때에야 마지못해 허락을 했습니다. 하지만 한 경찰이 번번이 집회를 방해했기에 빌려 주지 않았다는 이유를 분명히 밝혔습니다.

결국 그는 태평산太平山 지역으로 좌천되었습니다. 후에 다시 저를 만나게 된 그는 제가 정말 대단한 사람이라고 하더군요. 저 역시 이를 부정하지는 않았습니다. 홍법을 위해서는 부득이 공무 수행하는 사람을 곤란하게 할 수밖에 없었습니다. 하지만 제가 처음 의란에 도착했을 때부터 그는 늘 곁에서 감시를 하였습니다. 상사에게 보고한 횟수 역시 적지 않을 것이라고 생각합니다.

1963년, 고웅에 수산사壽山寺를 창건할 때의 일입니다. 5층짜리 사찰이 막 세워졌는데 고웅 요새 사령부에서 건물이 기준 높이를 초과한다는 이유로 철거를 명령했습니다. 당시는 군의 명령이 최고였던 때였습니다. 일반 국민은 감히 이의를 제기하거나 반박조차 하지 못했습니다. 군사적 업무가 가장 우선시되고, 군사적으로 필요하다면 민간에서는 모두 양보해야 하는 상황에서 시에서도 명령을 뒤집을 방법은 없었습니다.

금방 세워진 수산사를 곧 철거해야 한다는 느닷없는 소리를 듣고 저는 속으로 생각했습니다.

'법운法運이 따라주지 않는구나. 하지만 내게도 복덕福德과 인연이 없으니 다른 사람들을 볼 면목이 없구나.'

신도들이 도움을 청할 곳이 없어 조급해하고 있을 때, 저는 신분증을 가지고 홀로 요새 사령부를 찾아갔습니다. 입구에서 방문록에 기록을 하고 나서 안으로 들어선 저는 다짜고짜 물었습니다.

"누가 수산사를 철거하라고 명령했소?"

한 장교가 일어서며 말했습니다.

"제가 명령했습니다."

당시 저는 무척 침착하면서도 조리있게 그와 이야기를 나눴습니다.

"출가자인 나야 이 절에 머물 수 없으면 다른 절로 가면 그만이오. 하지만 당신이 철거를 명령했다니, 사찰을 헐고 난 뒤에 일어날 일에 대해서는 내 꼭 말해야겠소. 수산사가 얼마나 많은 고웅 시민들의 시주로 지어진 것인지 알고 있소? 당신이 그 절을 철거하는 것은 곧 그 사람들의 방을 철거하는 것과 같소. 그렇게 되면 민원이 들끓게 될 뿐만 아니라 일이 커져 사진이 신문에 실리기라도 하는 날에는 종교를 아예 존중하지 않는 중화민국이라고 국제적으로 여론이 들끓을 겁니다. 더구나 얼마 전 베트남의 고 딘 디엠Ngo Dinh Diem 대통령이 쿠데타로 물러나게 된 것도 불교 깃발을 태워 국민들의 원망이 불같이 일었기 때문이었소. 그러한 일이 생기는 걸 두고 볼 수 없어 당신을 찾아와 내 의견을 얘기하는 것이오."

저의 말을 듣고 난 장교는 깜짝 놀라며 되물었습니다.

"그럼 어떻게 해야 합니까?"

"고웅시에 철거하지 말라는 공문만 보내면 되지 않겠소."

그는 즉시 그렇게 하겠노라고 대답했습니다.

하늘 가득 드리웠던 풍운이 맑게 개이는 순간이었습니다.

사실 홍법 생애 동안 저는 따스하고 인정미 넘치는 일을 수없이 겪었습니다. 창화彰化 전중田中에서 강연할 때는 사람들이 신명神明까지 모시고 나와 저를 환영해 주었을 뿐만 아니라 '숙정(肅靜: 정숙하시오)', '회피(廻避: 비켜 주시오)'라고 적힌 팻말까지 들고 나오기도 했습니다. 계주溪州에서 홍법을 할 때는 계주에 본사를 두고 있는 태당台糖 회사에서 전문 인력을 특별히 파견해 기차와 전용차로 저를 남부에서부터 계주까지 마중 와 주었습니다. 부리富里는 지금까지 아무도 불법을 전해준 적 없는 작은 시골 마을이었지만 열정만큼은 누구 못지않았습니다. 특별히 커다란 나팔 모양의 스피커를 달고 기차역 앞에서 제가 만든 '서방西方'이란 노래를 불러 주었습니다.

아득한 고苦의 바다
인생은 조각배처럼
고해의 바다를 떠다니네……
苦海中一片茫茫, 人生像一葉小舟, 漂浮在海中央……

제가 만들었던 노래로 저를 환영해 주는데, 어찌 감동스럽지 않겠습니까!

이곳저곳을 돌며 홍법을 하는 동안 달구지를 탈 때도 있었고, 광산에서 쓰는 석탄수레를 탈 때도 있었습니다. 태당 회사에서 마련해 준 '미니기차'를 타기도 했습니다. 심지어 삼군사관학교에서 홍법을 해 달라는 국방부의 요청을 받았을 때는 군용차, 군용비행기, 군함 등 각종 교통수단을 모두 타 볼 수 있도록 예우해 주었습니다. 물론 홍콩이나 태국, 미국 등에서는 헬기나 보트, 증기선까지도 타 봤습니다.

국·내외에서 홍법을 펼치는 20년 동안 무척 순조로웠다고 할 수 있습니다. 특히 수많은 대학에서 앞 다투어 저의 강연을 듣고자 초청해 주었습니다. 대만의 청화清華, 중앙中央대학에서 연설을 했었고, 대만대학에서는 '세계청년논단'을 집전하기도 했습니다. 각 공사립대학에서의 강연 이외에도 중국문화대학 인도문화연구소 소장을 맡아 달라는 요청을 받기도 했으며 동해대학 철학과에서 6년간 객원교수로 지내기도 했습니다.

　미국의 버클리, 시애틀, 캘리포니아, 코넬, 하버드, 예일대학 등 해외의 대학에는 제 홍법의 발자취가 남아 있습니다. 그리고 브라질의 상파울루대학과 호주의 본드대학, 홍콩의 홍콩대학, 중문대학, 이공대학 및 싱가포르의 국립대학, 그리고 유럽의 스웨덴, 스위스, 영국 등 수많은 대학들과도 인연을 맺은 적이 있습니다. 하지만 최근에는 서래대학, 남화대학, 불광대학을 설립하느라 시간이 부족해 각지 대학과 교도소에서의 홍법을 점차 줄여 나갔습니다.

　홍법 얘기가 나와서 말이지만 사찰에 국한돼 있던 불법을 국립기념관에서 펼친 것이야말로 정말 의미 있는 일이었습니다. 타이베이 중산당中山堂, 국립예술관에서 홍법을 펼친 것도 제가 처음이었으며, 타이베이 국부기념관에서는 2006년까지 장장 30번의 한서寒暑를 보내며 해마다 대규모의 강좌를 3일 동안 거행했습니다. 또한 홍콩의 홍감체육관에서도 매년 수만 명의 청중이 듣는 강연이 3일간 열렸습니다. 이 강연은 2006년까지 무려 20년간이나 계속되어 왔습니다.

　제 나이 80세에 '봉인(封人: 스스로 은퇴함)'을 하겠다고 선포하였습니다. 나이도 많고 거동도 불편하여 2006년을 끝으로 타이베이 국부기념관과 홍감체육관에서와 같은 대규모 강좌를 더 이상 집전하지 않겠다는 의미였습니다. 그렇다고 해서 더 이상 신도들과 만나지 않겠다는 뜻은 아니며 앞으로 소규모의 강연이나 활동에는 기꺼이 참석하여 모두와 인연을 쌓을 것입니다.

　2006년 중국 광주廣州의 중산대학에서 강연할 때는 봉황위성방송 (홍콩방송국)의 실황녹화로 방송된 적도 있었습니다. 2007년 남경대학에서는 총장, 원장, 주임 등의 영접을 받으며 강연을 한 적도 있고 북경대학, 무한대학에서도 강연을 한 적이 있습니다. 특히 인상 깊었던 것은 장사長沙의 '악록서원嶽麓書院'에서 '중국문화와 오승불법(中國文化與五乘佛法)'이란 주제로 강연을 했을 때라 할 수 있습니다.

중국 고대 4대 서원의 하나인 악록서원은 북송北宋 개보開寶 9년 (976), 담주(潭州: 현재의 장사) 태수 주동朱洞 선생과 지예智叡 대사의 법을 이어받은 승려 두 사람이 함께 이곳에 건물을 세우고 군중을 모으는 초석으로 삼고자 설립하였습니다. 남송의 저명한 성리학자인 주희朱熹 선생이 이곳에서 강학하였으며, 모택동毛澤東, 증국번曾國藩, 좌종당左宗棠, 곽숭도郭嵩燾, 채악蔡鍔, 담사동譚嗣同 역시 이곳에서 수업을 받았습니다.

2006년 3월 19일, 이곳의 요청을 받고 강연할 때 마침 비가 쏟아져 교수, 학생 모두 빗속에서 저의 강연을 들었던 일이 아직도 감동으로 남아 있습니다. 그날 오백웅 선생, '천하문화天下文化' 설립자인 고희균高希均 교수 등이 그 자리에 참석해 저의 강연을 도와주었습니다. 덕분에 강연이 대성황을 이뤘습니다.

제 홍법 생애 중 여기서 얘기를 꺼낼 만한 일이 또 한 가지 있습니다. 대만의 방송국이 생긴 이래 출가인으로서는 처음으로 당시 관례를 깨고 TTV(台視), CTV(中視), CTS(華視) 등 대만 3대 방송을 돌며 30년 이상 불법佛法을 강연했습니다. '성운법어星雲法語', '성운설유星雲說喩', '성운설게星雲說偈'를 강연한 횟수만도 수천 번이 넘습니다.

사실 출가인으로서 사찰의 행정적 업무를 잘 처리하고 중생을 잘 이끌 수 있다면 그것으로 홍법의 책임을 다 했다고 할 수 있습니다. 하지만 저는 불교교육을 펼치는 것을 지향했습니다. 다만 제대로 된 사회교육을 받은 적이 없는 저를 불교 교육사업 쪽에서도 쓰려고 하지 않았습니다.

그래서 저는 '교육의 길이 잠시 여의치 않다면 자선사업을 펼쳐보자'라고 생각했습니다. 제 수중에 돈 한 푼 없고 저를 지지하고 지원해 줄 인연도 없었으니 어찌하겠습니까. 생각해 보아도 '설법으로 중생을 제도'하는 길밖에 없을 듯했습니다. 경전을 설법하는 것이라면 누구의 도움이 필요한 일도 아니고, 자신의 마음대로 길거리든 골목 모퉁이든 서서 민중에게 얘기하면 되는 것입니다.

절간의 마당을 빌려 홍법을 펼친다 해도 전력회사에 신청해 전등을 빌려야 했습니다. 하나 빌리는 데 겨우 12원이었으니 군중을 모으는 데 아무 문제가 없었습니다. 더구나 다음날에는 장소를 바꿔 홍법을 할 수 있으니 경찰의 간섭을 걱정할 필요도 없었습니다. 이러한 신념과 갖가지 인연들에 감사하며 홍법의 길에 매진했습니다.

저는 늘 '인간불교'를 널리 퍼뜨려야겠다는 신념을 가지고 평생 홍법을 펼쳤습니다. 물론 저의 친화력 있는 성격이 한몫하기도 했겠지만, 오랜 세월 홍법을 하다 보니 제가 다가서기도 전에 신도들이 먼저 무엇을 원하는지 제게 말해 주었습니다.

1949년 여름, 고웅 봉산鳳山의 노천광장에서 '인생의 커다란 병을 어찌 치료해야 하는가?'란 주제로 강연을 했습니다. 저녁 7시에 시작된 강연은 11시가 되어야 끝이 났습니다. 마라톤 경기처럼 장장 4시간을 쉼 없이 강연을 했습니다. 현장에 있던 청중들의 분위기가 갈수록 열기를 띠는 데다 "계속해 주십시오"라며 외치는 바람에 끝을 낼 수가 없었습니다. 저는 적당한 시기에 물러나야 한다는 걸 알고 있었습니다. 그때를 제외하곤 홍법활동을 하면서 2시간 이상을 초과하는 강연은 더 이상 하지 않았습니다.

저의 홍법 인생에는 신도교神道敎의 도움이 무척 컸습니다. 대만의 모든 신묘神廟에서는 오는 자를 거절하는 법이 절대 없었으며, 특별히 따지지도 않았습니다. 빌리겠다고 상의만 하여도 그들은 즐거운 마음으로 사용할 수 있게 해 주었습니다. 만화萬華의 용산사龍山寺, 신죽新竹의 성황묘城隍廟, 타이베이의 지남궁指南宮, 옥리玉里의 화산궁華山宮, 북항北港의 조천궁朝天宮, 고웅의 삼봉궁三鳳宮과 같은 대만 각지의 사원이 제가 홍법을 위해 빌렸던 장소들입니다. 그밖에 각지의 도서관, 학교 강당, 공장, 그리고 특히 교도소 등이 홍법을 펼치며 인연을 가장 많이 맺은 곳입니다.

의란에 도착해 정식 홍법의 길로 들어선 후 저는 산간벽지에서 도시까지, 광장에서 강당까지, 공장에서 학교까지, 교도소에서 국가 전당까지, 사찰에서 강당講堂까지, 국내에서 해외까지 줄곧 홍법을 펼쳐 왔습니다. 법무부의 초청을 받아 정식으로 교도소 포교사를 맡아 홍법이나 귀의 의식 또는 수감자들과 대화를 나누기 위해 대만 각지의 교도소를 방문한 것이 한두 번이 아닙니다. 국방부의 초청을 받고 대만 섬과, 금문金門, 마조馬祖, 동사군도東沙群島, 녹도綠島, 난서蘭嶼 등지를 순회하며 한 달 내내 육·해·공 삼군사관학교와 헌병부대, 군사학교 등지에서 강연을 한 적도 있습니다. 학백촌郝柏村 전 참모총장과 정위원鄭爲元 국방부장관에게서 감사패를 받은 적도 있습니다.

저는 법문을 할 때마다 깊이 생각하는 화두가 하나 있습니다.

'불법은 자신을 위해 강연하는 것이 아니라 다른 사람에게 들려주기 위해 강연해야 한다.'

그래서 홍법 생애 동안 '계리계기(契理契機: 불법의 영원한 이치에 부합되어야 하나, 교화방식은 시대에 맞게 한다)'를 중시해 왔습니다. 그러나 '계리는 쉽지만 계기는 어렵다'고 했던가요. 특히 불광산 개산 40년 동안 교사협회, 작가협회, 뉴스매체, 농경 수리시설뿐만 아니라 연예, 외교, 경제, 재정, 국제인사 등 각계각층의 단체들이 불광산을 방문했습니다. 방문한 각 단체들은 언제나 법문을 요청했고, 방문한 단체에 어울리는 강연을 하기 위해 저는 늘 생각에 생각을 거듭하며 고심을 해 왔습니다.

청년과의 대화에서는 '학업과 인간'이란 주제로, 주부들과는 '불교식 가정'이란 주제로, 노인들과는 '만년을 편안히 보내는 길', 아이들과는 '경시하지 말아야 할 네 가지', 건축업계와는 '건축사는 내 운명', 기업 인사들과는 '현대관리학', 미용사들과는 '아름다운 얼굴과 아름다운 마음', 문예작가들과는 '문학의 아름다움', 과학자들과는 '한 바가지의 물에서도 부처님은 팔만 사천 마리의 벌레를 보신다', 종교계와는 '종교간宗敎間', 정치계와는 '불교의 정치관' 등의 내용을 가지고 대화와 강연을 했습니다.

정치라는 말이 나왔으니 말이지만, 제가 이 시대, 이 사회에 태어났기에 저와 정치가 뗄 수 없는 관계일 뿐 사실 저는 정치를 좋아하지는 않습니다. 고웅 시장의 예를 들면 허수덕許水德, 오돈의吳敦義, 사장연謝長延 선생 등 역대 시장들은 종종 고위직 공무원들을 데려와 법문에 참석시키기도 했고, 타이난 등 각 현縣의 현장과 시장 등도 불광산에서 간부회의를 거행하면서 법문을 듣거나 참선을 하기도 했습니다.

구창환邱創煥 선생이 성省 주석을 맡고 있을 때에는 현장縣長, 시장, 그리고 의장 등을 불광산으로 불러 법문에 참석시킨 적도 수 차례 있습니다. 임풍정林豐正 선생이 타이베이현 현장 재임 시절에는 외지에서 타이베이 현으로 들어오는 인구가 유달리 많고 유동성이 지나치게 높다 보니 특별히 타이베이현 체육관에서 만 명이나 되는 현민에게 '몸과 마음을 안주시키는 길'이란 주제로 법문을 해 달라고 요청한 적도 있습니다.

저는 수년 동안 대만에서 '인간불교'를 선양해 왔을 뿐만 아니라 대만을 넘어 국제세계로 발걸음을 옮겼습니다. 이것 역시 멀고 험난한 여정이었습니다. 불교가 국제화의 길로 나아갈 수 있게 하기 위해서 저는 세계 5대양 6대주의 홍법 요청에 늘 응해 왔습니다. 호주 시드니 시청대강당, 유럽 런던 로얄 오페라하우스, 미국 링컨센터, 캐나다 토론토 예술센터, 브라질 쎄 성당, 일본 국회의사청, 싱가포르니 안 폴리테크닉Ngee Ann Polytechnic 대학 대강당, 말레이시아 툰쿠 강당 등지에서 강연을 했었습니다. 말레이시아 페낭의 허자근許子根 수석부장은 저를 위해 만 명 이상을 수용해 강연을 들을 수 있는 대강당을 건축하겠다는 원력을 세우기도 하였습니다.

평소 세계 각국에서 강연을 할 때 현지 언어로 통역하는 것 외에도 그 이후의 강연기록과 저의 작품 등을 모두 영어, 일본어, 한국어, 스페인어, 포르투갈어, 프랑스어, 인도어 등 여러 나라의 언어로 번역하고 있습니다. 모 대학에서는 저의 글을 교재로 사용하기도 합니다. 예를 들면 의란대학에는 '인간불교'를 교양교육 과정에 편입시켰습니다.

이외에도 홍콩의 중문대학에서는 '인간불교연구센터'를 설립했고, 특히 2005년 5월 미국 국회도서관은 '국회도서분류법'의 불교분류번호 아래, 불광산과 저의 작품을 단독 번호로 설립해 주었으며, '인간불교'와 '불광산 교단'을 정식으로 '국회도서관주체표목國會圖書館主體標目'에 편입시켜 주었습니다. 이것만 보아도 세계에서 인간불교가 널리 퍼지고 중요시되고 있음을 알 수 있습니다.

최근 유명한 교육가 진지번陳之藩 선생은 영운永芸 스님에게 보낸 서신에서 수년간 홍법을 펼쳤던 원고와 제가 쓴 작품들을 프랑스어와 영어로 번역하겠다는 요청을 해왔습니다. 그는 노벨문학상을 탈 수도 있을 거라고 생각하는 듯했습니다. 사실 부끄럽기 그지없는 일입니다. 제가 무엇이라고 이렇게까지 해주시는 건지요? 평소 불법의 선양을 위해 글을 끄적거렸을 뿐이거늘 어찌 노벨문학상의 등용문에 들 수 있겠습니까.

홍법 생애 중 제 자신이 파문조차도 일으키지 못하는 바다 속 한 알의 모래처럼 여겨진 적이 있었습니다. 불법의 선양은 위에서 아래로 퍼져 나가야 한다고 생각합니다. 역사를 보면 제왕이 불교를 신앙으로 받들 때 불법이 급속도로 널리 퍼질 수 있으며, 부처님이 살아계실 때의 빔비사라 왕, 파세나디 왕처럼 비호까지도 받을 수 있습니다. 하지만 지금은 아래에서 위로 퍼지고 엄청난 노력을 들인다 해도 사회의 중시를 받을 방법이 없습니다. 정부에서는 불교에 대해 늘 '금지는 많지만, 보호는 적다'라는 태도를 취해 왔습니다.

　대중 매체 역시 불교에 대해 오랜 기간 편견을 가져 왔습니다. 매체는 사회의 긍정적인 좋은 일들을 보도하면 신문을 보는 사람이 없을 것이라고 생각해, 어디에서 싸움이 일어났다든지 하는 부정적인 소식만을 보도하길 좋아하고 앞 다투어 보도에 열을 올렸습니다. 불교 교단 내에 약간의 폐단이라도 있으면 매체에서는 더욱 부풀려 신이 나 떠들어 댔습니다. 하지만 평소 수만 명의 군중이 모이는 정상적인 홍법 강연에는 관심조차 없을 뿐만 아니라 아예 신경조차 쓰지 않는 경우도 다반사였습니다.

　하지만 최근 들어 상황이 약간 개선되었습니다. 불교의 대규모 홍법, 좌담 등의 활동이 신문의 1면을 장식하거나 TV화면으로 방송될 뿐만 아니라 가끔 논평적인 문장이나 프로그램에서 불광산을 거론하기도 합니다. 한마디로 결론을 내리자면 '불광산은 정파의 맥을 이은 불교단체다'라는 것입니다. 이와 같은 사회의 평가를 얻을 수 있다면 저는 그것만으로도 충분히 만족합니다.

　사실 불광산이 수년 동안 힘쓰고 애써서 인간불교를 선양한 목적은 사회질서 유지, 사회인의 마음 정화, 사회풍토 개선, 올바른 사람으로서의 행동을 불교가 이끌어내기를 바라서였습니다. 이것은 불교가 마땅히 책임져야 할 사회적 책임이자 국가를 위한 불교의 공헌인 것입니다.

　과거 동남아의 불교는 수백 년 동안 우리의 할아버지, 할머니들 세대만을 의지해 왔습니다. 자녀의 손을 잡고 바다를 건너 동남아 곳곳으로 이주해 가던 그들은 품속에 부처님의 조각상을 함께 모시고 갔습니다. 그랬기에 현재의 동남아 불교가 있게 된 것입니다.

중국에서는 문화대혁명 이후부터 불교가 심각한 박해를 받았습니다. 특히 천주교나 기독교가 주도권을 향유하는 것과는 반대로 현재 일부 사원의 재산은 전부 '정부원림문물소政府園林文物所' 관할이 되어 버렸습니다.

현재 대만의 불교는 대단히 번창하고 있습니다. 또한 백만 명이나 되는 대만 상업가들이 중국에서 무역을 펼치고 있습니다. 이러한 대만 상업가들이 대만의 불교를 중국에 전파하지 않겠습니까? 저는 늘 가슴속에 이러한 이념을 가지고 있었습니다.

'뿌리는 대만에 두고, 눈은 중국으로 향하며, 용기를 가지고 세계로 나아가라.'

그래서 양안兩岸 모두 종교간 교류에 동의한 지금 이 시기를 빌어 저는 적지 않은 청년들을 중국 각 대학에 보내 교육을 받게 하는 동시에 중국 청년들 역시 대만의 불광대학, 남화대학 등지에서 수학할 수 있도록 격려하고 있습니다.

저 역시 수년 동안 고생을 마다 않고 중국에서 홍법을 펼치기 위해 더욱 노력하고 있습니다. 상해, 남경, 양주, 항주 등지에서 불광산 범패단의 공연을 따라 홍법을 펼친 것 외에도 각 대학에서 강연을 하기도 했습니다.

올해에는 중국 소주 한산사寒山寺에서 평화의 선물로 자신들의 '화합대종和合大鐘' 하나를 불광산에 기증해 주었습니다. 이 종은 당나라 시인 장계張繼가 지은 '풍교야박(楓橋夜泊: 풍교에 밤배를 대고)'에서 기인되어 세상에 더욱 알려지게 되었습니다.

달 지고 까마귀 울음, 서리 가득한 하늘,
강가의 단풍나무, 고깃배는 등불 마주하며 시름 속에 졸고 있네!
고소성 밖 한산사,
깊은 밤 종소리, 객선까지 들려오네!
   月落烏啼霜滿天　江楓漁火對愁眠
   姑蘇城外寒山寺　夜半鐘聲到客船

현재 한산사는 '평화'라는 이름으로 대만의 분등分燈을 밝히고 있습니다. 종교적 교류를 통하여 양안의 평화가 촉진되길 바라고 있습니다. '통일·독립'이라는 문제로 전쟁의 기운이 만연한 양안의 긴박한 정세를 없애는 것도 전 국민의 복이지만, 양안이 어떻게 하면 서로 평화롭고 화목하게 지낼 수 있는가 하는 것이야말로 전 국민이 간절히 원하는 일일 것입니다.

저는 비록 글을 짓는 데 능하지는 않지만, 이 업적을 위해 시 한 수 읊지 않을 수 없었습니다.

양안의 속세 인연, 꿈처럼 아득하기만 하고
골육친지 왕래 또한 아득하기만 하네!
소주 고찰 한산사 평화의 범종소리!
여기 대만까지 들려오네.
   兩岸塵緣如夢幻,　骨肉至親不往還.
   蘇州古刹寒山寺,　和平鐘聲到台灣.

중국 국가종교사무국의 엽소문葉小文 국장이 제게 화답시를 보내 왔습니다.

얕은 물굽이에 달빛 어른대고,
근심으로 잠 못 이루는 양안의 밤!
불광이 천리만큼 멀리 있다 말하지 마소.
형제 화합 범종은 서로 닿아 있나니!
一灣淺水月同天, 兩岸鄕愁夜難眠.
莫道佛光千里遠, 兄弟和合鐘相連.

만약 제 홍법이 '불광이 삼천대천세계를 비추고, 법수가 오대주에 흐르게 한다'는 목표까지 도달할 수 있다면 같은 염황(炎黃, 황제 헌원과 염제 신농)의 자손인 13억 중국인에게 어찌 고루 누리게 하지 않겠습니까! 또한 어찌 그들의 영혼을 더욱 좋은 곳으로 이끌지 않을 수 있으며, 중국의 화합된 사회를 하루빨리 실현시키기 위해 노력하지 않을 수 있단 말입니까!

홍법의 인생 역경을 돌아보면 때론 빛은 비록 미약하지만 언제나 열심히 반짝이는 밤하늘의 별 같다는 생각이 들 때가 있습니다. 또 가끔은 쉼 없이 떠다니는 하늘의 흰 구름 같다는 생각이 들기도 합니다. 하지만 무한의 시공간에 있는 작은 별과 한 조각구름이 합쳐진 '성운星雲'은 시공을 초월하여 영원히 존재할 것입니다.

홍법의 길에서 저는 이렇게 자신에게 기대를 걸어봅니다.

인생 여정

누군가는 인생이 꿈과 같아 깨고 나면 아무것도 없는 허무함이라고도 하고, 또 누군가는 인생이 부평초 같아 정처 없이 떠돌며 모였다 헤어졌다를 무한히 반복한다고도 말합니다.

사실 인생을 하나의 길에 비유하면 적절할 것입니다. 인생의 앞날에 길이 있어야 비로소 발전할 수 있으며, 앞날에 길이 없다면 인생은 이미 끝까지 다 갔음을 의미한다고 생각합니다.

인생의 길은 자신의 힘으로 걸어 나가야 하는 것입니다. 자신의 길을 걸어가지 못한다면 후회 없는 인생을 살 수 없으니, 사람은 누구나 자신의 '인생 설계'를 중요하게 여겨야 합니다.

저는 제 자신의 일생을 총 여덟 시기로 나눕니다. 10년을 한 시기로 해서 첫 10년은 '성장기成長期', 두 번째는 '열독기閱讀期', 세 번째는 '참학기參學期', 그리고 차례대로 '홍법기弘法期', '역사기歷史期', '철학기哲學期', '논리기論理期', '불학기佛學期'로 나눴습니다.

저의 몸을 낳아 키워 주신 부모님이 계셨기에 제가 인간 세상에 올 수 있었으므로 부모님께 깊이 감사를 드립니다. 하지만 제 전생의 복덕과 인연으로 말미암아 현세에서 제 자신의 이상대로 자신이 정한 목표를 향해 나아갈 수 있었으니 더욱 다행스러운 일이라 하겠습니다.

저는 어렸을 때도 고민이 많은 아이는 아니었습니다. 모유도 배불리 먹지 못할 정도로 가난했지만 천성적으로 금방 만족하는 성격이었습니다. 어릴 적의 일들은 대부분 기억나지 않지만 가끔 어머니 말씀에 따르면 집에 겨우 남아 있는 음식들을 가져다 다른 아이들과 나눠 먹곤 했답니다. 집도 가난하고, 남과 나눠 먹을 정도로 음식이 많지도 않았는데 말입니다. 어머니는 제가 어려서부터 남에게 나눠 주길 좋아하는 성격이었다고 말씀하셨습니다.

서너 살 때 외할머니에게서 『반야심경』을 배워 염송할 줄 알았고, 일곱 살 된 누나와 채식 먹는 내기도 했던 기억이 어렴풋하게 남아 있습니다. 이 모든 것은 대체로 외할머니의 영향이 컸습니다.

어린 시절, 저는 자주 외할머니를 따라 절 나들이를 다녔습니다. 당시 저는 무엇이 종교이고 무엇이 신인지 제대로 알지도 못하는 나이였습니다. 그렇게 따라갔던 사원 대부분에 '십전염라十殿閻羅'의 그림이 걸려 있던 것만 가뭇하게 기억이 납니다. 제1전 진광대왕秦廣大王, 제2전 초강대왕楚江大王, 제3전 송제대왕宋帝大王, 제4전 오관대왕五官大王…….

십전염라의 그림을 보고, 어린 마음에도 '나쁜 일을 하면 안 된다'

라는 인식이 확실히 각인되었습니다. 나쁜 일을 하면 칼산에 오르거나 끓는 기름 솥에 들어가는 응보를 받게 될 텐데, 그 얼마나 고통스럽고 두려운 죄업이란 말입니까.

저는 학교에서 정식으로 공부한 적은 없지만, 어릴 적 사원 벽에 붙은 「삼세인과경三世因果經」을 모두 외울 줄 알았습니다.

의식이 풍족한 것은 무슨 연고입니까?
전생에 인색하지 않고 기꺼이 가난한 사람에게 보시한 공덕이니라.

의식이 풍족하지 못한 것은 무슨 연고입니까?
전생에 한 푼도 보시를 하지 않은 과보이니라.

고대광실 좋은 집에서 사는 것은 무슨 연고입니까?
전생에 암자를 짓고 정자를 세운 공덕이니라.

복과 재물이 모두 그득한 것은 무슨 연고입니까?
전생에 사찰에 쌀을 시주한 공덕이니라.

아름다운 용모를 가지게 된 것은 무슨 연고입니까?
전생에 꽃과 과일을 부처님께 공양한 공덕이니라.

얼굴이 추하고 보기 흉한 것은 무슨 연고입니까?
전생에 다른 사람을 시기하는 악한 마음을 가진 과보이니라.

총명하고 지혜로운 것은 무슨 연고입니까?

전생에 경전을 외우고 부처님을 두호한 공덕이니라.

저를 낳아 길러주신 부모님께 저는 늘 감사를 드립니다. 건강한 신체를 주시기도 했지만, 그보다 더 고마운 것은 제 일생에 영향을 끼칠 만한 성격을 주셨다는 것입니다. 저는 근면한 성격을 타고 났습니다. 저는 어려서부터 청소, 설거지, 탁자 닦기 등 집안일 돕는 것을 좋아했고, 누가 시키지 않아도 스스로 하곤 했습니다. 게다가 '어진' 마음까지 갖고 있었던 듯합니다.

저는 어려서부터 작은 동물들을 좋아했습니다. 개미 한 떼가 연못에 빠져 허우적대며 위태로운 것을 보고 개미를 위해 다리를 만들어 무사히 건너도록 해주었습니다. 아주 어린 곤충들은 세심하게 보살폈다가 자란 이후 다시 방생해 주었습니다. 저는 병아리와 새끼오리 키우는 것을 좋아했지만, 특히 비둘기 키우는 것을 더 좋아했습니다. 한번은 날아가 버리고 다시 돌아오지 않는 비둘기 때문에 식음을 전폐하다가 결국 강물에 빠져 자살하려고 한 일도 있었습니다. 다행히 물체를 떠오르게 하는 물의 속성 덕분에 다시 떠올라 목숨을 건졌지만, 어른들은 제게 '제멋대로인 아이'라며 야단을 쳤습니다.

집에서 키우는 개에게 매일 한 끼밖에 안 먹이는 것이 불만이었던 저는 식구들에게 물었습니다.

"사람도 세 끼를 먹는데, 왜 개에는 한 끼만 먹여요?"

식구들은 '저녁밥만 든든히 먹이면 밤새 집을 잘 지킬 것'이라고 말했습니다.

저는 그 말에 동의할 수 없었습니다. 저는 제 밥 위에 반찬을 더 수북이 담아 몰래 개에게 갖다 줬습니다. 저는 조금 먹더라도 개를 더 먹이기 위해 집어온 것입니다.

알을 깨고 나온 지 채 열흘도 안 된 다친 병아리가 있었습니다. 날개가 비에 흠뻑 젖은 병아리가 추울까 걱정되었던 저는 아궁이의 불길에 병아리의 젖은 날개가 마를 것이라 생각하며, 병아리를 아궁이 입구에 갖다 놓았습니다. 하지만 사람을 보고 놀란 병아리는 자꾸 아궁이 속으로 기어들어갔습니다. 놀란 제가 서둘러 병아리를 불길 속에서 꺼냈지만 이미 병아리의 날개와 다리 한쪽이 타버렸고, 부리 아래쪽까지 불에 타 없어져 버렸습니다.

이토록 처참하게 불에 탄 병아리가 살지 못하리라는 것은 너무나 자명했습니다. 하지만 저는 지극 정성으로 병아리를 돌보아 주었습니다. 윗부리만 남아 있어 먹이를 먹는 것조차 힘든 병아리를 위해 저는 먹이를 줄 때마다 젓가락으로 하나씩 천천히 입 안에 넣어 주었습니다.

어느덧 1년이 지났습니다. 죽을 줄 알았던 병아리는 무사히 자라 알까지 낳았습니다. 비둘기 알보다 작은 알이었지만 무사히 살아났다는 것만으로도 참 다행스러웠습니다. 제 자신은 대단한 일이라도 해낸 듯 느껴졌습니다. 이것 역시 생명애호 사상이었던 것 같습니다. 제 어린 시절을 돌아보면 제가 조금은 어진 성격이 아니었나 싶습니다.

부지런한 성격을 보여주는 일도 있었습니다. 여덟 살 무렵, 가난한 가정을 위해 부모님이 밤낮없이 힘들게 일하시는 모습을 본 저는 무언가 도와드려야겠다는 생각이 들었습니다. 하지만 아직 어린 제가 할 수 있는 일은 많지 않았습니다. 길에 아무데나 똥을 누는 개를 보고 매일 새벽 날이 밝아올 무렵이면 거리에 있는 '개똥'을 주우러 다녔습니다. 그것을 며칠 쌓아두었다가 퇴비로 팔면 동전 몇 개 정도는 받을 수 있었습니다.

가끔은 오후에 나가 길에 있는 소똥을 주워 어른들이 하는 대로 잘게 자른 볏짚을 소똥에 섞어 벽에 붙여 말린 후 목탄 대용 땔감으로 팔기도 했는데, 몇 푼 정도 돈을 모을 수 있었습니다.

'노구교사건' 발발 후 항일전쟁이 시작되었습니다. 제 고향인 양주의 강도江都 역시 전쟁의 화마가 비껴가지 못한 채, 결국 잿더미가 되고 말았습니다. 저는 여기저기에 널려 있는 쇠못과 깨진 각종 식기 조각들, 못 쓰게 된 쇠붙이 등을 주워다 팔았습니다. 값나가는 것들은 아니지만 당시 어린 나이에도 꽤 많이 모았다고 생각됩니다. 또한 복숭아와 자두, 은행 등 과일이 출하되는 계절이면, 골목골목을 돌아다니며 동네 사람이 먹고 버린 복숭아, 자두, 은행 씨앗들을 모았다가 팔아 돈을 벌기도 했습니다.

예전에는 부끄러워 이런 일들을 다른 사람에게 얘기할 엄두도 못 냈습니다. 지금은 환경보호 의식이 많이 고취된 덕분인지 부끄럽지가 않습니다. 어린 시절 저의 모든 행동들은 집안의 경제적 부담을 더는 동시에 환경보호도 실천했다고 생각됩니다. 그것이 저의 신념을 더욱 강하게 해 주었습니다. 저는 공익에 도움을 주는 사람이라면 가리지 않고 인연을 맺고 있으며, 그건 무척 의미 있는 일이라고 생각합니다.

제 인생에서 열 살 이전을 '성장기'라 한다면, 열 살 이후는 본격적인 학습기라 할 수 있습니다. 저는 출가하기 전 한두 해 '서당'을 다니다 말다 했습니다. 매일 동전 네 개를 내야 공부를 할 수 있는데, 돈이 있으면 공부를 할 수 있지만 없을 때는 스스로 알아서 학교를 쉬어야 했습니다. 그런 사정을 아는 서당 선생님도 학생이 오면 사서四書의 한 구절을 가르쳐 주었고, 오지 않아도 야단치지 않았습니다. 띄엄띄엄 다니면서 겨우 글자 몇 개 배우고 12살 되던 해, 지개상인志開上人을 은사로 모시고 출가를 했습니다.

서하사 불학원에서 공부할 때는 한 반 학인이 대략 50명쯤 되었습니다. 모두 저보다 나이가 훨씬 많아서 제가 가장 어렸고 저만이 유일한 소년이었습니다. 저는 어른 학인들 사이에 섞여 지냈습니다. 그들 대부분이 들은 '성유식론成唯識論', '인명학因明學', '반야경般若經' 등의 경전을 설한 수업을 저는 듣지도 못했거니와 이런 경론經論을 들어본 적조차 없었습니다. 선생님이 뭐라 설명을 하셔도 제겐 웅웅거리는 소리로 들릴 뿐 무슨 의미인지 전혀 알지 못했습니다.

다행히 서당에서 겨우 익힌 몇 글자를 이 시기에 유용하게 쓸 수 있었습니다. 저는 자주 서하불학원의 도서관을 찾아 문학 서적들을 빌려 읽곤 했습니다. 제가 처음으로 읽은 소설은 『정충악전精忠岳傳』입니다. 악비의 '정충보국精忠報國'과 형제들의 용감하고 결단력 있는 행동들이 제겐 한없는 존경과 동경의 대상이었습니다.

이후 밥 먹는 것조차도 잊을 정도로 『칠협오의七俠五義』, 『소오의小五義』, 『봉신방封神榜』, 『유림외사儒林外史』, 『수호전水滸傳』, 『삼국연의三國演義』 등을 몰두해서 보았습니다. 그 다음에 본 것은 수많은 서

양문학이었습니다. 영국 셰익스피어 전집, 인도 타고르의 시집, 러시아 톨스토이의 소설『전쟁과 평화』, 그리고 프랑스 알렉산드르 뒤마의『춘희』와『몽테크리스토 백작』, 미국 헤밍웨이의『노인과 바다』, 그리고 독일 괴테의『젊은 베르테르의 슬픔』과『파우스트』등을 차례로 읽어보았습니다.

저는 지식의 세계가 끝이 없음을 이때 깨달았습니다. 독단적이고 부조리한 요구와 무정한 질책이 이어지던 총림에서 생활하고 있었지만, 책을 읽는 즐거움에 빠진 저는 다른 것은 크게 마음에 두지 않았습니다.

소설을 읽는 데 푹 빠진 저는 결국 스승님에게 들키게 되고, 요주의 학생으로 낙인찍히게 되었습니다. 스승님은 경론을 열심히 열독하지도 않고 소설에만 미쳐 있는 학생이라면 쓸모없는 인간일 뿐이라고 생각하시는 듯했습니다. 저를 경시하고 놀리는 것에 저는 더 이상 마음 쓰지 않았으며, 동서양의 소설과 문학작품, 역사·전기 등을 흥미진진하게 읽었습니다. 책을 읽는 것이 너무 즐거워 피곤한 줄도 몰랐습니다. 경론은 봐도 모르니 이런 속세의 작품들이라도 읽어야 저의 지식과 견문이 넓어질 거라 생각했습니다.

자주 책을 접한 덕분에 학업에도 큰 도움이 되었습니다. 저는 심지어『수호전』에 나오는 108명 호걸의 이름과 별칭, 사용하는 무기, 입고 있는 의복 등을 하나하나 열거할 수도 있었습니다. 108명 호걸의 자격조건에 맞지 않는다고 생각되는 인물 30~40명까지도 열거할 수 있었습니다.

『삼국지연의』는 제가 특별히 애독했던 작품으로 인물들의 무공에 대해서는 논문이라도 쓸 수 있게 자세한 기술까지 할 수 있습니다. 예를 들어 '여포, 세 영웅과 싸우다' 편에서는 여포의 무공이 관우와 장비보다 우위에 있다는 것을 알 수 있습니다. 그리고 '관우, 오관 돌파' 편에서는 관우의 무공이 다시 일반 영웅 무장들의 무공보다 훨씬 앞서 있다는 것을 알 수 있습니다.

『삼국지연의』 중 관우, 장비, 조자룡, 황충, 마초를 '오호장五虎將'이라 부릅니다. 저 역시 가장 적절한 분류라 생각됩니다. 그중에 특히 조자룡처럼 남과 공을 따지지 않고, 멋대로 성질을 부리지도 않은 채 유비를 보좌하는 그의 일편단심이 제가 가장 감탄하는 점입니다.

저는 서하사 불학원에서 다른 사람의 경시와 질타 속에서 6~7년을 생활했습니다. 한번은 선생님이 '보리무법菩提無法으로 직현반야直顯般若를 논하라'란 제목으로 작문을 시켰습니다. 어린 나이에 '보리'가 무언지, '반야'가 무엇인지도 모르는데 어찌 평론을 할 수 있으며, 어찌 논조를 펼칠 수 있었겠습니까?

선생님이 제게 내린 평가는 이러했습니다.

꾀꼬리 두 마리, 버드나무에서 지저귀고,
한 줄로 늘어선 백로 떼가 푸른 하늘을 난다.
兩隻黃鸝鳴翠柳, 一行白鷺上靑天

칭찬의 뜻으로 알고 득의양양 했던 저는 이 평가가 저를 조롱하는 뜻이란 걸 나중에 다른 사람의 설명을 듣고 나서야 알았습니다.

'꾀꼬리 두 마리, 버드나무에서 지저귀고(兩隻黃鸝鳴翠柳)'는 '뭐라고 하는 것인지 알고는 있니?'라는 뜻이었으며, '한 줄로 백로 떼가 푸른 하늘을 난다(一行白鷺上青天)'는 '뭐 이해는 했니?'라는 의미였습니다. 결국 이 두 구절을 합하면 '너의 글은 무슨 소리인지 도저히 알 수가 없구나(不知所云)'라는 의미였습니다.

'고향'이란 제목으로 작문을 할 때도 있었습니다. 문학 소설을 많이 읽었던 저는 '고향' 같은 쉬운 주제로 글을 쓰는 것은 식은 죽 먹기였습니다. 머릿속에는 고향을 어떻게 묘사할지 문장들이 술술 떠올랐습니다.

내 고향에는 굽이굽이 흐르는 시내가 있고, 그 위에 작은 다리가 놓여 있으며 강가의 양쪽 언덕에는 파아란 능수버들이 늘어져 있다. 황혼이면 노을이 비치는 농가 초가지붕에서는 연기가 모락모락 피어오르고…….

그러나 스승님의 평가는 이러했습니다.

남의 보물을 세고 있는 것과 같으니,
그것은 스스로에게 반 푼의 가치도 없도다.
如人數他寶, 自無半毫分

스승님은 이 작문을 제가 쓴 것이 아니라 베낀 것이라고 생각하셨습니다. 잘 쓰면 베낀 것이고, 못 쓰면 무슨 의미인지 모른다고 하셨으니…….

하지만 저는 긍정적인 성격 덕분에 쉽게 실망하지 않았습니다. 다만 아직 배움의 길에 있는 청소년들에게는 사랑으로써 교육하고 발전할 수 있도록 격려를 아끼지 말아야 한다고 생각했습니다. '칭찬은 고래도 춤추게 한다'고 하였습니다. 스승의 따뜻한 말 한마디와 격려는 돈으로도 사지 못하는 것입니다. 성장 과정에 있는 청소년들에게는 어른들의 격려가 그 무엇보다도 많이 필요합니다.

배움의 길에서 저는 훌륭한 스승을 무척 많이 만났습니다.

18살에 초산불학원에 진학할 당시, 북경대학에서 온 국문과 설검원薛劍園 교수께서 문학을 강의하셨고, 개방적인 사상의 성박聖璞 스님은 국학國學을 지도해 주셨습니다. 그 밖에도 지봉芝峰 스님, 대성大醒 스님, 원담圓湛 스님, 계여戒如 선배님, 보연普蓮 선배님 등이 계셨습니다. 특히 재가자 교수들은 더욱 많았지만 이름은 이미 대부분 기억하지 못합니다.

이처럼 젊고 유능한 수많은 스승에게 수학, 외국어, 생물학 등을 배웠습니다. 그때 저는 속세의 학문이 저를 향해 마구 밀려오는 것 같았습니다. 그러던 어느 날 저의 머릿속에 스치는 것이 있었습니다. 그때 이후 저는 쉬지 않고 남경과 진강에 있는 큰 신문사와 잡지사에 원고를 보내기 시작했습니다. 그중에는 짧은 시도 있고, 산문이나 백화문도 있었습니다. 원고는 모두 채택되었을 뿐만 아니라 나중에 칼럼 편집을 맡아달라는 요청까지 받기도 했습니다. 정식으로 학교를 다니지 않은 청년에게 이것은 더없이 큰 격려였으며, 제 인생에서 가장 즐겁고도 가장 짧은 배움의 과정이었습니다.

스무 살 겨울, 초산을 떠나면서 저의 10년 학업의 생애 역시 막을 내림과 동시에 제 인생의 또 다른 10년인 참학기로 들어서게 되었습니다.

초산을 떠나 백탑산 대각사로 돌아온 저는 백탑초등학교에서 약 2년간 봉사활동을 했습니다. 나중에 다시 남경 화장사로 가 동문들이 일으킨 불교혁신운동에 참가했습니다. 안타깝게도 국공내전이 시작되어 시국이 어수선해지자 제가 할 수 있는 일조차도 여건이 안 되어 할 수 없었습니다. 저는 옷 몇 벌만 남기고 다른 물건들은 모두 지용智勇 스님 등 도반들에게 나눠주었습니다. 그리고 스승인 지개상인志開上人의 허락을 받고 승려구호대 70여 명의 청년 도반들을 이끌고 바다를 건너 대만으로 건너왔습니다.

사람도 환경도 낯선 대만 도착 초기는 '막다른 길'이라는 말로밖에 형용할 수 없었습니다. 다행스럽게도 오백웅 선생의 선친이신 오홍린 선생이 우리의 보증을 서 주어 주민등록을 하고 대만에 남을 수 있었습니다. 더욱 감사할 일은 묘과 화상이 제가 머물 수 있도록 받아주어 유리걸식하는 고생은 면할 수 있었다는 것입니다. 당시 막다른 길에 다다른 듯 의기소침했지만, 저는 불교에 대한 신념만은 꿋꿋이 지키고 있었습니다. 고이 간직했던 승려복을 입고 자항 스님을 방문하기도 했고, 도원道源 스님이 강의하는 『대승기신론大乘起信論』도 들었으며, 대성 스님과 오랜 시간 얘기를 나누기도 했습니다. 또한 대만불교강습회의 교무주임을 맡으면서 동초東初 스님과 불교의 미래에 대해 논의도 했고, 그분을 도와 잡지 『인생人生』을 편집하기도 했습니다.

저는 창카 활불을 가까이서 친견한 적도 있었습니다. 특히 인순印

順 장로가 처음 대만에 왔을 때 마침 제가 가르치고 있던 대만불교강습회의 숙소에 머물렀기 때문에 아침저녁으로 가까이서 가르침을 청하기도 했습니다. 저는 학문연구에 대한 신중한 태도와 사상의 이치에 통달한 장로에게 감탄해 마지않았습니다.

그때 자항 스님에게서 『태허대사전집太虛大師全書』 60권과 인순장로의 책을 선물 받았습니다. 저 역시 『인광대사문초印光大師文鈔』, 『허운화상법회虛雲老和尚法匯』, 원영圓瑛 스님의 서적, 『호적문존胡適文存』 한 질 등을 가지고 있었습니다. 이러한 대덕들의 지혜를 마주하던 그때가 지금 생각해 보면 10년 중 가장 즐거웠던 때였던 것 같습니다.

참학과 가르치는 것 외에도 저는 가끔 신문 잡지에 불교를 옹호하는 글을 쓰곤 했습니다. 『차꽃 다시 필 때(茶花再開的時候)』라는 제목의 단편소설은 중흥中興대학교의 진강조秦江潮 교수께서 특별히 타이베이에서 원광사까지 직접 와서 지도를 해 주신 것입니다. 영락永樂극장에서 불교를 폄하하는 듯한 연극을 한 것에 항의하는 내용의 편지를 경극단의 유명 여배우인 추秋 여사에게 보내 큰 파문을 일으킨 적도 있습니다. 특히 월간 『각생覺生』의 주비朱斐 선생에게 편지를 보내 그가 『각생』 발행을 중단하고 『보리수菩提樹』 잡지를 창간하도록 권유했습니다. 또한 『중화미술中華美術』에 목도 잘리고 다리도 잘린 불상을 게재한 것은 불교에 대한 불경이라고 비평하는 단문을 써 동초 장로의 노여움을 사기도 했습니다. 같은 불교계 도반의 비난까지 이어지며 온갖 질책이 끊이지 않았습니다.

불교에 공헌한 것도 없이 늘 분란만 일으킨다고 제 자신을 한탄했었는데, 다행스럽게 창카 활불의 호위를 맡았던 제가 중국불교협회의 상무이사로 선출되었습니다. 하지만 가진 것 하나 없는 저에게 머물 곳을 마련해 주신 청초호의 영은사靈隱寺에 폐가 될까 염려된 저는 결국 산 넘어 교통도 불편한 의란으로 건너갔습니다. 저의 재능을 숨긴 채 때를 기다리던 그곳에서 태허대사太虛大師의 '보살학처菩薩學處'와 같은 불교의 새로운 교단을 설립하였습니다. 이때부터 참학기가 끝나고 문학 홍법이라는 또 다른 10년이 시작되었습니다.

저는 의란에서 처음으로 염불회, 합창단, 학생회, 문예작문반 등을 설립하였습니다. 또한 교육부에 광화학원 등록을 하였으며, 유치원과 유아교육교사 교육반을 설립하였습니다. 의란시 48개 촌에 불교 명의로 광명반, 보리반, 청정반, 자비반 등등 48개 반을 편성하고 각 반마다 반장을 선출하여 조직적이고 체계적으로 불법을 선양하기 시작했습니다.

한꺼번에 이렇게 많은 조직들을 만들기는 했지만 합창단은 양용부楊勇溥 선생님이 맡아서 가르쳐 주셨고, 청년단은 통신병학교의 구덕감裘德鑑 상교上校가 저를 대신하여 잘 이끌어 주셔서 저는 바쁘거나 힘든 것이 하나도 없었습니다. 그리고 태극권반, 무공단련반은 20~30명이 한꺼번에 덤벼도 적수가 안 되는 웅양화熊養和 선생이 지도해 주셨습니다. 그밖에도 의란중학교와 난양여중의 많은 교사들이 각 모임을 이끌어 주셨습니다.

저는 바쁜 가운데서도 틈틈이 짬을 내어 집필을 하였습니다. 『옥림국사玉琳國師』, 『석가모니불전釋迦牟尼佛傳』, 『십대제자전十大弟子傳』, 『불교동화집佛敎童話集』, 『불교고사대전佛敎故事大全』 등이 의란에서 머물던 10년 중 초기에 완성한 작품들입니다. 『석가모니불전』

과『십대제자전』은 문학적 필치를 사용해서 저술한 것입니다. 특히 『석가모니불전』은 감찰위원인 유연游娟 여사가 드라마로 각색해 TTV(台視)에서 방영한 적도 있고 영화로도 만들어져 금국金國극장에서 상영하기도 했습니다.『옥림국사』는 더욱 인기 있던 작품으로 공군라디오방송국에서 소설로 분류되어 방송하기도 했고, 영화로도 제작되었습니다. 특히 구봉勾峰 선생이 드라마 '재세정연再世情緣'으로 각색해 방송국에서 한 달 가량 연속 방영했습니다.

저는 이때 자장, 자혜, 자용 스님 등을 독려해 타이베이 삼중三重에 '불교문화복무처佛敎文化服務處'를 개설하게 했습니다. 불교계를 위한 문화 업무 이외에도 불교소설 선집이나 음반의 발행 등 통속적이고 대중적인 불교 작품들을 출판하기 위해서였습니다. 저는 각 지역을 돌며 강연하는 것 외에도 열심히 문예 작품을 집필하였습니다. 특히 '홍법자의 노래', '서방', '어서 부처님께 귀의하세요', '보리수', '종소리', '불교결혼축가' 등 수많은 불교 노래들을 작곡하였으며, 뇌음사 합창단원의 합창에서 무대극으로 각색된 노래들은 대만 전역에서 공연을 해 단숨에 커다란 반향을 일으켰습니다. 하지만 저에 대한 보수적 불교 인사들의 불만을 불러일으킨 것도 사실입니다. 그들은 "어떻게 불교에서 노래를 흥얼댈 수 있는가? 정말 불경스럽다. 이것이야말로 불교를 망하게 하는 것이다"라며 저를 규범도 모르는 자라고 생각했습니다.

하지만 노래를 지어 전파하였기에 불교는 사라지지 않았습니다. 오히려 수십 년이 흐른 지금 불광산문교기금회佛光山文敎基金會의 자혜 스님이 주관하는 '인간음연人間音緣'이 해마다 수십 개 국의 청년들을 타이베이로 불러 모으며 노래로써 홍법하고 있습니다. 노래 부르는 것이 불교에 해가 되지 않고 오히려 우수한 청년들을 불교로 끌어들이는 데 공헌을 하였으며, 저연령화, 지식화의 바람을 불교 안에 불어넣고 있습니다.

의란에서 홍법을 펼친 지 10년 후인 1964년, 당시 저는 고웅에 우선 수산불학원壽山佛學院을 설립했습니다. 이어 대수향大樹鄕 마죽원麻竹園에 50여 헥타르에 이르는 토지를 매입하여 불광산을 개산했습니다. 저는 불교를 위한 역사를 창조하고 불교의 또 다른 새로운 앞날을 열고 싶었습니다.

불광산은 1967년 5월 16일 개산되었습니다. 처음에는 불교학원을 설립하여 불교를 위한 홍법 인재를 배출하려는 의도였습니다. 후에 더 발전해 나가야 한다는 필요성에 의해 승려들이 머물고 경전을 공부하는 것 외에 노인과 아이를 돌보는 자선사업 및 유치원, 중고등학교의 설립 등 각종 불교사업도 시작하였습니다.

불광산을 처음 개산했을 때 불교를 위한 새로운 역사창조의 단계로 들어서야 한다는 것을 느꼈습니다. 그래서 불광산에 4대 종지宗旨를 제정했습니다.

첫째, 교육사업을 통한 인재양성
둘째, 문화사업을 통한 불교전파
셋째, 자선사업을 통한 사회복지
넷째, 법회활동을 통한 마음정화

'모든 이에게 믿음을, 모든 이에게 희망을, 모든 이에게 기쁨을, 모든 이에게 편리함을'이라는 불광인의 '업무신조'를 제정해 제자들이 이 원칙을 확실히 수행하기를 바랐습니다. 저의 어릴 적 성향과 신념이 점차 실현되고 있었으며, 청소년기에 마음속에 품었던 이상이 점차 무르익으며 조금씩 현실로 나타나기 시작했습니다. 소위 말하는 '국제화, 인간화, 생활화, 문예화'의 인간불교는 이렇게 확립된 것입니다.

50세까지의 10년 동안은 불광산 개산 초기라 자질구레하고 소소한 일들이 많았지만 좋은 일이라면 절대 마다하지 않았습니다. 의식衣食이 충분하지 않은 상황에서 대학의 불학여름캠프를 기획하고, 개산 및 사찰 건설이라는 각종 힘겨운 상황에서 보문고등학교를 세우고 서래대학, 남화대학, 불광대학까지 연이어 설립하였습니다. 이것은 '무로 유를 삼는다(以無爲有)'는 것과 일치하는 것이며, 『반야심경』에서 말하는 '아무것도 없는 공空에서 모든 것이 만들어진다(空中生妙有)'는 것과 같다고 하겠습니다.

특히 '교육을 통한 인재 배출'을 위해 불학원을 설립하고 양국추楊國樞, 위정통韋政通, 진고응陳鼓應, 왕회王淮, 당역남唐亦男 선생 등을 초빙하였습니다. 『노자老子』와 『장자莊子』를 가르쳐 학생들의 철학사상을 계발했습니다. 모종삼, 당군의, 한국의 김지견金知見 교수, 일본의 나까무라 하지메(中村元), 히라카와 아키라(平川彰), 미즈노 고겐 교수 등은 모두 강학을 위해 초빙했던 분들입니다.

그밖에 불교문화를 선도하기 위해 저는 종종 '글로써 벗을 사귀어' 왔습니다. 곽사분郭嗣汾, 공손연公孫嬿, 주교朱橋, 하범何凡, 임해음林海音, 고양高陽, 사마중원司馬中原과 같은 당시의 문학가들과 '문학적인 벗'으로 무척 가까이 지냈습니다. 심지어 류방劉枋 여사는 불광산에서 오래 머물기도 했습니다.

저는 학술 인재들을 늘 존경해 왔습니다. 그래서 1977년 불광산 '대장경편수위원회大藏經編修委員會'를 설립하고 이어 대장경에 문장 부호, 단락, 주석을 덧붙여 재편집한『불광대장경佛光大藏經』을 펴냈습니다. 그와 동시에 중국학자 왕지원王志遠, 뢰영해賴永海, 방려천方勵天, 루우렬樓宇烈, 왕요王堯, 양증문楊曾文, 왕뢰천王雷泉, 진병陳兵, 방광창方廣錩, 정공양程功讓 선생들을 초빙해 대장경의 백화문 번역을 부탁드려『중국불교경전보장中國佛教經典寶藏』도 출판했습니다.

저는 수많은 학술회의를 주최했고,『불광학보佛光學報』에 이어『보문학보普門學報』까지 발행했습니다. 평생 불교 문교사업에 힘써 왔지만 불광산 개산 기간 동안 불교계의 지도급 인사들은 불광산 총림학원을 쓰러뜨려 제가 교육 사업을 못하도록 하겠다며 호언장담을 하기도 했습니다. 사실 천주교와 기독교가 동해東海, 보인輔仁, 동오東吳 등 다수의 대학을 대만에 설립했지만 아무도 그들을 무너뜨리겠다고 하는 사람은 없었습니다. 그런데 불교를 위해 불학원 하나 세웠을 뿐인데 어째서 무너뜨리지 못해 안달이었는지 모르겠습니다.

특히 저는 '세계한장불교회의世界漢藏佛教會議'를 개최할 예정이었습니다. 중화한장문화협회中華漢藏文化協會 이사장에 선출된 제가 이러한 회의를 개최하는 데 발 벗고 나서는 것은 너무도 당연하지 않습니까! 하지만 불교계 인사들은 회의도 참석하지 말고 저와 협력하지도 말라며 저를 배척시켰습니다.

겨우 남아 있는 생존의 기회를 근근이 이어가고 있는 불교를 생각할 때마다 저는 불교가 가엾게 생각되었으며, 연민이 들었습니다. 우리는 불교를 아끼고 보호하면 안 되는 것일까요?

이밖에도 불광산 개산 몇 년 후 각종 인연으로 저는 고웅, 장화, 타이베이에 각각 말사를 설립했습니다. 이때 조직을 책임지고 있는 국민당의 한 중요인사인 송宋 선생이 상황도 제대로 파악하지 못한 채 다음과 같이 말했습니다.

"불교에서 그처럼 많은 말사를 설립하면 앞으로 국민당의 지부들은 뭣에 쓴단 말입니까?"

불교교단과 정계의 방해가 적지 않았지만, 저는 시대의 요구에 순응하였습니다. 억압과 탄압에도 굴하지 않았을 뿐만 아니라 도리어 역사를 창조한다는 정신으로 이후로도 계속 미국에 서래사西來寺, 중미사中美寺를 창건하고, 호주에 중천사中天寺, 남천사南天寺를 세웠으며, 유럽에는 파리에 사찰을, 독일에는 선정센터(禪淨中心)를, 아프리카에는 남화사南華寺를, 말레이시아에는 동선사東禪寺를 세웠습니다. 국내외에 200여 곳이 넘는 사찰을 세우고 '전통과 현대의 조화, 승려와 신도의 공유共有, 수행과 깨달음의 병행, 불교와 문예의 합일'이라는 표어를 제정해 불광교단이 인간불교를 발전시키는 방향으로 삼았습니다. 이것 역시 불교발전의 시대적 추세라고 생각한 저는 국제불광회를 창단해 오대주에 100여 개 이상의 협회, 분회를 설립함으로써 진정한 삼천대천세계에 불광佛光이 두루 비치고, 오대주五大洲에 법수法水가 흐르게 되었습니다.

세월은 덧없이 흘러 반백이 넘은 50세가량 되었습니다. 저는 문득 세계 각지에 말사를 세우고 불교 사업을 일으키는 것도 좋지만 외적인 모습만을 중시하는 불교보다는 실질적인 내용이 필요할 때라는 생각이 들었습니다. '인간불교'를 오래도록 해 왔지만, 쉰 살쯤 되니 '철학적 인생'에 생각이 미쳤습니다. 그래서 자신의 방식대로 인간불교를 선양해야겠다는 인간불교에 대한 새로운 계획들을 만들기 시작했습니다.

우선 인간불교로 하여금 특수한 내용을 담게 하기 위해 철학적 사상의 건립을 고려하지 않을 수 없었습니다. 그래서 해마다 전 세계 회원들을 불러 개최하는 국제불광회대회에서 매번 한 가지 주제를 가지고 강연을 하였습니다. '기쁨과 융화', '동체同體와 공생共生', '존중과 포용', '평등과 평화', '원만圓滿과 자재自在', '자연과 생명', '모두가 인정하는 옳고 그름', '인간과 생활', '발심과 발전', '자각自覺과 행불行佛', '세상을 교화시키는 것과 인간을 이롭게 하는 것' 등은 지난 10년 동안 제가 쌓아온 생각들입니다. '전쟁과 평화', '종교간의 문제', '종족 분쟁', '환경생태 보호', '존엄사', '모자보건법', '생명교육', '생사학生死學' 등과 같은 현실적인 문제들도 다시 재해석했습니다.

이것들을 설명하기 위해 저는 세계 각지에서 강연을 개최하거나 좌담회를 열었으며 이것들을 엮어 책으로 내기도 하였습니다. 특히 저는 「어떠한 불광인이 되어야 하나(怎樣做個佛光人)」라는 글에서 불광인이라면 '먼저 입세간入世間 후 출세간出世間 하며, 먼저 산 것을 제도한 후 죽은 것을 제도하며, 먼저 생활문제를 해결한 후 죽음을 해결하며, 먼저 자신을 가다듬은 뒤 더 넓게 나아가야 한다'고 주장했습니다.

또한 불광인이라면 '종교적인 마음가짐을 갖고, 인과 관념을 가지며, 참회하는 미덕을 지니고, 남을 품을 줄 아는 아량을 가져야 한다'고 주장했습니다.

또한 불광인은 '사사로이 제자를 받지 않으며, 사사로이 금품을 모으지 않으며, 사사로이 사찰을 세우지 않으며, 사사로이 신도를 사귀지 않으며, 사사로이 시주를 받지 않으며, 사사로이 청탁을 하지 않으며, 사사로이 사업을 벌이지 않으며, 사사로이 음식을 만들지 않는다'고 하였고, 불광인은 '불법을 중히 여기고 속가의 법을 가벼이 한다. 불도의 정을 중히 여기고 속가의 감정을 가벼이 한다. 실천을 중히 여기고 공허한 말은 가벼이 한다. 옳고 그름을 중히 여기고 이해득실을 가벼이 한다'고 하였습니다.

또한 불광인은 '경독과 참회를 직업이라 여기지 않으며, 운수행각을 자유라 여기지 않으며, 자신이 이해한 것을 수행이라 여기지 않으며, 구함이 없다고 고결하다 여기지 않는다' 하였습니다.

또한 불광인은 '광영을 부처님께 돌리고, 이익은 사찰에 돌리고, 성과는 대중에게 돌리고, 공덕은 신도에게 돌린다'라는 주장을 펼쳤습니다.

불광산을 대신해서 '참선규정'을 제정함은 물론 인간불교 계획 청사진도 만들었습니다. 불광산에서는 '한 인간의 생로병사 전체를 돌봄으로써, 일생을 불광산에서 끝맺음할 수 있도록 한다'는 것을 발전 청사진으로 삼았고, 사회에 대해서는 개인의 탄생에서부터 가정과 사회의 불교화, 그리고 사회에 봉사하는 것을 업무의 의의로 삼는다는 것을 서술하고 널리 선양하였습니다.

이 기간 동안 저는 인간불교를 대신해 과거와 현재, 전통과 현대가 융합된 일을 하기 위해 근본불교의 '계정혜戒定慧' 삼학三學을 인간불교의 사상 근거로 삼았습니다. 계학戒學 면에서 저는 계율이 불교의 근본이자 불법의 생명이며, 모든 부처님이 세상에 나시는 근원이라고 주장해 왔습니다. '계율이 바로 서야 승단이 바로 서며, 승단이 바로 서야 부처님 법이 바로 설 수 있다(戒住則僧住, 僧住則法住)'라는 말을 통해서도 계율이 얼마나 중요한지를 알 수 있습니다. 하지만 계율은 시대적 흐름에 부합해야 하고, 정서와 도리에도 부합되어야 하고, 인정人情과 인성人性을 존중해야 합니다. 당초 부처님께서도 '작은 계율은 포기할 수도 있다(小小戒可捨)'라고 말씀하셨습니다. 현재의 헌법 역시 시대적 변화에 발맞춰 개혁해 나가고 있는데, 계율 역시 시기에 따라 적절히 조정하고, 시대에 따라 발전하고 융통성 있게 변화해 나가야 합니다. 하지만 계는 마땅히 세상을 교화하는 것이며, 계율은 승단을 수호하는 가장 중요한 법보이기 때문에 지나치게 편리하거나 통속적으로 흘러서는 안 됩니다.

정학定學 면에서 저는 재가자이든 출가자이든 불광인이라면 몸과 마음을 다스리는 법문法門을 갖춰야 한다고 생각합니다. 과거 대만에서는 불당을 세우는 경우가 드물었습니다. 하지만 지금 불광산은 국내외에 있는 분원, 별원마다 불당과 염불당을 갖추고 있습니다. 이것은 불광산이 비록 '8대 종파를 겸하여 홍법을 펼친다(八宗兼弘)'는 것을 주장하지만 '선정쌍수禪淨雙修(선과 정토를 함께 닦음)'를 더 중히 여기며 수년 동안 이것을 제창하고 촉진하는 데 힘써 왔다는 것을 설명해 주는 것입니다.

혜학慧學 면에서 불교는 혜학반야가 있어 우주와 인생에 대한 진리를 탐구한다는 점에서 일반 종교와 다릅니다. 안타깝게도 불교 신자 대부분이 신앙으로써 중시할 뿐 독경이나 경전을 읽는 것을 중시하지 않기 때문에 불광산은 세계 각지에 독서회(경전반)를 만들었습니다. 현재 대략 2천여 개의 독서회가 있으며 적어도 수백만 명이 독서를 하고 있습니다. 하지만 만약 불교의 혜학을 높이려고 한다면 장차 여러분이 얼마나 깊이 파고들지에 달려 있다고 할 것입니다.

인간불교의 사상이념은 주로 생활 속의 불교를 선도하자는 것입니다. 사람 사이의 화합을 촉진함으로써 공정한 사회를 가져오고, 서로 존중하고 포용하는 세계에 도달하여 모든 인간이 행복하고 편안하며 즐겁게 생활할 수 있도록 하는 것이 목표입니다. 그래서 인간불교는 모두가 도덕을 외치고, 신용을 지키며, 인과를 밝히고, 오계를 지켜 나가길 희망합니다. 인간의 미덕을 더욱 발전시켜 나가고 인성의 밝은 빛을 널리 퍼뜨려야만 인간정토를 함께 창조해 나갈 수 있는 것입니다.

인간불교의 선양에 대해 저는 '인간불교시리즈'의 서적을 펴내는 것 외에도 『인간불교의 계정혜』라는 책 안에서 인간불교의 사상과 이념 등을 더욱 자세히 드러냈습니다.

인간불교란 '부처님이 말씀하신 것, 인간이 필요한 것, 맑고 조화로운 것, 선하고 아름다운 것(佛說的, 人要的, 淨化的, 善美的)'입니다. 무릇 행복한 인생을 증진시키는 데 도움이 되는 방법이라면 모두가 인간불교인 것입니다. 인간불교에는 인간의 성격, 인간의 윤리, 인간의 질서가 있어야 합니다. 인간불교는 '사람', 나아가 '자신'에서부터 시작해야 하는 것이며, 매사를 다른 사람에게서 구해서는 안 됩니다. 보은의 책임을 아미타불에게 전가시키지 않기 위해 저는 불광산에 '공덕주회功德主會'를 설립했습니다. 신도를 '불교의 주인'으로 자리 매김하고 공덕주를 위한 각종 복리 방법을 만들었습니다. 불교를 대신해 보은하는 것과 동시에 신도들이 남은 생 동안 불교에서 그들에게 준 복리를 누릴 수 있도록 하고, 그들 모두 불광정토에 '왕생'할 수 있게 하는 것입니다.

예순쯤 되었을 때 저는 문득 '나도 이제 환갑의 나이가 되었구나'라는 생각이 들었습니다. 저를 따르는 재가와 출가 제자만도 천여 명이 넘습니다. 자리에서 물러나면서 저는 불광산의 행정업무에서는 물러나지만 제자들과의 사제관계에서 물러나는 것은 아니라고 선포한 바 있습니다. 그래서인지 존경스럽고 사랑스러운 수많은 부모들이 떠올랐습니다. 그들은 자신의 자제들을 불광산으로 보내 출가시켰습니다. 그 중 대다수는 부모의 양육과 보살핌을 통해 대학의 고등교육까지 받은 사람입니다. 적어도 고등학교를 졸업 후 불광산 총림학원의 교육을 받았으니 그 역시 대학의 학사를 받았다고 할 수 있습니다.

어려서 고향과 친지들을 떠난 저는 언제나 연배가 높은 세상 모든 남녀가 저의 부모라 여기고 있었습니다. 그래서 모든 제자의 부모들에게 존경을 표하기 위해 모든 제자의 부모와 가족이 해마다 이틀 동안 불광산에서 만나는 '불광가족모임'을 거행했습니다. 부모와 자녀 간에 마음껏 얘기하며 회포를 풀고 혈육의 정을 나누는 기회일 뿐만 아니라 자제들의 출가 후 전망과 희망에 대해 그들에게 알려주는 기회도 되었습니다. 이때 저는 인간의 윤리관계를 위한 새로운 것을 만들어야 할 때라고 생각했습니다.

제게 출가 입도한 제자가 천여 명이 넘으니, '불문 사돈' 역시 천여 가정이 됩니다. 1년에 단 한 차례뿐이지만, 자녀가 살고 의지할 만한 훌륭한 도량을 얻었다는 것에 모두 기뻐하며 영광스럽게 생각했습니다. 단상으로 올라와 자신의 기쁜 마음을 토로한 사람도 있었고, 아들을 부처님께 보낼 당시의 심정을 말하는 사람도 있었습니다. 불광산의 수많은 젊은 제자들은 부모님의 희망을 저버리지 않았습니다. 각 대학에서 교편을 잡거나 신문 잡지를 편집하는 문화사업에 종사하는 사람도 있습니다. 양로와 육아 같은 자선사업에 종사하는 사람도 있고, 세계 각지의 명문대학에서 각종 연구를 계속하는 사람도 있습니다. 200여 개가 넘는 불광산 분원의 행정, 교육, 법무法務 등의 업무를 모두 이러한 젊은이들이 맡고 있고, 모든 부모와 가족들 역시 종종 자식을 만나러 세계 각지로 여행을 떠나며 그곳을 내 집처럼 여기고 있습니다. 더구나 불광산은 제자들의 부모를 우대하여 장차 제자를 따라 불광산 양로기관에서 요양할 수 있게 하며, 백 년 후 불광산 만수산 묘지에 안장할 수도 있게 합니다. 불광산 어느 자녀의 부모든지 모두 불광인 자녀의 부모님입니다. 한두 자녀의 집에서 시작된 화목과 안락함이 세계의 수천 가정에까지 퍼진다는 것은 그 누구도 단언하기 어렵습니다.

『법화경』에는 이런 구절이 있습니다.

모든 성인 남자는 나의 아버지이고,

모든 성인 여자는 나의 어머니이며,

모든 젊은 남녀는 나의 형제요 자매이다.

一切長者男子是我父,

一切長者女子是我母,

一切年輕男女是我的兄弟姉妹.

맞는 말입니다. 당초 『석가모니불전』에도 부처님께서 돌아가신 아버지 정반왕의 관을 몸소 메었으며, 어머니의 은혜에 보답하기 위해 직접 33일 간을 설법하셨고, 심지어 가전연의 제자 사미를 위해 당신의 방에 침대를 놓고 잠시 거처하게 하였다는 내용이 있습니다. 부처님께서는 스승을 존경하고 도리를 중히 여겼으며, 부모에게 효도하고, 후학을 사랑하는 모범을 보이셨는데 불문이 윤리를 중시하지 않는다고 누가 감히 말할 수 있겠습니까.

불광산은 인간불교를 제창합니다. 불교의 출가인은 사회를 떠나 홀로 고고한 생활을 하는 것이 아니라는 의미가 거기에 담겨 있습니다. 그래서 저는 사찰, 도량은 '사부대중'이 함께 공유하는 곳이며 서로 다른 민족이 '한 몸처럼 함께 생활하는 곳'이라 주장합니다. 그리고 저는 불광산의 자녀들에게 연로한 부모님의 생신에는 속세의 집으로 돌아가 축수를 드리도록 권합니다.

유교 『예기禮記』「예운禮運」편의 "남의 부모를 자기의 부모처럼 존경하고, 남의 자식을 자기의 자식처럼 사랑하라(不獨親其親, 不獨子其子)"는 말처럼 세계의 질서는 윤리, 도덕에 의지해 유지되어 갑니다.

하지만 더 중요한 것은 '노인은 장수하고, 젊은이는 적재적소에 쓰이고, 아이는 잘 자라고, 홀아비, 과부, 고아, 장애자는 모두 돌봐야 한다'는 것입니다. 그래서 불광산은 문화와 교육의 홍법이생 사업 외에도 일생의 완종完終, 양로, 육아, 생로병사에 더욱 특별한 관심을 가지고 있습니다.

인간의 생애에는 중요한 문제 두 가지가 있습니다. 하나는 '생生'이고, 또 다른 하나는 '사死'입니다. 죽을 때에는 맘에 걸리는 것 없이 자유롭고 편안하게 죽어야 하고 살아 있을 때는 걱정 근심 없이 평안하고 즐겁게 살아야 합니다. 현재 세계의 가장 큰 문제는 끊임없는 전쟁과 테러리스트의 창궐로 어수선하고 인심이 흉흉하다는 것입니다. 세계가 평화로우려면 자비롭고 사사로움이 없는 인성을 길러내야 함은 물론, 연기성공緣起性空, 육도사섭六度四攝, 인과응보 등을 소중히 해야 합니다. 이러한 불교의 교의는 세계평화를 촉진시키는 무형의 힘인 것입니다.

특히 세계평화의 촉진을 위해서는 종교가 솔선수범하여 서로 존중하고 포용하여야 하고, 사해를 품을 만한 도량으로 종교간의 발전을 추진하며, 나아가 사회 각 단체에 영향을 주어야 한다고 생각합니다. 그것이 종교의 책임이자 현대사회에 불교가 해야 할 공헌인 것입니다.

저는 평생 '화합'을 제창해 왔습니다. 불교계의 화합에 힘써 온 것 외에도 '종교간의 화합'에 온 힘을 기울였습니다. 종교의 힘을 결집하여 함께 세계평화를 촉진하기 위해 해마다 새해 첫날 중화문화 부흥캠페인 총회 종교위원회가 개최하는 '종교 새해기원대회'에 수년 동안 참석해 온 것 외에도, 평소 세계 각지에서 각 종교와 상호방문, 대담, 교류 등을 자주 갖고 있습니다. 최근 몇 년 동안의 예를 들어보면 다음과 같습니다.

1997년 바티칸의 교황 요한 바오로 2세의 초청을 받고 만남을 가지면서 함께 세계평화를 기원하였는데, 이 사건을 두고 '세기적인 종교대담'이라 일컫기도 했습니다.

1998년 싱가포르, 말레이시아에서 초청을 받아 홍법을 펼치는 동시에 이슬람을 신앙하는 마하티르 말레이시아 총리와 만나 중국불교와 말레이시아 이슬람 역사에 새로운 한 페이지를 장식했습니다.

2001년 호주 조지 호리슨George Horrison 울런공 시장과 영국 성공회 울런공 지구의 피펜Pipen 주교와 '종교와 문화교류'라는 문제에 대해 서로 의견을 교환했습니다. 또한 캐나다 토론토대학에서 열린 '세계화를 위한 종교의 대처 방안'이라는 토론회에서 천주교의 라이언 신부 그리고 기독교의 완다 데이펠트Wanda Deifelt 교수와 함께 '종교 대담'을 개최했습니다.

2003년 브라질 상파울루의 쎄 성당에서 천주교의 동 끌라우지오 Dom Cláudio 추기경과 '현 세기에 종교는 어떠한 공헌을 해야 하는가'라는 주제로 종교적 대화를 나누었습니다.

이 외에도 미국 서래사는 1988년 낙성한 후 20년 가까이 5분 거리에 있는 몰몬교회와 우호적인 관계를 유지해 오고 있으며, 매년 세계평화 기원법회를 열어 각자의 독특한 종교의식으로 각 종교단체 지도자를 초청해 다함께 세계평화를 기원하고 있습니다.

심지어 저는 북항의 마조궁媽祖宮을 위해 '마조기념가媽祖紀念歌'

를 작곡했습니다. 저는 종교간에는 '한 몸 한 공동체'의 관계를 수립하고, '같은 가운데 다름이 존재하고, 다른 가운데 같음을 구해야' 하는 것처럼 서로 포용하고 존중해야 한다고 생각합니다. 또한 인체의 오관五官처럼 서로 공생共生해야지만 공존할 수 있다고 생각합니다.

종교간의 왕래에 관해서는, 각자 섬기는 이는 다르지만 서로 존중해야지, 마구 뒤섞어서는 곤란하다고 생각합니다. 각자 받드는 종지宗旨에 의거해 스스로 펴 나가야 하며 신도 사이에는 서로 의견 교환이 이루어져야 합니다.

이처럼 평소 각 종교단체와 밀접한 상호 연계활동을 유지해 왔기 때문에 서로 우호적인 관계를 수립하게 되었습니다. 예를 들면 천주교 교황 요한 바오로 2세, 대만의 주교급 추기경 단국새單國璽, 라광충羅光總 주교, 정송균丁松筠 신부 및 불교의 달라이라마 등과 우의를 다지고 있습니다. 심지어 천주교에서 설립한 칠레의 산 토마스대학, 대만 보인輔仁대학, 호주의 그리피스대학(Griffith University) 등에서 잇따라 명예박사 학위를 받았습니다.

사실 부끄럽게도 저는 어려서부터 기초를 다지는 기초교육을 제대로 받지 못했기 때문에 불문에서 선·정·율 등 여러 가지 참학을 두루 거치면서 비로소 경력이 완벽해졌다고 할 수 있지만, 인생의 길을 걸어오며 험난하고 쉽게 풀어나갈 수 없는 일들이 더러 있었습니다. 그 때마다 저는 인연을 따라 갈 뿐이었습니다.

제가 출가한 후 60년이 넘는 시간 동안 불교와 불자를 위한 신념은 있었지만, 뛰어난 학문적 경지가 없어 조금 있는 불교에 대한 공헌도 스스로 드러내 뽐낼 만한 가치를 느끼지 못합니다. 특히 과거 인간불교를 선양하기 위해 썼던 것들은 모두 통속적인 문장들이었습니다. 하지만 기대처럼 불교의 기능에 대한 사회인사의 보편적 인식을 자아냈고, 단계적인 책무는 이미 완성했다고 봅니다. 일흔 살 고희가 지나고서도 저는 자신의 불학이 한층 더 깊이 파고들 수 있다는 것을 발견했습니다. 그래서 2001년 『보문학보普門學報』를 발행하였습니다. 배우는 이들이 학술논문을 발표할 수 있는 기틀을 마련하고, 불교의 요지와 이치 연구를 한층 더 끌어올려 인간불교를 위한 사상체계를 수립하기 바라서였습니다. 저 역시 직접 논문을 써 학보에 기고하기도 합니다.

최근 10여 년 동안 『보문학보』에 발표한 저의 학술논문은 「중국불교 발전의 단계적 소견」과 「사성제에서 4대 홍법서원」, 「대·소승불교 화합의 전개를 논하다」, 「불교 민주·자유·평등의 진의를 논하다」, 「귀의 의식 해석」, 「오계五戒와 생권生權의 내용」, 「육바라밀 자타양리(自他兩利: 자신과 남을 함께 이롭게 하다)의 비평」, 「인간불교의 청사진」, 「비구니승단의 발전」, 「불교홍학興學의 과거와 미래」, 「불교와 꽃의 인연」, 「불교와 자연생태」, 「불교총림 언어규범」, 「산림사찰과 도시사찰」, 「인간불교의 계·정·혜(戒定慧)」 등입니다.

지금까지도 저는 정말 불교의 학술문제들에 대해 많은 관심을 가지고 있습니다. 하지만 임제종의 문하였던 저는 이전 수십 년 동안 산문의 사상, 어록에 관해 글을 쓰는 걸 즐겨왔습니다. 정토종의 염불에 관해서는 평생 참가했던 '7일 불사'가 수백 번도 넘는 탓에 염불 역시 깨우친 바가 있습니다.

그 밖에도 과거 청년시기 불학원에서 받은 교육과정 대부분이 유식학唯識學의 경론이었는데, 지금도 가슴속에서 절로 천천히 밝은 빛을 내기도 합니다. 마음속으로는 그래도 반야공성般若空性, 연기중도緣起中道를 좋아하지만, 불교의 팔만 사천 개의 법문 중 중생마다 서로 좋아하는 바가 다르므로 불학에 대한 저의 기본 신념은 '종파를 구별하고, 너와 나를 나누고, 종파간의 상호 대립을 조장하는 것들을 싫어한다'는 것입니다.

저는 특히 배우는 자들이 불교를 연구한다는 입장에서 서로를 배척하고 비판하지 않기를 원합니다. 이것은 서로에게 상처를 주는 일이며 불교에 백해무익한 행동입니다. 그래서 저는 '네가 믿으려면 믿고, 믿고 싶지 않으면 관둬라'라는 불교의 '성언량(聖言量: 성인의 말을 기준으로 삼음. 사물을 관찰하는 4가지 기준 중 하나)'을 주장합니다. 하지만 이러한 경론을 이용하여 서로간의 학설을 공격해서는 안 됩니다. 상대방의 학설을 가지고 이 경론을 무너뜨려서도 안 됩니다. 이러면 불교의 분열과 이견만을 조성할 뿐 불교의 핵심 도리를 밝히는 데 전혀 도움이 되지 않습니다.

그러므로 저는 불학을 커다란 총상(總相: 전체적인 모습. 육상六相 중의 하나)의 법문이라고 봅니다. 불교는 '편리하게도 수많은 문'이 있지만, '되돌아오는 길은 없다'라는 것입니다. 인생의 길처럼 그저 앞을 향해 곧장 나아가야 하는 것입니다. 불도佛道가 요원하기는 해도 우리들이 생명의 지침을 세우기만 하면 시간이 성숙되었을 때 꼭 불도를 이루고 불타 정각의 지혜를 얻게 될 것입니다. 이것이야말로 인생 여정의 궁극적인 종착역이라 할 것입니다.

불가 佛家의 사돈

슬픔을 머금고 자식을 불문에 귀의시키노니
조석으로 부지런히 선근을 쌓아야 할 것이다.
육신의 눈으로 재물과 색에 물들지 말며
도심道心을 기울여 서릿발 같은 청정함을 지니길.
含悲送子入空門　朝夕應當種善根.
身眼莫隨財色染　道心傾向歲寒存.

당나라 재상 배휴裵休가 지은 '자식을 불문에 보내며(送子出家詩)' 라는 시입니다. 이 시는 '자식을 불가로 보내는 기쁨'이라 지어야 더 옳을 것입니다. 최근 들어 불교가 크게 발전함에 따라 불교를 배우려는 사람들이 많아지고 있습니다. 많은 부모들이 불교를 배우기 위해 출가하는 자녀들을 보며 기뻐하고 있습니다. 간혹 출가의 의미를 이해하지 못하고 화를 내는 부모들도 있지만, 결국 자녀의 의견을 존중해 마지못해 불문에 보내기도 합니다. 하지만 어느 정도 시간이 흘러 출가가 자녀에게 다양한 기회와 밝은 미래의 희망을 가져온다는 것을 알게 된 부모들의 생각은 '분노'에서 '기쁨'으로 바뀌게 됩니다. 따라서 '자식을 불가로 보내는 기쁨'이라는 것은 적지 않은 현대의 부모 마음을 대변하는 것이라 하겠습니다.

과거에는 자녀들의 출가를 걱정하는 부모가 더 많았습니다. 출가하면 부처님만을 외치며 외롭고 쓸쓸하게 삶을 살아가거나 금전, 애정, 물질 등 오욕五欲의 쾌락을 누리지 못한 채 채식, 예불, 고행만을 해야 한다는 잘못된 생각 때문에 자녀들이 출가해서 고통을 받는 것을 원치 않았습니다.

하지만 유마維摩거사가 말씀하신 "비록 세속에 살지만 삼계에 집착하지 않았으며, 처자가 있음을 보여주나 항상 청정한 행을 닦았다(雖處居家, 不着三界. 示有妻子, 常修梵行)"는 것처럼 불도를 닦고 수행하는 사람은 무릇 "내게 법락이 있으니, 세속의 즐거움은 즐겁지 아니하다(吾有法樂, 不樂世俗之樂)"라 해야 할 것입니다. 출가해 불도를 배우면 청정하고 안락하며 자유롭기 그지없습니다. 매일 불법佛法의 바다를 거닐고 모든 불·보살과 대화를 나누며 평소 모든 선인들과 교류하는 생활을 합니다. 즉 "입으로는 항상 맑은 맛을 머금고, 마음은 항상 불국토에 머문다(口中吃得淸和味, 心中常在佛土居)"라고 할 수 있을 것입니다.

출가하여 누리게 되는 법희法喜는 석가모니 부처님께서 살아생전 왕자의 신분을 포기했던 것과 같습니다. 집에 머물면 높은 담장 안 깊은 궁궐 안에서 매일 산해진미와 비단옷, 그리고 병사들에 둘러싸여 호위를 받을 수 있지만, 항상 암살당할지 모른다는 두렵고 불안한 생활을 해야 합니다. 하지만 출가한 뒤에는 먹을 것이 풍성하지 않을지라도 입은 감미로우며 배부르고, 나무 아래에서 잠을 자지만 무엇보다 안전하고 자유롭습니다.

일반사람들은 출가하는 수많은 젊은이에게 이해할 수 없다는 듯 이런 질문을 자주 합니다.

"왜 출가를 결심하셨습니까?"

하지만 이런 말을 들은 출가자들은 일반인들에게 오히려 반문을 합니다.

"출가하면 이렇게 좋은 것을, 왜 출가할 생각을 하지 못하십니까?"

출가 얘기를 하다 보니 옛일이 하나 생각납니다. 제가 출가한 지 얼마 되지 않았을 때, 저의 스승이신 지개상인께서는 당신을 따라 출가할 수 있도록 저를 보내주신 어머님께 감사하다는 편지를 써 보내셨다고 합니다. 편지 첫머리에 "사돈어른의 혜안에……"라고 쓰셨다고 합니다. 그때 저는 출가한 자녀의 부모는 불가의 스승과 '사돈'이 될 수 있다는 것을 알았습니다.

40년 전 불광산을 설립한 후 몇몇 젊은이가 불광산에서 불학을 공부하고 싶다며 저를 스승으로 모시고 출가하겠다고 하였습니다. 지금 제게도 천여 명이라는 입문제자가 생겼으니, 불광산의 '사돈' 역시 천여 가정쯤 됩니다.

제 1,300여 명 출가 제자들의 자질은 하나같이 모두 뛰어납니다. 하지만 불교를 배우고자 하는 사람은 불문佛門의 규칙에 따라 반드시 부모의 동의를 얻어야 합니다. 이 점이 가장 중요합니다. 불광산의 사돈 중 불교에 대한 이해부족으로 자녀의 출가를 달갑게 여기지 않는 부모들도 있었지만, 지금은 대부분의 부모들이 자녀의 의향을 존중하는 것은 물론 불교에서도 자식의 미래가 전도유망하다는 사실을 알고 있어 더 이상 반대하지 않습니다.

과거 일반 사회에서는 '죽은 적은 데 비해 중은 너무 많다'는 속언이 돌았습니다. 하지만 불문에서는 오히려 '죽은 많은 데 비해 중은 적다'라고 말하였습니다. 특히 인간불교의 교육, 문화, 자선, 사회교육, 행정 등 수많은 사업에서 우수한 인재들이 필요합니다. 지금 불교에서는 출가하는 이의 대부분이 고학력이며, 고등학교를 졸업하고 온 사람도 총림대학의 교육을 받은 후에야 머리를 깎고 출가를 할 수 있습니다.

불광산의 수많은 제자 가운데에는 형제가 함께 출가한 경우도 있고, 자매가 같이 출가한 경우도 있습니다. 또한 불광산 현 주지인 심배心培 화상은 형이 혜일慧日 스님, 누나는 각참覺參 스님, 조카는 혜등慧燈 스님으로 일가 중 네 사람이 연이어 출가하여 같은 사형제가 되었습니다. 이처럼 형제자매가 다 같이 출가한 경우도 종종 볼 수 있습니다.

대대 사령관으로 퇴역한 혜득慧得 스님은 누나 만목滿穆 스님과 연이어 불광산에서 출가했습니다. 부친이신 탕순화唐順華 거사는 경찰직에서 퇴직한 후 불광산에 한결같은 정성을 다하고 계십니다. 특히 '승단의 일은 승단에서 정한다'는 승단의 원칙을 존중하는 무척 정견한 불제자이십니다. 자신이 현세에서는 출가할 수 없음을 무척 안타깝게 생각한 그는 후에 자녀 둘을 연이어 출가시킴으로써 결국 자신의 원하는 바를 이루었습니다.

기륭基隆 출신인 만제滿濟, 만존滿遵 스님은 자매가 모두 스무 살이 되기 전에 부모의 격려 속에 출가한 후 미국 서래사로 건너가 수계를 받았습니다. 타이난(台南) 과학기술대학에서 교편을 잡았던 각원覺元 스님과 여동생 묘조妙兆 스님은 함께 입도하였으며, 지금은 남태별원南台別院과 묘율苗栗에 있는 대명사大明寺의 주지를 맡고 있습니다.

이밖에도 홍콩 중문대학에서 교편을 잡았었고, 현재 불광산 홍콩 불향강당佛香講堂 주지이신 만련滿蓮 스님과 두 여동생 만성滿醒, 묘문妙文 스님은 세 자매 모두 불광산에서 출가한 뛰어난 인재들입니다.

이처럼 한 가정에서 여럿이 동시에 출가한 예도 많지만, 홀로 불광산에서 출가한 경우도 적지 않습니다. 불광산 전 주지인 심정心定 스님은 부모가 불광산의 호법護法 신도인 데다가 심정 스님의 출가 인연으로 형제들이 불광회의 주요 간부가 되었습니다.

아르헨티나 부에노스대학 건축과를 졸업한 엔지니어이자 현재 국제불광회 중화총회 비서장인 각배覺培 스님의 부친은 대만에서 회계사무소를 운영하고 있는 회계사입니다. 그는 대만의 각 사원을 수차례 비교해 본 후 기쁜 마음으로 딸을 불광산으로 출가시켰습니다.

동오대학東吳大學을 졸업한 오의정吳宜庭 양은 중화항공에서 스튜어디스를 한 적이 있습니다. 그녀의 부모는 그녀의 출가를 위해 직접 불광산을 방문해 저와 사돈의 인연을 맺었습니다. 또한 딸이 불가에서 열심히 수행할 수 있도록 특별히 당부하기도 했습니다. 현재 묘원妙圓 스님은 불광산 문교기금회의 사무장을 맡고 있습니다.

호주 서호주대학(University of Western Australia) 의대를 졸업한 각홍覺弘 스님은 출가 후 저의 간호를 맡고 있습니다. 저는 가끔 각홍 스님에게 몽고의사(蒙古大夫)라고 농담처럼 얘기하곤 합니다. 각홍 스님의 부친은 호주에서 병원을 운영하고 있으며, 모친은 호주 퍼스 Perth시 불광회 회장을 맡고 계십니다. 부모님 모두 불광회의 신심 깊은 호법이십니다.

묘사妙士 스님은 어렸을 때부터 고모인 원조圓照 스님 밑에서 자라며 불법을 공부하였습니다. 원조 스님은 현재 동해사東海寺 주지를 맡고 계시며, 묘사 스님이 출가함으로써 불광산의 사돈이 되었습니다.

이 같은 경우의 사돈들은 속가의 사돈보다 더욱 왕래가 잦아 친분을 쌓을 기회가 더 많습니다. 한 사람이 수천 명의 사돈을 가지다니, 이 얼마나 많은 복덕과 인연이 있어야 가능한 일이겠습니까! 불광산에서 출가한 제자들 덕분에 수많은 사돈을 얻었지만 일일이 다 얘기할 수는 없을 것 같습니다. 그 수많은 사돈 중 다음 열 분의 예를 들어 어떻게 사돈의 인연을 맺게 되었는지 얘기하고자 합니다.

원림員林에 사는 뢰의명賴義明 거사는 불광산의 공덕주로 두 아들 모두를 불광산으로 보내 저의 제자로 출가시킬 생각이었습니다. 하지만 제가 만류하며 말했습니다.

"한 사람만 제게 보내셔도 괜찮습니다. 아들 하나는 곁에 두시고 부모를 보살피게 하십시오."

"불광산에는 형제가 함께 출가한 경우도 많다고 하던데, 왜 저는 그리 못하게 하십니까?"

"그것은 각자 인연에 따른 것입니다."

제 말을 들은 그는 당시 타이중의 상업전문대에 다니고 있던 작은 아들을 예정보다 일찍 불광산으로 보내 출가를 시켰습니다. 그가 바로 지금의 혜관慧寬 스님입니다.

저는 혜관 스님에게 출가한 후에도 학업을 끝마치길 당부했고, 대학 졸업 후 일본 유학까지 보냈습니다. 그의 부친은 아들의 출가를 위해 발심하여 강당을 한 채 건립해 주셨고, 시집보내는 딸의 혼수품을 보내듯이 3층짜리 출판사를 기부해 주셨습니다. 사람이 많아져 강당을 사용하기가 힘들어지자 다시 저택 옆의 토지를 희사하여 더욱 크고 장엄한 도량을 중건해 주셨습니다. 그것이 지금의 원림강당員林講堂입니다. 뢰의명 거사는 자신이 불교를 공부한 뒤로 생활을 꾸려나가기 위해 돈을 버는 삶은 무의미하다고 말하였습니다. 지금은 홍법을 펼치고 사찰을 건립할 기금을 희사하기 위해 돈을 버는 것이라고 하였습니다. 불광회의 이사로 선출된 적도 있는 뢰의명 거사는 발심하여 불광산에서 설립한 대학, 신문사, 방송국 등에 커다란 힘을 보태고 계십니다.

뢰 거사는 매사 조용하게 일을 처리하는 스타일로 지금까지 단 한 번도 공을 내세운 적이 없습니다. 하지만 해마다 불광산에서 거행되는 친속회親屬會, 가족 방문의 날 행사에는 항상 제일 앞자리에 앉아 있습니다. 때로 단상에 올라가 연설을 해 달라고 청하면 자녀를 출가시키던 심정이 지금까지 고스란히 느껴질 정도로 당시의 기쁨을 얘기해 주곤 했습니다. 물론 혜관 스님 역시 부모님의 기대를 저버리지 않고 불광산 총림대학 졸업 후, 불학원 강사 및 도감원都監院 원장을 연이어 맡았으며 지금은 저를 도와 일본 군마群馬현에 일본 도량을 설립하고 있습니다. 평소 자주 캠퍼스를 찾아 홍법을 펼치는 관계로 그는 학생들의 열렬한 호응을 받고 있습니다. 특히 혜관 스님은 불법으로 현대인의 정서를 풀이하고 스트레스를 해소하는 데 탁월한 재주가 있습니다. 1년 동안 수백 회가 넘는 심리상담에 관한 강연을 할 정도로 심리상담 분야의 전문가입니다. 평소 강연한 내용을 모아 최근 『자재－인생에서 반드시 닦아야 할 7가지(自在－人生必修七堂課)』라는 책을 펴내 큰 호평을 받았습니다.

혜관 스님이 출가한 후 뢰의명 거사 부부는 불광산의 어느 분원을 가든지 '아버님, 어머님'이라는 호칭을 들었습니다. 아들 하나를 출가시켜 천여 명이나 되는 자녀를 얻었기에 두 분 모두 자식의 출가를 가장 큰 영광이라 여기고 있습니다.

역시 자녀의 출가를 가장 큰 자랑으로 여기는 황종창黃宗昌, 황림족란黃林足鑾 부부는 타이동(台東)에서 백화점을 운영하고 계십니다. 20여 년 전 따님인 영기永基 스님이 불광산에서 출가할 당시 타이동은 지금만큼 개발되지 않은 곳이었습니다. 딸을 불광산에서 출가시킨 후 섭섭해 하던 두 분은 딸을 만나기 위해 한 달에 서너 차례 불광산을 찾아오셨습니다. 이렇게 찾아오는 자신들의 모습이 우습다고 생각되셨는지 이런 말씀을 하셨습니다.

"불광산에서 출가를 했으니 망정이지, 일반인에게 시집을 갔다면 이렇게 자주 얼굴을 볼 수 있었겠습니까!"

그들 부부는 정의대학靜宜大學을 졸업한 또 다른 딸 만승滿昇 스님도 불광산에서 출가시켰습니다. 이미 딸 하나를 불광산에서 출가시킨 덕분에 만승 스님을 출가시킬 때에는 마음 가득 기쁨과 축복을 담았으며, 아쉽다는 생각조차 들지 않았다고 합니다.

영기 스님은 출가 후 선화善化의 혜자사慧慈寺을 맡았었고, 만승 스님 역시 짧은 기간 병동의 강당講堂에서 주지를 맡은 적이 있습니다. 문학에 깊은 조예와 흥미를 가지고 있던 만승 스님은 중국 남경대학에서 박사과정을 밟고, 재작년 순조롭게 학위를 취득한 후 지금은 불광대학의 조교수로 재직 중에 있습니다.

20여 년 전에는 타이동에 아직 불광산 분원이 설립되지 않은 시기였습니다. 황 거사께서 타이동 문화센터에서 설법과 귀의 의식 집전 등을 요청해 왔고, 매달 신도들을 이끌고 불광산에 참배를 하러 오기도 했습니다. 타이동에 불광회가 설립된 후 그는 첫 회장을 맡았으며, 타이동 일광사日光寺 건사建寺의 발기인이기도 하십니다. 30여 년 동안 황종창 거사 부부는 타이동 주재 불광산을 대표하는 인물이 되었다고 해도 과언이 아닐 것입니다. 최근에는 친척을 설득해 친척 명의의 안락정사安樂精舍를 불광산 도량으로 쾌척하게 함으로써 불광산에 아낌없는 정성을 쏟고 있습니다.

이처럼 자식을 즐거운 마음으로 출가시키는 사돈이 대부분이긴 하지만, 자녀의 출가를 반대하는 경우도 종종 있었습니다.

타이동에 사는 공건孔健 거사는 공자의 70대 후손으로 교육계에 몸담고 있는 대표적인 유학자이십니다. 그에게는 대만기술대학을 졸업한 공상진孔祥珍과 정치대학을 졸업한 공상령孔祥玲 쌍둥이 딸이 있습니다.

두 사람은 대학 졸업 후 어머니의 지지 속에 불광산에서 출가하기로 결심했습니다. 저는 두 사람에게 각각 만기滿紀과 묘황妙皇이라는 법명을 지어주었습니다. 부친이신 공 선생이 극심한 반대를 피력했지만 그들의 결심을 바꾸지는 못했습니다. 완강한 부친 때문에 저 역시 나서서 만류해 보았지만 그들의 결심은 조금도 흔들리지 않았습니다. 하지만 자녀들의 출가가 제 잘못이라고 생각한 공 선생은 저를 죽이고 법의 심판을 받겠다고 협박 편지까지 보내 왔었습니다.

저는 만기, 묘황 스님에게 출가 후에도 아버님을 찾아뵙고 위로를 해 드리라고 충고했습니다. 하지만 부인을 잃은 슬픔과 고통이 극심했던 공 선생은 마음속 분노의 화살을 제게 겨누었습니다. 저는 그분의 심정을 이해할 수 있었습니다. 저는 공 선생이 수석을 수집한다는 말을 듣고 친분을 쌓고자 특별한 수석을 구매해 보내드렸습니다. 고맙다는 인사 한 마디 없었지만 저의 선물을 거절하지 않은 것으로 보아 화가 어느 정도 누그러진 것이 아닐까 싶었습니다.

만기 스님의 졸업식 날, 그 자리에 참석한 그는 단상에 올라 딸을 자랑스럽게 생각한다는 소감까지 밝혔습니다. 만기 스님은 나중에 사천대학의 박사과정을 밟게 되었고, 묘황 스님은 무한대학의 박사과정에 밟게 되었습니다. 공 선생은 두 딸을 만나러 자주 중국을 방문하셨고, 그 덕분에 중국에서 마음에 맞는 인연을 만나게 되었습니다. 두 딸 역시 아버지에 대한 새어머니의 보살핌에 감사하며 더욱 효도를 하고 있습니다. 일가가 화목해지자 공 선생은 이 모든 것이 부처님의 공덕이라며 더욱 감사해 했습니다.

박사학위를 무사히 마친 만기 스님은 남화대학, 불광대학 등에서 교수 초빙이 들어왔지만 불교 안에서의 교육이 더 중요하다고 생각해 불광산 총림대학에서 '성유식론成唯識論' 전임교수를 맡아 강의를 하고 있습니다. 불교의 유식학은 난해하면서도 지루한 불교의 심리학입니다. 하지만 이 분야에 뛰어난 학문과 재주를 지닌 만기 스님의 지도 아래 장차 그를 이어갈 후학이 나올 것이라 믿어 의심치 않습니다.

저의 수많은 불가 사돈 중 자녀의 출가를 가장 심하게 반대했던 사람은 의법依法 스님의 부친이신 양송촌楊松村 거사일 것입니다. 의법 스님은 대만대학 법대 2학년 재학 시절 불광산에서 출가했으며, 출가 후 못다 한 학업을 계속했습니다. 양 거사는 의법 스님의 출가 결심을 꺾고자 했으나 뜻을 이루지 못하자 대만대학을 찾아와 소란을 피웠습니다. 그는 대만대학에서 출가자를 학생으로 받아들이지 말아야 한다고 생각했지만 30년 전부터 이미 대만은 개방을 시작했고, 다른 학교도 출가자 학생을 받아들이고 있는 실정이었으므로 대만대학도 출가자의 학업 의지를 박탈할 수는 없었습니다.

저는 아직도 양 선생이 이성을 잃고 불광산을 찾아왔던 때를 기억하고 있습니다. 저는 줄곧 그에게 출가자로서의 삶도 좋으며 미래 역시 보장되어 있으므로 걱정하지 말라고 위로의 말을 전했지만, 그는 저를 상대하지도 않았습니다. 그렇게 시간이 흘러 대만대학을 졸업한 의법 스님은 하와이대학에서 석사를 마친 다음 예일대학에서 박사학위를 받았습니다. 양 선생은 딸의 박사학위 수여식에 참가하기 위해 온 가족과 함께 미국 동부 코네티컷에 있는 예일대학으로 건너갔습니다.

수여식이 끝나고 돌아오는 길에 L.A의 서래사에 들린 그와 우연히 서래사 경내에서 마주치게 되었습니다. 그는 한걸음에 달려와 저와 함께 사진을 찍고 싶다고 말했습니다. 저는 흔쾌히 그러겠다고 대답했습니다. 그가 고향으로 돌아간 뒤 저와 찍은 사진을 사람들에게 보여주며 이렇게 말했다고 합니다.

"성운 대사님과 함께 사진을 찍다니⋯⋯ 평생 이보다 영광스런 일은 없을 겁니다."

양 선생께서 기뻐한다는 소식을 들은 저도 한결 홀가분한 느낌이 들었습니다. 당시 양 선생이 딸의 출가를 반대했던 이유를 저는 이렇게 생각합니다. 타이베이 시립 제일여자고등학교부터 대만대학 졸업까지 늘 우수한 학생이었던 딸이 갑자기 출가를 하겠다고 했으니, 이해할 수 없었을 것입니다. 하지만 의법 스님은 출가 후 대만대학을 졸업하고 미국의 유명한 하와이대학에서 석사를, 담쟁이넝쿨이 유명한 예일대학에서 박사를 마쳤으니, 이것만 보면 교육면에서는 줄곧 최고의 코스를 누린 셈이 아니겠습니까! 양 선생은 '친속회'에 모인 대중들 앞에서 의법 스님을 길러 준 불광산에 감사한다는 연설을 한 적이 있었습니다. 처음에는 자신이 불광산의 교육 체계를 몰라 심하게 반대했었다며 그때의 자신을 용서해 달라고 말씀하셨습니다.

의법 스님은 예일대를 졸업한 후 미국 버클리대 대학원에 다녔고, 다시 캐나다대학에서 교편을 잡았습니다. 대만으로 돌아온 뒤에는 중산대학에서 교편을 잡았습니다. 저는 그녀를 '열 명의 우수한 젊은이' 중 하나로 추천한 바 있습니다. 의법 스님은 불교를 널리 퍼뜨리고 한 단계 더 끌어올리는 데 혁혁한 공을 세웠으며 아들 못지않게 양楊씨 집안의 이름을 빛냈다고 봅니다.

이와 유사한 경우가 바로 의공依空 스님입니다. 의공 스님이 출가할 당시에도 부친과 오빠의 반대가 무척 심했습니다. 의공 스님은 의란 출신으로 형제자매가 많았습니다. 그녀는 네다섯 살 때 언니를 따라 뇌음사의 어린이반에서 예불을 드린 적이 있었습니다. 총명하고 영리했던 언니들도 선근善根이 무척 깊었지만, 출가하여 불교를 공부할 인연은 닿지 않았습니다. 의공 스님이 중흥대학中興大學을 졸업하기 1년 전인 1971년, 불광산에서 대학생 불학여름캠프를 개최했었습니다. 600여 명이 참가신청을 했고, 두 차례에 걸쳐 거행하였습니다.

첫 번째 캠프의 신청 접수 첫날, 밤 10시가 되어 불광산을 둘러보고 있던 저는 게시판 앞에서 두리번거리고 있는 젊은 학생을 발견하고 다가가 물었습니다.

"학생, 뭘 보고 있는 건가?"

"여름캠프에 참가하려고 왔는데, 이미 정원이 다 찼다고 하네요."

여름캠프의 신청접수는 오후 5시에 끝이 났을 텐데, 지금 이 시간까지 여기를 서성이고 있었단 말인가? 저는 그녀가 굳은 뜻을 가진 젊은이라는 생각이 들어 이렇게 말했습니다.

"걱정말게. 내가 접수할 수 있도록 도와주겠네."

그녀는 원하던 대로 여름캠프에 참가할 수 있어 무척 기뻐했습니다. 여름캠프가 끝나는 날, 그녀는 출가하겠다는 뜻을 밝혔습니다. 하지만 저는 그녀에게 서두르지 않아도 되니, 좀 더 잘 생각해 보고 신중하게 결정하라고 충고를 했습니다.

다시 중흥대학으로 돌아간 의공 스님은 남은 1년의 학업을 마저 끝냈습니다. 저는 의공 스님이 학업을 마치면 불광산을 찾아와 자신이 했던 약속을 이행할 것이라고 생각했습니다. 하지만 그녀는 뜻밖에도 편지 한 통을 보내왔습니다. 의공 스님의 교수님이 국문에 자질이 뛰어나고 성적도 우수한 그녀를 이미 창화彰化 고등학교의 국어교사로 추천을 했으며, 불문에서도 이런 경력이 필요할 듯하니 1년간 교편을 잡고 아이들을 가르칠 수 있게 허락해 달라는 내용이었습니다.

순식간에 1년이 지났습니다. 또 한 통의 편지가 왔습니다.

"사직서를 내려고 하는데 아이들이 출가하지 말고 계속 학교에서 자신들을 가르쳐 달라고 제 앞에 엎드려 울며불며 통사정을 합니다. 어찌해야 합니까, 스님?"

편지를 받은 다음날 복산사福山寺 건설 과정을 둘러보러 가는 길에 마침 창화를 지나게 되어 의공 스님을 만나 담소를 나누었습니다. 교사를 그만두고 불광산에서 출가하겠다는 확고한 그녀의 결심에 저는 이런 말을 해 주었습니다.

"지금은 학생들이 자네 앞에 엎드려 계속 가르쳐 달라고 사정을 했지만, 1~2년 후에는 자네가 그들 앞에 엎드려 계속 공부하라고 사정해도 그들은 여기 남아 있을 수가 없어."

저의 말이 그녀에게 큰 작용을 했으리라 생각합니다. 출가 후 그녀는 자장, 자혜 스님의 소개로 일본 동경대학에서 석사과정을 이수하였습니다. 대만으로 돌아온 후 저는 의공 스님에게 사범대학에서 교편을 잡도록 했습니다. 의공 스님은 여가시간을 이용해 고웅 사범대학에서 문학박사까지 공부했습니다.

출가한 지 벌써 30여 년이 되어가는 의공 스님의 출가 당시를 생각하면 부친과 오빠의 극렬한 반대가 가장 먼저 떠오릅니다. 의공 스님의 부친은 사람을 시켜 불광산에 있던 그녀를 강제로 집으로 끌고 가 다락방에 가둬 두고 외부인과의 접촉을 일체 차단시켜 버렸습니다.

당시 이웃에 살던 자장 스님과 소벽하蕭碧霞 보살이 집에서 꼬박 하루를 기다렸지만 부친과 오빠는 강경한 태도를 보이며 그녀를 만나게 해 주지 않았습니다.

하지만 의공 스님의 결연하면서도 강경한 결심이 부친과 오빠의 마음을 흔들었는지 결국 그녀를 풀어주어 다시 불광산으로 돌아올 수 있었습니다. 아마 의공 스님이 출가한 지 2~3년이 지난 후였을 것입니다. 부친이 불광산으로 그녀를 만나러 왔던 적이 있었습니다. 저는 특별히 그분을 초청해 식사 대접을 하면서 이렇게 말했습니다.

"선생의 따님이 이곳에서 출가했으니, 이제 우리는 사돈이 된 거나 다름없습니다."

그 뒤로 의공 스님의 부친께서는 제가 자신의 사돈이며, 그날 먹었던 땅콩죽을 영원히 잊을 수 없다는 말씀을 여러 사람에게 하셨다고 합니다.

1989년, 홍콩에서 온 십대 소녀 도영屠穎이 불광산 총림대학에 합격했습니다. 그녀는 월반을 할 정도로 우수한 학생이었습니다. 제가 홍콩에서 홍법을 펼칠 때 그녀는 이미 제 강연을 들었다고 하였습니다. 그 당시 그녀는 겨우 중학생이었습니다.

그녀는 멀리 홍콩에서부터 불광산을 찾아왔었습니다. 그녀가 출가하겠다는 원을 세웠을 때 저는 우선 부모님의 허락을 받고 오라고 말했습니다. 며칠 지나지 않아 부모님의 동의서를 가져온 그녀에게 저는 '각환覺幻'이란 법명을 지어주었습니다. 자신의 법명을 듣고 무척 좋아하던 그녀 표정에서 저는 그녀가 선근이 깊음을 알 수 있었습니다. 각환은 허영을 쫓는 아이가 아니며, '모든 현상계는 꿈과 같고 물거품 같다(一切有爲法, 如夢幻泡影)'는 진리를 진정으로 깨달아 마음 속으로부터 저절로 법희法喜가 흘러나온다는 것을 알 수 있었습니다.

그녀에게 지어준 각환이란 법명은 제가 추진하는 인간불교와 너무 동떨어진 느낌이 들었습니다. 출가 후 그녀가 이룩한 일이 매우 뛰어나 항렬을 올려 주고, '땅에 뿌리를 내리고 열심히 경작하면 장차 꽃이 피고 열매를 맺을 수 있다'는 의미로 그녀의 법명을 만경滿耕으로 바꿔 주었습니다.

만경 스님은 총림대학을 졸업한 후 미국 서래대학에서 학업을 계속했습니다. 홍콩에서 자란 환경 덕분에 영어 성적이 좋아 순조롭게 서래대학을 졸업하였습니다. 서래대학 총장 진내신陳迺臣 선생의 추천으로 북경대학 철학과에 입학하여 불교학자로 이름 높은 루우렬樓宇烈 교수의 수업을 들으며 친분을 쌓아 가고 있습니다.

2년 후 석사학위를 받고 박사과정을 밟았으며 '성운대사의 인간불교 이념 및 실천'이라는 논문으로 북경대학의 루우렬 교수, 중앙민족대학의 왕요王堯 교수, 중국사회과학대학(中國社會科學院)의 양증문楊曾文, 장신응張新鷹 교수, 남개대학南開大學의 정벽서鄭辟瑞 교수로부터 극찬을 받았습니다. 특히 중국 국가종교사무국 국장인 엽소문 교수는 직접 다음과 같은 평론을 써 주기도 하였습니다.

"인간불교를 제창하고 인간정토를 건설하는 것은 이미 양안兩岸 중국 불교계의 공통된 인식이자 종지宗旨가 되었다. 만경 스님의 이번 박사논문은 불광산 교단을 모범 사례로 삼아 당대 인간불교 사상에 대한 성운 대사의 이론 수립과 실천 성과를 체계적으로 연구하였다. 글쓴이는 제삼자의 입장에서 인간불교사상 맥락에 대한 깊이 있는 탐구를 하였을 뿐만 아니라 실천 경험의 체계를 총정리하였다. 특히 작자는 당대 불교교단 관리 제도상 불광산의 혁신과 현대 조직 형식에 대해 구체적으로 밝힘으로써 참고할 만한 의의와 가치를 두루 지녔다고 할 수 있다."

만경 스님과 사천대학을 졸업한 만기 스님은 가장 먼저 중국에서 박사학위를 취득한 대만 출신 승려일 것입니다. 특히 만경 스님의 부모님은 무척 진보적인 성향의 분들이었습니다. 두 분 모두 홍콩의 정성 가득한 불교 호법신도이자 법과 공공질서를 잘 지키는 홍콩시민이었습니다. 1남 1녀를 교육시켜 아들은 인도로 보내 불교를 배우게 하였고, 딸은 대만 불광산에서 출가를 시켰습니다. 남매 모두 앞으로 불교 안에서 큰 업적을 이룰 것이라 저는 믿습니다.

제가 홍콩에서 홍법을 펼친 지도 어느덧 30년이 다 되어갑니다. 홍감체육관에서 연 불학 강연은 20년 동안 한 번도 멈춘 적이 없었습니다. 해마다 강연을 할 때면 만경 스님의 부모님은 늘 독실한 청중이 되어 그 자리에 참석하셨습니다. 제가 매번 한담이나 나누자며 만경 스님의 부모님을 따로 초대했지만, 그들은 저의 시간을 뺏기 싫다며 그저 한쪽 구석에서라도 강연을 들을 수 있는 것만으로도 만족한다고 말씀하셨습니다.

불광산에서 자원봉사를 한 적도 있는 만경 스님의 부모님은 불광산을 자신의 집처럼 여기고 계십니다. 불광산은 원래 자신들의 딸이 출가한 사돈집이나 마찬가지입니다. 두 분 모두 불광산에서 가슴 가득 법회를 느끼고 있습니다. 특히 만경 스님의 모친을 법당으로 초대해 간단한 식사를 대접한 적이 있었습니다. 만경 스님의 모친께서는 평생 잊을 수 없는 맛이라며 감사하다는 말을 하셨습니다.

만경 스님은 자신의 박사 논문을 낸 뒤 30만 자에 달하는 문학 작품을 완성하였습니다. 이것은 만경 스님 자신의 기쁨일 뿐만 아니라 부모에게도 가장 큰 위로가 되었을 것이라 생각합니다.

수많은 출가 제자 중 비교적 특수하고 희귀한 경우는 3대에 걸쳐 출가한 혜화慧和 스님과 그의 딸 자장慈莊 스님, 그리고 외손자 혜룡慧龍 스님, 혜전慧傳 스님 일가족일 것입니다.

1952년, 중년 신사 스타일의 이결화李決和 거사가 의란에서의 홍법을 위해 타이베이까지 저를 찾아왔습니다. 대안大安이란 백화점을 운영한 적도 있던 그는 의란에서도 상당한 명성이 있었습니다. 제가 의란에서 홍법을 펼치기 전, 그는 이미 세속의 모든 일들을 접고 발심하여 불교를 위한 자원봉사에만 전적으로 매달리고 있었습니다. 의란에 도착해 의란염불회를 설립하자 그는 순조롭게 총무주임이 되었고, 후에 저를 따라 출가하여 '혜화慧和'라는 법명을 얻게 되었습니다. 얼마 후 그는 난양여중 교무처에서 근무하던 둘째 딸 이신도李新桃 양에게 출가하도록 권유하였습니다. 그녀가 바로 자장慈莊 스님입니다. 자장 스님은 출가 후 일본 유학까지 다녀온 불광산 비구니의 대사형입니다. 서래사의 주지를 맡기도 했던 자장 스님은 전 세계에 분원을 세우는 데 가장 큰 공헌을 하였습니다.

타이베이 송강로松江路에 처음 타이베이 별원을 세울 때부터 미국의 서래사, 유럽의 영국 런던도량, 프랑스 파리도량을 세울 때까지 자장 스님은 늘 작은 가방 하나만을 메고 세계 각지를 돌며 사찰을 건립하였습니다. 특히 기독교 예배당을 불교사원으로 개조하기도 하였으며 유적지라고 할 수 있는 파리의 옛 성을 홍법 도량으로 개조하기도 하였습니다. 이것만 봐도 자장 스님의 개척정신이 얼마나 강한지 알고도 남습니다.

특히 로스앤젤레스에 서래사를 건립할 당시 8년이란 시간 동안 6차례의 공청회와 백여 차례의 의견조율회의를 거쳐 북미대륙의 제일 큰 사찰이라 불리는 오늘의 서래사가 완공된 것입니다.

자장 스님의 큰 오빠는 창화彰化은행의 관리책임자이며, 남동생은 석문石門 댐의 설계사입니다. 자장 스님의 조카인 혜룡, 혜전 스님 모두 불광산에서 출가하였습니다. 혜룡 스님은 어려서 불광산 제4대 주지인 심평 화상을 따라 불교에 입문하였습니다. 총림대학을 졸업한 후 해조음海潮音의 범패에 뛰어났으며, 국내외에서 불교의 사무를 맡아 처리하였고, 지금은 남투南投 청덕사清德寺 주지를 맡고 있습니다.

혜룡 스님의 동생 혜전 스님은 병동 농업대학을 졸업한 후 보문고등학교 교장, 서래사 주지, 국제불광회 청년단 단장 등을 역임하였습니다. 온화한 성격이지만 일에 있어서는 똑 부러지는 성격, 뛰어난 말솜씨까지 겸비한 능력 있는 사람입니다. 현재 불광산 도감원都監院 원장을 맡아 국내외 2백여 곳의 불광산 도량의 불법에 관한 일체의 사무와 행정을 통솔하고 있습니다.

자장 스님의 부친인 혜화 스님이 저와 함께 한 세월은 벌써 20여 년이나 되는데, 그 동안 온 힘을 다해 불교를 수호하는 데 힘써 왔습니다. 다. 특히 그는 송 왕조 여몽정呂蒙正이 "불교신자로 삼보에 귀의하지 않으면, 내 집에 다시 태어나지 말아라"고 했던 말처럼 "불문에 들어서지 않으면 내 자식이 아니다"라는 신념을 갖고 계셨습니다.

혜화 스님은 불교적 믿음이 강할 뿐 아니라 특히 중국을 향한 한결같은 갈망으로 한문 공부에도 심혈을 기울였습니다. 그는 큰 딸 이신숙李新肅 양을 중국 호북湖北 출신의 소령장교 방철쟁方鐵錚에게 출가시키기까지 했습니다. 혜룡 스님과 혜전 스님이 그들의 둘째, 셋째 아들입니다.

자장 스님의 모친인 이장일李張壹 여사는 100세가 넘는 고령이지만 아직도 정정하십니다. 과거 우리가 의란에서 자주 먹던 또우푸루(豆腐乳: 발효시킨 두부) 대부분이 여사께서 직접 만든 것이며, 여사께서는 평소에도 사찰에 일만 있으면 밤낮을 가리지 않고, 누가 부르지 않아도 달려와 힘든 일도 아무 불평 없이 일을 봐 주시곤 하셨습니다.

제가 그들의 가정을 불교식으로 만들었다기보다는 이처럼 수많은 불가의 사돈이 자신의 자녀를 불문에 보내 저의 홍법이생弘法利生 사업을 완성시켜 주었다고 하는 것이 옳을 것입니다.

통역을 맡고 있는 자혜慈惠 스님은 '불교계의 재녀才女'라는 칭호를 받았습니다. 그녀는 자장 스님, 자용 스님과 함께 당시 의란 젊은 여성들 속에서 '삼총사'라고 불렸습니다. 제가 조직했던 문예반, 불교 합창단에 참가도 했었고, 무대극 연출도 도와주었습니다. 특히 자혜 스님은 저를 도와 50년 동안 대만어, 일본어 통역을 했으며, 일본 오타니(大谷) 대학에서 유학하며 문학 석사학위를 받기도 하였습니다. 후에 미즈타니 고쇼(水谷幸正) 일본 불교대학 총장이 계속 박사과정을 이수할 것을 권유했지만 자혜 스님은 결연한 의지로 귀국하여 불교교육 분야의 일을 맡아 하고 있습니다. 불광산 총림대학 외에도 서래대학, 남화대학, 불광대학을 건축할 때에도 저를 도와 함께 짐을 나누어 지기도 하였습니다.

자혜 스님의 남동생은 국립중흥대학 원예과를 졸업하고 아프리카 농경대장을 역임하였습니다. 부친인 장휘수張輝水 선생과 모친인 장연張燕 여사는 저의 불가 사돈 중 불광산 사업에 가장 관심이 많은 분들이십니다. 한의사인 장 선생은 판교板橋 임가화원林家花園의 매매 대리인이기도 하십니다. 그들은 화목한 가정을 꾸리고 있으며, 자식에 대한 부모의 사랑 역시 지극합니다. 자혜 스님에게 출가하여 불교를 배우라고 권유한 사람 역시 부친이셨습니다. 자혜 스님은 의란 자애유치원 초대원장을 역임하였으며, 다시 잡지 『각세覺世』의 편집과 불교 총림대학의 훈육주임을 역임하였습니다. 일본 유학을 다녀온 뒤 불광산 건립 기획과 불교 교육사업 등을 기획 추진하였으며 보문고등학교의 초대교장도 역임하였습니다. 지금까지도 '불광산 백만인 흥학운동佛光山百萬人興學運動'을 처리하고 있으며 불교부흥을 위한 사업에도 부단한 노력을 기울이고 있습니다.

이 모든 것이 불문에 들어간 이상 반드시 출가자로서의 역할을 제대로 수행해야 한다는 부모님의 간곡한 당부 덕분이었습니다. 그래서 자혜 스님은 자신에 대한 요구가 엄격한 사람으로 현대적 생활 속에서도 전통적인 사상을 여전히 지니고 있습니다. 총림 사찰에 대한 규범 역시 단호하게 지켜 나가고 있습니다. 새벽불공, 저녁불공, 참선, 염불 등 항상 수행에 정진하고 있습니다.

장 선생은 제가 집전하는 의란염불회에 지속적으로 도움을 주셨을 뿐만 아니라 자신의 집 응접실에 대장경까지 모셔놓고 있습니다. 특히 음악을 좋아하는 부친의 피를 이어받아 음악에 뛰어난 소질을 갖고 있던 자혜 스님 역시 당시 불교합창단에 참가했었으며, 최근에는 불교음악 대회인 '인간음연人間音緣'을 주최하고 있습니다. 해마다 타이베이에서 열리는 인간음연에는 현재 수십 개 국의 젊은이들이 참가하기 위해 타이베이를 찾고 있습니다. 이외에도 자혜 스님은 불광산 범패찬송단과 함께 세계 각지를 돌며 음악으로 홍법을 펼치고 있으니, 불교 발전을 위한 새로운 이정표를 세웠다고 할 수 있을 것입니다.

불광산을 개산하고 약 10여 년 뒤 저는 자혜 스님을 통해 부모님을 불광산으로 모셔 유람하시도록 청했습니다. 하지만 장 선생은 "법계法界가 모두 내 마음속에 있는데, 굳이 불광산에 올라야 할 필요가 있겠습니까?"라고 말하였습니다. 장 선생 부부는 남은 생애 동안 딸이 건축에 기여한 불광산에는 단 한 발도 들여놓지 않았습니다. 저로서는 더할 나위 없이 아쉬운 일입니다.

자용慈容 스님은 민간신앙을 신봉하는 가정에서 태어났습니다. 큰오빠는 원양어선의 선장입니다. 다른 형제들도 의학계에서 의술로 세상을 구하는 분도 있고, 교육계에서 인재를 길러내는 분도 있으며, 외국에서 농업 개발을 지도하고 있는 분도 있습니다. 자용 스님은 여동생인 의래依來 스님과 불광산에서 차례로 출가하였습니다.

의래 스님은 현재 호주 남천사南天寺, 중천사中天寺의 주지를 맡고 있으며, 일본 유학 중 사회복지를 전공했던 자용 스님은 불광산 양로원, 유치원 등의 자선사업 및 수많은 사회교화 업무를 이끌어 가고 있습니다.

자용 스님은 뛰어난 능력에다 어떠한 고생도 마다하지 않는 수행 정신을 가지고 있습니다. '한번 출가인이면, 영원한 출가인'이라는 마인드를 가지고 일흔이 넘은 나이에도 은퇴를 전혀 생각지 않는 분입니다. 호주 남천사의 초대 주지인 자용 스님은 호주에 수많은 도량을 창건하는 데 커다란 도움을 주었습니다. 특히 국제불광회 설립 후 비서장을 맡아 5대양 6대주에 불광회를 확산시키는 일에 매진하고 있습니다. 부처님의 빛을 널리 전파하기 위하여 동분서주하고 있을 뿐만 아니라 행사 기획을 잘하는 자신의 장점을 최대한 살리고 있습니다. 저는 30년 동안 타이베이 국부기념관에서 강연을 해 왔으며, 그때마다 수천 명의 청중이 참석을 하였습니다. 자용 스님은 가무를 강연 사이에 곁들임으로써, 대규모 행사의 새로운 기풍을 만드는 신기원을 이룩하였다고 할 수 있습니다. 그밖에도 홍콩의 홍감체육관과 말레이시아 샤 아람Shah Alam 체육관에서 치르는 '팔만인 홍법행사' 역시 자용 스님의 공로입니다.

자용 스님은 40년 전 스스로 발심하여 출가하였습니다. 자용 스님의 모친은 남편처럼 자녀의 출가를 원하지 않았습니다. 하지만 자녀 열한 명 모두 의란염불회, 학생회, 아동반의 일원이었으며, 여동생 의래依來 스님은 자용 스님과 함께 출가하였고, 문화대학교를 졸업한 여동생 오미혜吳美惠 양은 미국 서래사의 호법이자 불광회 회장이기도 합니다. 다른 여동생 오소분吳素芬 양은 국립예술대학의 교수로 재직 중이며 불광회 가무단의 가무 연습을 자주 도와주고 있습니다.

자용 스님이 보문사 주지로 있던 시절, 모친이 특별히 보문사로 옮겨와 자용 스님과 함께 지냈습니다. 훗날 모친이 자용 스님께 이런 말씀을 하셨다고 합니다.

"우리 집에 자식이 여럿 있지만, 그중 가장 잘되고 큰일을 한 것은 바로 너다."

눈을 감기 전 특별히 저를 찾아온 자용 스님의 모친은 불광산 건설에 보태라며 천만 위엔(한화 약 4억)을 시주하셨습니다. 그분처럼 자녀와 재산을 모두 불광산에 희사한 것을 보면 저의 수많은 불가 사돈들이 불문에 공헌한 바가 얼마나 큰지를 알 수 있습니다.

불광산 개산 10주년 당시 대만대학 수학과를 졸업한 진개우陳開宇 군이 불광산에서 출가하였습니다. 법명은 혜개慧開입니다. 슬하에 많은 자녀가 교육계, 학술계 박사 등 명망 있는 지위에 있었지만, 부모는 여전히 출가한 아들을 의지하였습니다. 부모님은 혜개 스님과 불광산에서 함께 지내며 자원봉사를 하였습니다. 이 역시 드문 경우라 할 수 있습니다.

혜개 스님의 부친인 진학수陳鶴袖 선생은 부상으로 퇴역하였지만 장군까지 지낸 군인이었습니다. 한쪽 다리를 잃고 지팡이에 의지해 걷지만, 걸음걸이만은 예전과 다름없이 나는 듯합니다. 특히 진 선생은 글씨를 참 잘 쓰십니다. 불광산의 수많은 문서의 글들이 모두 그의 펜에서 나온 것입니다.

혜개 스님은 출가 후 보문고등학교에서 우선 교편을 잡았다가 교장까지 승진하였습니다. 하지만 저는 여기에 만족하지 말라며 그를 격려하였습니다.

"형제들이 모두 박사이며 교수인데, 왜 자네는 계속해서 공부를 하지 않는가?"

저의 말을 들은 혜개 스님은 교장직을 그만두고 미국으로 건너가 템플대학(Temple University)에서 종교학 박사학위를 받고 지금은 남화대학 교무장을 맡고 있습니다. 또한 혜개 스님은 생사학生死學 분야의 전문가이기도 합니다.

저는 문득문득 혜개 스님의 부모님이 생각나곤 합니다. 불광산에서 오랫동안 생활했던 덕분에 길에서, 또는 회의나 강연 등에서 가끔 만날 때마다 혜개 스님의 모친이 매우 낙천적이고 쾌활한 성격이라는 느낌을 받았습니다. 모친의 영향을 받아서인지 자녀들도 모두 시원시원하고 호방한 성격을 지녔습니다. 특히 진학수 선생이 군인 출신인지라 불교에 대한 충성심과 의리가 무척 강하였습니다. 불광산에 거주하는 몇 년 동안 사찰을 지키고 수호하며, 불광산에 악의를 드러내는 사람이 있기라도 하면 이를 갈며 몹시 화를 내곤 하였습니다.

지금까지 얘기한 사돈 말고도 지금 불광산의 공양간에서, 원예 분야에서, 환경보호 분야 등에서 수많은 사돈들이 발심하여 자원봉사를 해 주고 있습니다. 하지만 그들은 결코 불광산의 최고 행정에 간섭하거나 재무 운용에 참여하지는 않습니다. 다만 불광산에 꽃을 심거나 잡초를 뽑고, 식사를 거들고 청소를 도울 뿐입니다. 자녀와 함께 살 수 있다는 것과 여생을 편안하게 보낼 수 있다는 것에 스스로 만족하며 자신의 분수를 아는 그들이 참 감사할 따름입니다.

현재 불광산의 사업이 날로 방대해져 방송국, 신문사, 대학, 미술관, 진료소, 그리고 불광회 및 각지의 말사, 분원 등을 많이 가지고 있습니다. 또한 수많은 사돈들이 더욱 분분히 불교의 품안으로 들어오고 있습니다. 그중에서도 특히 각지의 불광회에서 독도(督導: 지도 감독), 회장, 비서 등을 맡고 있는 간부들이 인간불교를 확실히 봉행하면서 불광 사업을 최대한 발전시키고 있습니다.

예를 들어 도융道融 스님의 부친이신 홍진국洪進國 거사는 창화彰化 이림二林분회의 독도이자 포교사로 활동하고 계십니다. 또한 묘홍妙鴻 스님의 부친이신 호고영胡高榮 거사와 고모이신 호고단胡高緞 보살은 각각 창화 북두北斗분회의 독도와 중화총회 감사를 맡고 있습니다. 영부永富 스님의 모친이신 진옥경陳玉卿 보살은 사두社頭분회의 독도이시고, 만유滿維 스님의 부친인 채조풍蔡朝豐 거사는 병동 동항東港분회의 독도이십니다. 혜중慧中 스님의 부친인 임합승林合勝 거사는 병동 신비新埤분회의 독도이고, 혜행慧行 스님의 부친인 진백침陳伯琛 거사는 핑동 리항里港분회의 독도이십니다. 각휘覺輝 스님의 모친인 유련향劉蓮香 보살은 타이난 제1분회의 독도이시고, 묘혜妙慧 스님의 부친인 양중웅楊重雄 거사는 도원桃園분회의 독도이십니다. 묘유妙瑜 스님의 부친인 사인홍謝仁興 거사는 병동 남주南州분회의 독도이시고, 여경如慶 스님의 모친인 이혜란李蕙蘭 보살은 태산泰山 제1분회의 독도이십니다. 영융永融 스님의 모친인 진민화陳敏華 보살은 고웅高雄분회의 회장이십니다.

이처럼 수많은 불가 사돈들이 불광산을 보호하고 아끼는 마음으로 자식을 불가에 보내는 것은 물론, 자녀를 따라 불문에서 자원봉사를 실천하는 등 온 정성을 다해 공헌하고 계시니 저는 그 정성에 새삼 감동하지 않을 수 없습니다.

남자들은 여러 집안에서 여자를 데려오고, 여자들은 여러 집안으로 시집을 가면 부부가 되어 양가는 사돈이 되는 것입니다. 이것이 속가에서 사돈을 맺는 일반적인 방식입니다. 하지만 부모가 불문으로 자녀를 출가시키는 데는 나름의 인생을 향해 나아가려는 커다란 인연이 있어야 합니다. 남녀를 불문하고 불교 공부를 위해 출가하는 젊은이들 역시 상대방에게 시집을 가면 좋을지 나쁠지를 고민하는 세속의 결혼처럼 출가에 대해서도 고민을 합니다. 주어진 운명에 순응하며 되는 대로 살겠다는 사람이 있는가 하면, 출가 후 이제는 전과 다른 인생, 더욱 발전하는 인생을 살아보겠다는 사람도 있습니다.

출가하여 불교를 배운다는 것은 새로운 환경으로의 탈바꿈과 같습니다. 또 다른 방식의 생활 변화가 단순하게 사찰과 부모를 사돈으로 엮어 주는 것은 아닙니다. 젊은 아들, 딸들이 자신의 기량을 발휘하여 불문을 빛낼 수 있느냐, 인생을 더욱 발전시켜 나갈 수 있느냐는 것이 더욱 중요한 것입니다. 부모와 스승은 그저 하나의 인연일 뿐입니다. 전도유망한 삶은 자신의 노력에 달려 있습니다.

이 글을 통해 불광산의 수많은 사돈들께 드리고 싶은 말씀이 있습니다.

"누구나 자신의 복은 자신이 가지고 태어납니다. 사돈의 자녀는 불광산에서 소중한 가정의 아들딸처럼 성장하고 있습니다. 고된 수행을 해야 하는 승려라 할지라도 '불문의 용상龍象이 되려면, 우선 중생의 소, 돼지가 되어라'는 말처럼 손꼽아 기다리면 자신의 성과를 이룰 수 있을 것입니다. 하지만 '한 부처가 나기 위해서는 천 부처가 보호해야 한다(一佛出世, 千佛護持)'는 말처럼 젊은이들이 입도入道

하기 위해서는 모두의 보호와 격려가 있어야 합니다. 그래야 어린 보리수가 자라 튼튼해지고, 꽃과 열매를 원만히 맺을 수 있기 때문입니다."

전환기

수십 번의 한서寒暑를 지나 이제 인생의 노년에 다다른 제 인생을 돌이켜 보면, 그 속에는 수없는 공과功過와 성패成敗가 있었고, 늘 '결정적인 순간'이 있었습니다. 사람들은 외적인 시비是非만 보지만 자아를 객관적으로 성찰해 봐야만 결정적인 순간이 언제인가를 알 수 있습니다.

  제가 태어난 강소성 양주의 작은 마을 강도는 경제적으로 낙후되고 교육이 활성화되지는 않았지만 소박한 분위기의 농촌 마을이었습니다. 저는 자라면서 혁혁한 공을 세운 조상의 보살핌도, 남들에게 내세울 만한 친척의 도움도 받은 적이 없었습니다. 또한 어려서부터 정식으로 학교를 다닌 적도 없어 스승이나 동문의 도움조차 받아 본 적이 없었습니다.

  하지만 12살 되던 해인 1939년 1월, 우연히 기연機緣을 만나게 되어 의흥 대각사에서 출가를 하게 되었고, 남경 서하산에서 교육을 받게 되었습니다. 저는 이때부터 큰 용광로와 같은 총림사원에서 교육을 받으며 성장하게 되었습니다.

이것이 제 인생의 첫 번째 전환기였습니다.

제가 출가하게 된 인연은 이렇습니다. 1937년 7월 7일, 중일 간의 노구교사건 발발 후 일본군은 파죽지세로 중국군을 밀어 붙였습니다. 상해지역 전투 후 같은 해 연말 일본은 남경을 공략했고, 차마 눈 뜨고 보지 못할 '남경대학살'을 자행하였습니다. 당시 장사를 하셨던 저의 부친은 전쟁 중 소식이 끊겨 지금까지 생사를 확인할 길이 없습니다. 아버지의 소식이 끊기자 어머니께서는 저를 이끌고 아버지를 찾아 고향을 떠나오셨습니다.

저와 어머니는 남경과 상해(京滬) 일대를 돌아다녔지만 아버지의 소식은 끝끝내 들을 수가 없었습니다. 낙심한 우리는 서하산을 지나다가 훈련을 하고 있는 군부대를 보게 되었습니다. 호기심이 생긴 저는 멈춰 서서 그들을 구경하였습니다. 갑자기 근처에 서 있던 한 사찰의 지객승(知客僧: 손님 접대를 맡은 승려)이 지나가는 말처럼 저에게 물었습니다.

"애야! 너 출가하지 않을 테냐?"

저는 외할머니의 영향으로 어려서부터 부처님을 신봉하며 예불을 해 왔었습니다. 게다가 출가자들의 위엄이 서린 모습을 늘 마음속으로 동경하고 있었습니다. 잠재의식 속에 감춰져 있던 '출가'라는 두 글자를 듣자마자 저는 더 생각할 것도 없이 바로 대답하였습니다.

"네, 출가하겠습니다."

약 한 시간쯤 지났을까요? 여전히 훈련 중인 군대를 흥미롭게 지켜보고 있던 저에게 누군가 다가오더니 말했습니다.

"얘야, 스승님께서 널 보자고 하시는구나!"

아무도 모르는 낯선 환경에서 누군가 저를 찾는다는 말에 저는 깜짝 놀랐습니다. 저는 어머니와 함께 그분을 따라 사찰로 갔습니다. 사찰 옆에서 빨래를 하고 있던 노인 곁에 어머니를 남겨두고 저는 혼자 서하산사棲霞山寺로 들어섰습니다.

안내해 주는 스님과 함께 산문을 들어선 후 저는 꼬불꼬불한 길을 두 번 정도 돌아 한 건물 앞에 멈춰 섰습니다. 건물 내부의 청정하고 장엄한 모습만 보고서도 어린 저는 황궁에 들어가는 듯한 느낌이 들었습니다. 이때 서른쯤 되어 보이는 수려한 용모의 스님이 저를 향해 미소를 짓더니 고개를 끄덕이셨습니다. 스님께서는 앞에 있는 의자에 앉으라고 말씀하시며 질문을 하셨습니다.

"얘야! 이름이 뭐니? 고향은 어디냐? 몇 살이지?"

긴장을 한 탓인지 아니면 부끄러워서 그랬는지는 몰라도 저는 잠시 동안 무슨 말인지 알아듣지 못해 멍하니 앉아만 있었습니다. 그러자 스님께서는 제게 종이 한 장을 건네며 이름을 써 보라고 하셨습니다. 학교를 제대로 다녀 본 적이 없는 저는 제 이름 석 자도 제대로 쓸 줄 몰랐습니다.

스님께서는 다시 "고향이 어디냐?"라고 물으셨습니다. 제가 종이에 '강소'라고 쓰자 스님께서는 "강도라고 쓰는 거란다"라고 말씀하셨습니다. 부끄러운 말이지만 당시만 해도 저는 '강도江都'와 '강소江蘇'조차도 제대로 쓸 줄 몰랐습니다.

이때 스님께서 다시 말씀하셨습니다.

"출가하고 싶다고 했다던데, 정말이니? 나는 이곳에서 스승을 맡고 있으니 나의 밑에서 출가하는 것은 어떻겠느냐?"

자비롭고 선한 인상의 스님을 보며 저는 즉시 대답하였습니다.

"그러겠습니다."

"하지만 네가 아직은 어리기 때문에 출가를 하려면 부모님의 동의가 필요하단다."

"마침 저의 어머니와 동행해 아래 와 계십니다."

"그럼 어머니께 여쭤 보고 오너라. 어머니가 허락하시면 내가 만나 뵐 수 있도록 이곳으로 모시고 오렴."

저는 어머니를 찾아 이곳에서 출가하겠다고 말씀을 드렸습니다. 어머니는 일언지하에 안 된다며 반대하셨습니다.

"고향으로 돌아가 식구들을 어떻게 볼 것이며, 이웃들에게는 뭐라고 한단 말이냐? 절대 안 된다."

그 말을 들은 제 눈에서는 눈물이 흘러내렸습니다.

"하지만 전 이미 스님께 약속을 하였으니 이제 와서 되돌릴 수도 없습니다."

강한 분이셨던 어머니께서 말씀하셨다.

"괜찮아. 내가 직접 스님을 만나 말씀드릴 테니, 걱정 말거라."

저는 다시 어머니와 함께 스님께 갔습니다. 당시 기억이 어렴풋해서 잘 생각나진 않지만, 스승님께서는 어머니께 저를 어떻게 육성할 것이며, 장차 어떻게 성장하여 앞날이 어떨 것이라는 등의 말씀을 하셨습니다. 그 말씀을 들은 어머니도 마음이 움직여 저의 출가를 허락하셨습니다.

둘째 날, 즉 1939년 2월 초하루, 저는 머리를 깎고 출가를 하였습니다.

출가한 후에서야 스승님의 법명이 '지개志開'라는 것을 알게 되었습니다. 스승님은 서하산사의 실질적인 권력이라 할 수 있는 감원監院을 맡고 계셨습니다. 일반적으로 서하산사는 시방총림十方叢林이므로 사사로이 제자를 받아들이거나 머리를 깎을 수 없었습니다. 하지만 스승님께서는 제게 이렇게 말씀하셨습니다. 이것은 임시방편일 뿐이며 제가 출가한 문중 사찰은 의홍 백탑산의 대각사라고 말입니다.

당시 저는 사찰의 상황이 어떻게 돌아가는지 전혀 알지 못했습니다. 출가 당일 체격이 좋고 엄숙한 표정의 스님들이 여러 명 오셨던 것밖에는 기억나지 않습니다. 용모가 준수한 스님 한 분이 계속 제게 미소를 지으며 스승님을 대신해 저에게 '오철悟徹'이란 법명과 '금각今覺'이란 별칭을 지어주셨습니다.

저의 출가로 인해 스승님을 곤란하게 했던 경우가 여러 차례 있었습니다. 첫째는 사찰 내에 수백 명의 승려가 머물고 있지만 미성년인 출가자는 한 명도 없었다는 것입니다. 사찰 내에 서하율학원이 있긴 하지만 그곳에도 20세 이상의 수계를 받은 비구들이었고, 선원에도 오랫동안 머물고 있는 청장년들뿐이었습니다.

이러한 상황에서 저의 거처를 어디로 할 것인지는, 영명하시고 훌륭하셨던 스승님에게 아무런 문제가 되지 않았습니다. 스승님은 어머니를 돌려보내신 후 저를 접대실 옆 작은 방에 머물게 하셨고, 서기였던 대실大實 스님에게서 '선문과송禪門課誦'을 따라 배우고 '다섯 가지 과제(五堂功課)'를 익히게 하셨습니다.

저와 헤어지고 집으로 돌아가는 어머니의 심정은 어떠하셨을까요? 어려서부터 외할머니 손에서 자라 어머니와 함께 한 시간이 많지 않았지만, 자식과 이별을 하는데 어머니인들 어찌 슬프고 괴롭지 않았겠습니까? 하지만 저는 장래를 위해 '출가'의 결심을 굳힐 수밖에 없었습니다.

어머니가 고향으로 돌아가신 다음 날 오후, 작은 방안에 있을 때 밖에서 쩌렁쩌렁한 목소리와 함께 죽비로 때리는 소리가 들렸습니다. 이상한 생각이 들어 문틈으로 몰래 밖을 내다보았습니다. 얼마 전에 저에게 출가하겠냐고 물었던 지객승 미광彌光 스님이 대웅보전의 관리를 책임진 향등사香燈師를 바닥에 꿇어앉힌 후 죽비로 힘껏 내리치고 있었습니다. 어찌나 세게 내리쳤는지 죽비가 부러져 튕겨 나간 파편들이 바닥 여기저기에 흩어져 있었습니다. 중년의 향등사는 연신 용서를 구하며 꿇어 앉아 있었습니다. 그가 사사로이 신도에게 5위엔을 받았기 때문에 처벌을 받고 있는 것이었습니다. 그걸 본 저는 겁이 나거나 위축되기보다는 무언가 큰 깨달음을 얻은 듯했습니다. 출가자라면 명리를 쫓아서는 안 되며, 함부로 신도에게 돈을 받아서도 안 된다는 것을 그때 깨달은 것입니다. 그런 이유로 저는 나중에 불광산을 건설하면서 아무리 사소한 것이라도 공적 자금에는 손을 대지 않았고, 사사로이 시주를 받지도 않았습니다.

출가한 지 둘째 날, 열몇 살밖에 되지 않은 아이를 하루 종일 방안에만 둘 수 없다고 생각하신 스승님은 서둘러 저를 서하율학원으로 보내셨고, 저보다 나이가 훨씬 많은 선배, 동학들과 함께 10년 고난의 총림 교육생활이 시작되었습니다.

저는 서하율학원에서 6년 공부를 한 후 초산불학원에 진학하였습니다. 다시 2년 뒤인 스무 살 겨울에 초산을 떠나 문중 대각사로 돌아왔습니다. 대각사에 머물던 기간 동안 짧게나마 초등학교 교장, 사찰의 감원, 잡지 편집 등을 했고, 또 남경 화장사의 주지를 맡기도 하였습니다. 23살이 되던 해, 저는 승려구호대를 이끌고 대만으로 건너왔습니다.

이것이 제 인생의 두 번째 전환기입니다.

제가 남경 화장사를 맡은 지 얼마 되지 않는 때였습니다. 도반인 지용智勇 스님이 용기를 내 600명의 승려구호대를 조직하려고 하였습니다. 당시 각지에는 전쟁 포로와 부상당한 병사들이 부지기수였고, 희생당한 군민들 역시 절대적인 도움이 필요한 시기였습니다. 저는 처음에 승려구호대에 참가하려는 마음은 없었습니다. 준비한 지 두 달 후, 그들은 더 이상 승려구호대를 조직하지 못하겠다며 갑자기 도중에 포기를 하였습니다.

'중도포기'라는 것을 평생 제일 싫어했던 저는 "너희들이 가지 않겠다면, 내가 가겠다"라고 하며 흔쾌히 그들의 뜻을 받아들였습니다. 저는 즉시 남경의 신가구新街口에서 아홉 시간 거리에 있는 서하산으로 사람을 보내 당시 이미 방장으로 승진하신 스승 지개상인에게 대만으로 건너가겠다는 뜻을 전하였습니다. 스승님도 저의 뜻에 찬성하시며 꼭 성공하기 바란다는 말씀과 함께 약간의 여비를 보태 주셨습니다.

도반인 지용, 유춘惟春 스님이 이끌었던 승려구호대는 이 시기 겨우 60여 명밖에 남지 않아 구호대라 할 수도 없었습니다. 떠날 시기가 임박해서 100여 명을 더 모집하였지만 실제로 배에 승선한 사람은 50여 명 정도밖에 되지 않았습니다. 대만에 도착 후, 우리의 인원이 너무 적어 구호대는커녕 모임조차도 성립되지 않았습니다. 또한 우리를 받아주겠다는 단체도 없었습니다. 여러 날 여기저기 알아보면서 상황을 살폈지만 도저히 인연이 닿지 않아 승려구호대 역시 해산하고 뿔뿔이 흩어지게 되었습니다.

진사수陳辭修 선생이 정무를 주관하고 있던 대만의 정치 상황은 매우 불안정한 상태로 불분명한 인구의 유동을 예의주시하고 있던 시기였습니다. 저 역시 경찰에 체포되어 도원에 있던 한 창고에 갇히게 되었습니다. 하지만 감사하게도 손립인 장군의 부인이신 손장청양 여사와 입법·감사위원들의 크나큰 도움으로 구사일생으로 화를 면할 수 있었으며, 대만에 계속 머물 수 있게 되었습니다.

그 기간 동안 홍콩에 있는 도반들이 홍콩으로 갈 여비를 모아 저에게 사람을 보냈습니다. 하지만 감금되어 있던 상태여서 저는 그를 만날 수 없었고, 제가 석방되어 나왔을 때는 그가 이미 홍콩으로 돌아간 뒤라 서로 만날 인연도, 저의 '홍콩행'도 실현되지 못하였습니다.

이외에도 세계 각지의 신도들이 저에게 희망을 전해 주었습니다. 일면식도 없는 스위스 신도들의 편지도 받았고, 말레이시아의 불교회에서도 홍법을 펼칠 포교사를 보내 주기를 간절히 염원하고 있었습니다. 하지만 그곳까지 갈 여비도 없고 언어 소통도 문제가 될 듯하여 신중한 태도를 취하며 자신의 본분을 지키듯 대만에 머물게 되었습니다.

저는 처음 대만 중력中壢의 원광사圓光寺에 머물렀다가 나중에는 신죽新竹 청초호의 영은사靈隱寺에 안거하면서『인생잡지』의 편집과 대만 불교강습회에서 교편을 잡았습니다. 남는 시간에는『옥림국사玉琳國師』,『소리 없는 노래(無聲息的歌唱)』등의 글을 썼습니다. 하지만 사실 이 시기에 저는 의란에서 저의 이상을 어떻게 실현할 것이며, 마을을 찾아다니며 어떻게 홍법을 하고 포교를 펼칠 것인가에 초점을 맞추고 있었습니다.

1953년 봄, 의란에 도착한 저는 제 인생의 또 다른 전환기를 맞게 되었습니다.

의란염불회에서는 청년회를 설립하고, 문예모임, 합창단, 보습반, 경전반 등을 만들었습니다. 더 널리 전파하고, 더 많은 청년들에게 불교를 가르치기 위해 저는 악단에게 노래를 부르게 하고, 그림자 인형극과 영사기 등의 도구를 이용해 포교를 하였습니다. 우리가 홍법을 펼치기 위해 확성기로 "우리의 불교가 왔습니다!"라는 말을 하면 남녀노소는 말할 것도 없고 민간신앙을 가진 사람들까지도 깊은 감동을 느끼며 지정한 장소로 하나 둘 몰려왔습니다. 그 사람들 덕분에 불법을 널리 퍼뜨릴 수 있었고, 불교를 전파해야겠다는 저의 믿음 또한 더욱 굳건해지게 되었습니다.

제가 포교하는 대상은 대부분 군인, 젊은이, 또는 부녀자와 학생이었습니다. 저는 학교와 교도소에서 홍법을 펼치는 중에도 시골마을의 동락회同樂會과 부처님 오신 날 거리 행렬 등의 행사도 함께 치렀습니다. 또한 진료소를 설치하고, 겨울이면 불우한 이웃을 위한 구제

활동도 펼쳤습니다. 특히 태풍이 휩쓸고 지나간 지역에는 누구보다 먼저 그곳으로 달려가 이재민을 따뜻하게 보살피고 도와주었습니다. 의란에서만 바쁘게 뛰어다니길 수십 년, 제가 이루고자 했던 '온 가정에서 부처가 나다(萬家生佛)'는 아니지만, 모두들 저를 일러 '의란 대사'라 불러주셨습니다. 저의 인생에서 가장 인상 깊은 사건 중 하나입니다.

의란과 타이베이에서 홍법을 펼친 지 십여 년. 저는 타이베이에서 받는 중압감이 무척 크게 느껴졌습니다. 이곳은 회의도 특히 더 많은 데다 회의 때마다 저의 참가를 요청해 왔기 때문입니다. 제가 참석하지 않는다면 더 이상 저에게 협조하지 않겠다고 하기도 하였습니다. 또한 끊임없는 식사 초대도 이유 중의 하나입니다. 누군가 초대를 하면 더 많은 사람이 답례로 접대를 했으며, 한 번에 열흘 혹은 보름 동안 사찰에서 공양하지 못하는 적도 있었습니다. 제가 정중히 거절이라도 하면 '나를 무시하는 겁니까?'라는 말을 듣기 일쑤였습니다. 특히 그 시기는 동남아시아와 구미대륙에서도 대만과 왕래를 하기 시작하던 때라 손님을 맞이하기 위해 자주 공항에 가야 했습니다. 이때에도 제가 동행하지 않으면 어째서 자신을 도와주지 않느냐는 소리까지 들어야 했습니다.

그들과의 협력을 위해, 또 그들을 존중한다는 것을 보여주기 위해, 그리고 그들을 도와야 한다는 이유 때문에 저는 수시로 여기저기 접대에 끌려 다녔습니다. 이처럼 외부에서 생활하다 보니 정작 제가 사는 곳이 어디인지 저 자신도 혼돈이 되었습니다. 이런 상황이 지속되는 것은 바람직하지 않다는 생각이 들었습니다.

이와 같은 중압감의 원인도 있었지만, 남부 고웅과는 일찍부터 서로 좋은 인연을 맺고 있었습니다.

강연과 홍법을 펼치려 방문할 때마다 천 명이 넘는 신도가 모여들었습니다. 또한 오고 갈 때마다 기차역에서 마중하고 배웅하는 군중이 수백 명 이상은 되었습니다.

당시 고웅의 신도들은 마치 의란의 신도들과 경쟁이라도 하는 듯 제가 고웅에 올 때마다 갖가지 편의를 다 마련해 주곤 하였습니다. 결국 신도들의 정성에 감복한 저는 고웅 불교당의 건축과 수산사의 건설을 돕기 위해 남하하겠다는 약속을 하였습니다.(고웅은 대만의 남쪽에 위치.) 저는 고웅 홍법이라는 새로운 세상으로 길을 떠났습니다.

고웅에 뿌리를 내리며 제 인생의 네 번째 전환기를 맞았습니다.

저는 우선 고웅 불교당 건설을 추진하였습니다. 준공이 코앞에 다가왔을 즈음, 저는 월기月基 스님에게 그곳 주지를 맡기고 수산공원에 수산사壽山寺를 건축하기 시작했습니다. 이때 병동 동산사東山寺에서 동산불학원을 차리며 교편을 맡아 달라는 부탁을 주지이신 원융圓融 비구니 스님에게서 받았습니다. 저는 그 일을 흔쾌히 승낙했지만, 불학원 원장이 저에게 교편을 맡기는 것을 허락하지 않았기 때문에 그 일은 성사되지 않았습니다. 원융 스님은 저에게 무척 미안하다며 사과를 하셨지만, 저는 전혀 개의치 않았습니다. 인재를 배출하는 문제가 얼마나 중요한 것인지 저도 알고 있었기 때문입니다.

더군다나 저한테도 수산사라는 작은 사찰이 생겼으니 저 역시 불학원을 차려야겠다고 생각하였습니다. 이 일은 더 이상 미룰 수 없는 시급한 사안이었습니다.

당시 제가 머물고 있던 수산사는 5층 높이의 80평 남짓한 건물이었지만, 60명씩 두 반이 각 층마다 꽉 들어차 있었습니다. 한 반은 방이 모자라 납골당에서 수업을 해야 할 정도였습니다. 하지만 고맙게도 학생들은 이 일을 꺼리기는커녕 유골단지 앞의 사진을 보며 망자와 우정까지 쌓고 있었습니다. 특히 도로국의 안내양 아추阿秋 양이 교통사고로 목숨을 잃은 지 얼마 되지 않았을 때, 그녀의 부모는 거의 매일 그녀의 유골 앞에 과일을 올려다 놓았습니다. 그러자 학생들 역시 망자에게 관심을 갖고, 예를 다해 제祭를 지낸 후 그 과일을 나누어 먹었습니다. 산 자와 죽은 자가 함께 즐기다니, 이 역시 재미있는 일화가 아닌가 싶습니다.

작긴 하지만 수산불학원에서는 해마다 학생들을 모집했습니다. 1966년에 세 번째로 입학생을 모집할 때, 수산사의 공간이 부족해 더 이상 신입생을 받을 수 없었습니다. 이런 상황이 안타까웠던 저는 자장, 자혜, 자용 스님 등과 상의하여 고웅 기차역 앞의 불교문화복무처를 매도한 550만 위엔으로 고웅현 마죽원麻竹園 산비탈 20여 헥타르의 땅을 매입하여 학교 건물을 지었습니다. 학교 건물이 완성될 때쯤 저는 수산불학원을 이곳으로 이전하였고 이름도 '동방불교학원東方佛敎學院'이라 개명하였습니다. 그 후로도 계속 건물을 늘려 지금의 불광산을 이뤘습니다.

이 일이 제 인생의 다섯 번째 전환기라 할 수 있습니다.

처음부터 승려와 신도들이 편안하게 머물 총림을 세우겠다는 원대한 포부는 없었습니다. 더구나 저는 경제적으로 풍족하지도 않았습니다. 그런데도 제가 불광산을 창립하게 된 데는 다음과 같은 인연이 있었습니다. 수산사의 공간이 모자라 학생을 받고 싶어도 받아들일 형편이 아니었습니다. 그런데 당시 베트남에서 온 저백사褚柏思 부부가 중국의 교육 사업에 투자하려다 경제적 곤란을 겪게 되어 급히 도움이 필요했습니다. 저는 그들이 소유한 마죽원 토지가 저에게 쓸모가 있는지도 생각하지 않은 채 지금의 불광산 현 부지를 사들였습니다. 1966년 땅을 매입했고, 그 이듬해인 1967년 5월 16일 불광산에서 정초식을 거행하고 사찰 건축에 박차를 가했습니다.

당시는 불교 홍법이 가장 미비하던 시기였습니다. 기독교를 신봉하는 총통의 부인 송미령 여사가 국민들이 믿는 불교를 배척했기 때문에 일반 공무원이나 교직원들은 취업할 때 이력서에 불교 신자라고 감히 적을 수 없었습니다. 이런 역경 속에서도 저는 '시작한 일은 끝을 보자'는 마음으로 일단 현판을 걸어야겠다고 생각하였습니다. 그리고 부처님의 빛이 두루 비치기를 바란다는 뜻에서 사찰의 이름을 '불광산'이라 지었습니다.

이 일이 있기 전의 이야기를 하나 더 하고 넘어가야겠습니다.

원래 저는 현재 징청호澄淸湖 근처의 원산호텔 부지를 구매할 생각이었습니다. 계약을 할 즈음 이야기를 나누던 한 학생이 흥분해서 이런 말을 하였습니다.

"원장(저를 가리킴)님께서 원산호텔 부지를 사서 불학원을 그곳으로 옮기면 장 총통이 징청호를 구경하러 왔다가 우리 불학원에도 참관을 하러 오시겠네요."

이 말을 들은 저는 그 즉시 구매하겠다는 의사를 취소했습니다. 당시 저는 징청호의 덕을 보지 않아도 총통을 이곳으로 모실 수 있다는 자신감이 있었습니다. 방법만 있다면 누구든 모실 수 있다는 신념이 있었습니다. 불광산 개산 후 얼마 뒤 장경국蔣經國 총통이 재임 기간 중 친히 불광산을 방문한 적도 있었습니다.

불광산 마죽원의 토지를 매입하고 난 후 저는 특별히 소형차를 한 대 빌려 신도들과 함께 참관하기 위해 산에 올랐습니다. 하지만 차를 타고 가다 내려서 잡초가 우거진 작은 숲 속 길을 걸어야지만 오를 수 있는 험한 지형이었습니다. 차에 탄 신도들은 차에서 내리려고 하지도 않았습니다. 그때 누군가 말하였습니다.

"이런 곳은 귀신도 안 오겠다."

아무 생각 없이 내뱉은 신도의 말에도 저는 전혀 개의치 않았습니다. 저는 신도들을 차에서 기다리게 하고 혼자 산에 올랐습니다. 두 시간 만에 산을 한 바퀴 돌고 난 저는 돌아오면서 속으로 생각했습니다.

'괜찮아. 귀신이 안 온다고 해도 부처님이 오시고 사람들로 넘쳐나면 그걸로 된 거야!'

하지만 본격적인 공사에 들어가고 나서야 이 토지가 그야말로 사용하지 못할 땅이라는 것을 알게 되었습니다. 정말 생각지도 못한 일이었습니다. 지금의 불이문不二門 앞에 당시 작은 언덕 두 개와 깊은 골짜기가 세 곳 있었습니다. 저는 불도저를 불러 언덕의 흙을 골짜기에다 메워 간신히 평지를 만들었습니다.

메워 놓은 평지는 당초 10헥타르 정도로 크지는 않았지만, 오랜 시간 흘러내린 빗물 때문에 토양의 유실 상황이 심각했습니다. 심지어 어느 산골짜기는 그 깊이를 알 수 없을 정도였습니다. 산 아래에 있는 고병高屛 하천에서 대략 만 대 이상의 트럭에 돌과 모래를 매입해 메운 후에야 지금의 불광산 건설 토지가 생기게 된 것입니다.

그런 뒤에 저는 계속해서 근처의 산비탈을 사들였습니다. 처음에는 일갑一甲(약 3,000평)의 토지가 만 위엔이었지만 나중에는 10만 위엔으로 훌쩍 뛰었습니다. 당시 매우 곤궁한 처지였기에 대중들에게 공양이라도 할 수 있는 공간을 먼저 지어야겠다는 생각에서 가장 먼저 공양간을 지었습니다. 하지만 경비가 턱없이 부족했기에 예산을 줄이는 차원에서 8척(1척은 30.3cm) 높이 정도로 해 달라고 일꾼에게 지시했습니다.

담을 쌓아 창문도 내고 지붕을 올리려고 할 때 오대해吳大海 선생이 10만 위엔을 시주해 주셨습니다. 제가 즉시 8척 높이의 공양간을 12척 높이로 올리라고 일꾼들에게 지시하자 그들은 이미 창문까지 다 내어 곤란하다고 말했습니다. 저는 이렇게 말했다.

"창문 위에 또 다른 창문 하나를 더 만들면 되지 않겠나? 그게 무슨 그리 큰일이라고."

불광산의 옛 공양간 건물에는 한 층에 창문이 2층으로 만들어져 건축학상으로도 기이한 건물이 되었습니다.

오대해 선생의 시주에 감사드리는 의미에서 동산에 건설한 급수탑의 이름을 '대해지수大海之水'라 지었습니다. 불광산 개산 초기 20년 동안은 이 급수탑에 물을 저장했다가 수백 명의 식수로 써 불광산 대중들의 식수는 물론 초목들에게도 생기를 불어넣는 역할까지 했습니다. 그밖에도 불광산 건설 초기 통일기업의 오수제吳修齊 선생과 남풍기업의 반효예潘孝銳 선생, 그리고 홍패 페인트를 생산하는 기업인 영기永記의 장첨영張添永 부부 등이 불광산 건설에 경제적 지원을 해 주신 분들이십니다.

불광산의 첫 번째 건물인 '동방불교학원' 낙성 때 참가한 인원만 5만 명이 넘었고, 대비전大悲殿 낙성 당일에는 내정부장內政部長인 서경종徐慶鐘 선생이 직접 집전해 주셨으며, 참여한 신도와 관람객만도 10만여 명이 넘었습니다.

불광산은 1967년 개산 이후 수많은 국내외 신도들의 많은 지지를 받았습니다. 제가 직접 해외에 나가 인연을 맺지는 않았지만 시방 신도와 호법용천龍天의 보살핌, 그리고 불보살님의 가피가 있었기에 개산 40여 년 동안 불광산은 '삼천대천 세계에 불광佛光이 두루 비치고, 오대주五大洲에 법수法水가 흐르게 한다'는 경지를 이룩해 낼 수 있었습니다.

개산 후 18년 동안 관리해 왔던 불광산이 어느 정도 자리를 잡고 홍법 사업이 안정되어 갈 때쯤 저는 물러나겠다는 뜻을 밝혔습니다. 불광산종무위원회佛光山宗務委員會의 공통된 추천을 거쳐 제4대 불광산 주지로 심평 스님이 선출되었습니다.

저의 퇴위退位가 '세대교체'라는 전승 문제에 모범이 될 수 있기를 바랐습니다. 쉰여덟이라는 건강한 나이에 돌연 퇴위를 선포했으니 외부 인사들은 그 이유를 몰라 어리둥절했습니다. 저는 출가한 뒤 불교를 알게 되면서부터 주지는 맡지 않겠다는 생각과, 행정 사무를 담당하는 승려는 되지 않겠다고 결심했습니다. 저는 부처님의 뜻을 널리 퍼뜨리는 것을 제가 지향해야 할 목표라고 여겨왔습니다. 그래서 문화와 교육 사업은 피곤한 줄 모르고 즐겁게 해 왔습니다. 특히 불법을 널리 퍼뜨리기 위해 곳곳을 다니며 강연을 하는 것이 '저의 즐거움'이라고 항상 얘기하곤 했습니다.

저는 의란에서 수십 년 동안 머물렀지만 두 번에 걸쳐 중건을 한 작은 사찰 뇌음사에서도 주지를 맡은 적은 없었습니다. 제가 창건한 고웅의 수산사도 선정善定, 혜정慧定 두 스님에게 살림을 맡겼습니다. 저는 사찰 행정은 되도록 하지 않으려 했지만 불교 교육의 발전을 위해서는 발판이 꼭 있어야 한다는 생각에 부득이하게 개산을 하게 되었고, 이때부터 사찰건립 공사에 매진하게 되었습니다.

불광산을 창건하는 기간에도 저는 여전히 불교대학에서 수업을 하는 등 각지에서 홍법을 펼쳤습니다. 그런데다 공사 청사진과 감리, 그리고 경비 마련까지도 제가 직접 처리해야 했습니다. 일이 어느 정도 진전이 보이고 사람들에게 내보일 수 있을 때쯤, 저는 문득 '왜 제자에게 계승시켜 후대를 양성하지 않는 거지?'라는 생각이 들었습니다. 그래서 저는 1985년 퇴위를 결심했습니다.

제가 이 소식을 대외적으로 선포했을 때 뜻밖에도 총통부에서 전화가 걸려왔습니다. 총통부에서는 장경국 총통이 퇴위한다는 뜻으로 비춰질 수 있으니 '퇴위'라는 말 대신 '전위傳位'라고 고쳐 말해달라고 하였습니다. 나중에 '전법傳法-불법의 전통을 이어받아 전하는 것'이라고 말을 고쳤습니다.

당시 방송국의 인터뷰뿐만 아니라 신문잡지와 '중국시보中國時報'의 사설에서까지 '퇴위 전법退位傳法'이라는 말을 인용해 저의 퇴위와 관련된 논평 보도를 했습니다. 그들은 불교와 대만 기업계에 좋은 본보기가 되었다고 한결같이 호평을 했습니다.

물론 각계의 지도급 인사가 전부 '죽을 때까지 권력을 놓지 않는다'는 것은 아니지만, 저는 살아생전에 후계자를 정해 놓고 사업을 계획적으로 발전시켜야만 경영이 지속될 수 있다고 생각했습니다. 그 당시 대만 기업계는 1세대 창업주들이 대부분 20~30년 동안 자신의 지위를 고수하고 있었습니다. 하지만 저의 '퇴위 전법'을 계기로 뒤를 이을 후계자가 있는 것이 확실히 회사를 조직적으로 끌고 가기에 중요하다는 것을 증명하였으며, 사람들은 이 문제를 더욱 깊이 생각하게 되었습니다. 일개 승려인 제가 이와 같은 사회 발전을 이끌어 낼 수 있다고 생각하니, 저 자신에게도 큰 위안이 됩니다.

불광산을 개산하고 확장하는 18년 동안 저는 사회가 준 각종 혹평과 비방 때문에 너무 힘이 들었습니다. 예를 들어 저는 '정치 중(政治僧)'이고 불광산은 '상업화'가 되었다는 비방은 정말 참을 수 없었습니다. 정치라는 말이 나왔지만 저야말로 '정치의 정'자도 모르는 사람입니다. 저는 평생 정부기관에는 들어가 본 적도 없고, 공공기관의 보조금을 받은 적도 없습니다. 심지어 개산 초기 미국의 어느 선사善士가 발심하여 5천만 위엔을 시주하겠다고 했지만 저는 정중히 거절했습니다. 제가 그가 주는 거액의 시주를 받아 사찰을 짓는다면 나중에 그가 자신의 사찰이라고 우겨도 할 말이 없을 것입니다. 이런 소리를 듣는다면 수천 수만의 신도들에게 부끄럽지 않겠습니까!

영화감독인 유유빈劉維斌 선생의 얘기를 듣기 전까지 저는 '정치 중'이라는 호칭이 꺼림직했습니다.

"정치 중이라는 말이 뭐가 그리 기분 나쁘십니까? 이런 호칭을 얻고 싶어도 안 되는 사람들이 더 많습니다."

누군가 이런 말도 했습니다.

"정치 중이라는 것은 대사님께서 그만큼 이 사회에 영향력이 있다는 말이 아니겠습니까? 더구나 공공기관의 관료들이 수시로 불광산을 찾아오는데 대사님이 어떻게 정치와 무관하다고 할 수 있겠습니까?"

그들의 말을 듣고 보니 일리가 있다고 여겨졌습니다. 더구나 불교에서도 '나라의 주인에게 의지하지 않고는 불법을 세울 수 없다'라는 말까지 있지 않습니까. 그때부터 저는 마음을 달리 먹으며 그 말에 더 이상 마음 쓰지 않았습니다.

'정치 중'이라는 조롱 외에도 누군가 불광산이 지나치게 '상업화' 되었다는 비난을 했습니다. 저는 사회에서 단 한 번도 장사를 해본 적이 없습니다. 불교 아니면 안 된다는 생각으로 불교가 저의 천직이라 여겨왔습니다. 불광산의 조산회관朝山會館은 참배객들에게 식사를 제공하고 있으며, 신도들은 공양하고 난 뒤 발심하여 시주를 합니다. 이것은 지극히 당연한 일로 상업화라 하기에는 미흡한 감이 있습니다. 염주나 불교 서적을 판매하는 것 역시 불법을 널리 전파하기 위한 당연한 행동이며, 홍법의 영구지계永久之計를 위해서는 불교 사업을 벌이지 않을 수 없습니다. 불교 서적을 공짜로 마구 나눠 준다면 누가 그처럼 큰 후원이나 시주를 하겠습니까?

그밖에도 '성운대사는 돈이 많다'라는 사회 여론이 저를 또한 곤혹스럽게 했습니다. 제가 공산당의 자금 지원을 받는다고 하는 사람도 있고, 땅에서 황금을 캤다고 하는 사람도 있었습니다. 어찌됐든 사람들은 제가 돈이 아주 많은 사람이라고 생각했습니다.

저는 사람들이 생각하는 것과는 정반대입니다. 여든을 바라보는 나이에도 저는 여전히 '하루하루를 근근이 견디는 것'처럼 살아왔습니다. 저는 수중에 돈을 가져보지도, 써보지도 못했습니다. 돈이 생기더라도 그것은 사찰의 공금이며, 시방 신도가 시주한 것이니 한 푼이라도 아껴 불법을 널리 퍼뜨리고 불교 사업을 발전시키는 데 사용해 왔습니다. 저 자신도 신도 중 한 사람이라 여기며 시주하고 기꺼이 내어 놓는 법을 배워야 한다고 생각했습니다. 제가 개인적으로 글을 써서 받은 원고료와 인세, TV 강연 및 기업, 공장 등에서 법문을 하고 받은 교통비 등을 모두 불광산 건축과 불교 전파, 후학을 위한 일에 사용하였습니다.

일반 사람이 평생 대학교 하나 설립한다고 하면, 저는 4개의 대학 외에 정부와 합작하여 설립한 8개 지역 대학, 그리고 전 세계에 수십 개의 중화학교, 불교전문대학, 미술관, 도서관이 있으며, 그밖에도 '인간위시人間衛視' 방송국과 '인간복보人間福報' 신문사 등이 있습니다. 사람들은 항상 저에게 이런 질문을 합니다.

"불광산은 어떻게 건축된 것입니까?"

"불광산은 '무無'에서 생겨난 것이며, '비움(空)'에서 온 것입니다."

제가 가진 돈이 없었기에 모두들 저를 적극적으로 나서 도와주고 사찰 건립과 홍법을 지지해 준 것이며, 불교 사업을 추진하는 데 도움을 준 것입니다. 만약 제가 돈이 많은 사람이라면 어느 누가 '아름다운 비단 위에 꽃을 수놓는(錦上添花)' 것처럼 돈 있는 출가자에게 시주를 하며 지지해 주겠습니까?

'퇴위 전법' 때 저는 제 수중에 맡아두고 있던 1억여 위엔의 돈을 후계자에게 전해 주며 사찰을 위해 써 달라고 말했습니다. 제 수중에 돈을 가지고 있던 세월 동안 제 마음은 늘 좌불안석이었습니다. 오랜 세월 마음에 담아 두었던 불안을 이제 바통을 이어 받는 심평 화상에게 전하게 되어 더욱 미안한 마음이 듭니다. 18년간의 주지 재임기간 동안, 더 나아가 평생 홍법을 펼치며 겪었던 힘들고 고된 과정은 불보살만이 아실 것이며, 인과因果만이 보여줄 것이며 또한 제 자신만이 알 것입니다.

불광산 주지에서 물러난 뒤 저는 '벼슬을 버리고 야인으로 돌아간다'는 것을 진정으로 느낄 수 있었습니다. 저는 북해 도량에서 일정 기간 머물다가 겨울을 나고 미국 로스앤젤레스로 건너가 폐관閉關했습니다. 마침 그때가 서래사 창건 초기였기에 저는 방 안에서 하루 종일 앞으로 만날 인연들을 그려보았습니다. 호주에 '남천사'를 짓고, 아프리카에 '남화사'를 지을 것이며, 말레이시아에 '동선사'를 지을 것입니다. 잊지 못할 고향 중국에는…… 정치적인 문제로 양국이 한 치의 양보 없이 대치하는 상황이 계속되고 있으니 더 기다려야 할 듯 했습니다.

저는 1991년 대만에서 '중화불광회'를 설립하고, 다음 해 미국에서 '국제불광회 세계총회'를 설립하였습니다. 저는 중화민국 내정부장을 맡고 있던 오백웅 선생과 미즈타니 고쇼 일본불교대학 총장, 홍콩의 자선가 엄관호嚴寬祜 선생, 호주 기업가 유상경游象卿 선생 등에게 부회장을 맡아달라고 청했습니다.

설립대회는 아카데미 시상식이 열렸던 로스앤젤레스의 음악당에서 거행했습니다. 그날 5천여 명이 대회에 참가했으며, 미국 레이건 대통령이 직접 축하 전문을 보내기도 했고, 종영길鍾榮吉 '대만사공회台灣社工會' 회장이 직접 미국까지 와서 대회에 참석하였습니다. 특히 멀리 카리브해 도미니카공화국의 클라렌스 세이그노레Clarence Seignoret 대통령은 직접 미국으로 와 이 대회에 참석하였을 뿐만 아니라 '불광지우회佛光之友會'의 명예회장이 되기도 했습니다.

그 이후에도 토론토·파리·런던·시드니·도쿄 등지에 국제불광회가 연이어 세워졌습니다. 1년에 한 차례씩 치러지는 '국제불광회 세계대회'에는 5천여 명의 인원이 참석합니다. 이 정도의 규모는 중국인이 해외에서 갖기 힘든 성대한 집회였습니다.

이 대회를 치르기 전인 1988년 서래사 낙성식 때는 '삼단대계'를 여는 동시에 '세계불교도우의회世界佛教徒友誼會'를 개최하기도 했습니다. 저는 버클리대·예일대·캘리포니아대·코넬대·하버드대·하와이대학 등 미국의 대학에서 수차례 부처님의 법을 알리는 강연을 펼쳤습니다. 그 외에도 캐나다·호주·유럽·브라질·칠레 등 국가의 각 대학교에서 요청을 받고 홍법을 펼친 적도 있습니다.

국제불광회의 협회와 분회가 세계 각지에서 설립되었고, 지금은 전 세계 170여 개의 협회와 수천 개의 분회가 존재하고 있습니다. 세계 곳곳에 설립한 분원만도 현재 200여 곳에 이르며, '인간화', '국제화'의 불교가 널리 만연하게 되었습니다.

세계 각지에 불광회를 설립하기 위해 저는 모스크바와 성 피터스버그도 직접 방문했으며, 스페인의 바르셀로나, 북유럽의 아이슬란드·노르웨이·스웨덴, 동유럽의 유고슬라비아·폴란드까지 직접 방문했습니다. 저는 부처님의 법을 전 세계로 널리 퍼뜨리겠다는 뜻을 세우고 발원하였습니다. 불교의 '국제화'를 추진하는 것이야말로 제가 추진하는 '인간불교'를 모태로 해서 나온 것이며, 불교를 또 다른 방향으로 나아가게 하는 새로운 이정표이자 제 인생에서도 중요한 의의를 갖는 전환기라 하겠습니다.

저는 홀가분한 몸과 마음으로 불광산에서 전법을 치렀습니다. 제 주머니를 채우고 있는 것은 휴지뿐이었고, 헌 신발과 가사만을 걸친 채 신도들이 준비해 준 비행기표에 의지해 세계를 운수행각하며 세계 각지에서 설법을 통해 국제불교를 확산시키는 삶을 펼쳐나갔습니다.

세월이 흘러 불교가 '국제화'의 길을 걷게 되고, 오대주五大洲에 불광佛光이 두루 비치게 되자, 저는 문득 세계의 불교는 '현지화'가 필요하다는 생각이 들었습니다. 저는 불교의 '현지화'를 추진하기 위한 계획에 착수하였고, 이것은 제 인생의 또 다른 전환기를 맞게 해주었습니다.

70여 년 출가자의 길을 걸어오면서 앞에서 언급했던 몇몇 소중한 인연이 제 인생의 전환기가 되었던 것 말고도, 제 인생을 바꿔 놓은 소소한 일들이 매우 많았습니다.

40년 전 제가 의란 교도소에서 포교를 하고 있을 때였습니다. 당시 교도소 측에서는 상부에 대신 보고까지 해 주겠다며 제게 정식으로 포교사 일을 제안했습니다. 하지만 포교사는 사회를 대신해 봉사하고, 중생을 위해 봉사하는 사람이므로 그것을 직업으로 삼으면 그 의미가 사라진다고 생각해 그 당시 승낙하지 않았습니다.

타이베이 중앙라디오방송국에서도 라디오 원고를 써 달라고 제의해 왔었습니다. 불교 잡지에 무료로 글을 기고할 수는 있지만 한 편당 백 위엔의 원고료를 받아 생계를 유지하는 글을 쓰고 싶지는 않았습니다. 심지어 타이베이의 '자유청년自由靑年' 잡지사 사장 진강조秦江潮 선생은 제가 쓴 '찻잎이 다시 필 때'라는 글을 읽었다며 중력까지 직접 찾아와 편집을 맡아달라고 제안했습니다. '중노릇도 제대로 해내지 못하는 제가 다른 일을 어찌 할 수 있겠는가'라며 이것 역시 정중히 거절했습니다.

저는 '제대로 중노릇을 해 보자', '진정으로 홍법이생을 하는 출가인이 되자'고 원을 세웠습니다. 50년 전 천룡사에서 제게 주지를 맡아달라고 요청한 적이 있었습니다. 당시 자항 스님은 일단 반 년 정도는 머물러 있어야 정식으로 진산晉山 주지가 될 수 있다고 말했습니다. 하지만 저는 다른 사람 밑에서 일이나 봐 주기는 싫어 그 즉시 거절했습니다.

대만 도착 후 이름이 조금 알려진 뒤부터, 크고 작은 30여 곳의 사찰에서 앞다투어 저를 모셔가려 하였습니다. 불광산 개산 전에는 함부로 주지를 맡지 않겠다고 제 스스로 다짐했었고, 불광산이 개산된 후에는 특수한 상황이 아닌 이상 함부로 남의 사찰을 맡지 말라는 규정을 새로이 만들었습니다. 그 당시 제가 '욕심을 부리지 않았기에' 현재 200여 곳에 달하는 세계의 불광산 분원 등에서 재산권 싸움이나, 그로 인해 파생되는 부수적인 문제로 골치를 썩는 일이 일어나지 않는 것 같습니다.

오랜 세월 대만과 해외의 적지 않은 단체와 직장에서 문화와 교육 사업을 담당해 달라고 요청해 왔지만, 저는 오로지 '중국불교회中國佛敎會'를 위해서 일하고 싶었습니다. 하지만 이 인연만은 이루어지지 않았습니다. 제가 원하는 대로 모든 것이 이루어지지는 않았지만,

제 인생에는 수많은 전환기가 있었습니다. 제가 인생에서 가장 중요하다고 여기는 것은 '의義가 아니면 취하지 말고, 예禮가 아니면 받지 말며, 올바름이 아니면 바라지 말라(非義不取, 非禮不受, 非正不要)'는 것이었습니다.

사람은 평생 동안 생각이나 이익이나 인정人情, 시공時空 등의 측면에서 중요한 결정을 해야 할 수많은 순간을 맞이하게 됩니다. 가끔 인연이 우리를 이끌어주는 경우도 있지만, 성격 역시 중요한 역할을 할 수 있습니다. 때로는 인연이 어긋나 나중에 지울 수 없는 후회를 남기게 되는 경우도 있습니다.

인생의 전환기는 사업적으로 전환을 한다거나 불행하게 닥치는 인연만을 가리키는 것은 아닙니다. 마음에서 일어나는 생각 역시 인생, 사회와 깊은 관계가 있습니다. 제가 이미 얘기한 몇몇 중요한 전환기를 제외하고도 저의 사상, 관념, 정신, 습관 등의 내재적인 요소들로 인생이 바뀌는 전환기를 맞게 되었습니다.

제 자신의 확실한 관념을 예로 들 수 있습니다. 저는 평생 '대중을 나로 삼고, 단체를 출발점과 귀착점으로 삼으며, 다른 사람의 구함이 곧 내 구함이라 여긴다'는 신념을 가지고 있었습니다. 저는 혼자서 어떤 곳도 가 본 적이 없으며, 혼자서 집에 거주해 본 적도 없습니다. 저는 수십 년 동안 늘 '대중' 속에 살았습니다.

평생 제가 어디를 가든 사람들이 저를 따랐습니다. 그들은 제 제자이자 형제자매였습니다. 그리고 저는 신도들을 저의 사장이자 상사이며, 저를 이끄는 지도자라 여겼습니다. 또한 그들은 저의 스승이자 친구였으며, 저를 돕는 인연이고, 저의 눈이자 귀였으며, 저의 몸이었습니다. 평소 사찰이나 각종 학술단체의 강연 이외에 저는 속가의 일반 가정을 방문한 적이 없습니다. 또한 백화점이나 시장, 상점에서 물건을 구매한 적도 없습니다. 불광산의 초지草地, 부동산, 재물 등 어느 것 하나 저의 이름으로 되어 있는 것이 없습니다. 저는 은행에 계좌를 만들어 본 적도 없으며, 신도들이 보내온 선물은 모두 대중과 함께 나누었습니다.

'무無를 유有로 삼고, 대중大衆을 나로 삼는다'는 관념을 통해 저는 '대중'의 힘, 그리고 '무'의 무한無限함과 무량無量함을 깊이 느낄 수 있었습니다.

하지만 이런 관념을 양성하기 위해서는 '좋은 성격'이 필요합니다.

스무 살 때였습니다. 학인의 신분이라 가진 것도 변변치 못하였지만, 출가한 지 10년인지라 가사와 도첩 관청에서 승려에게 발급하는 출가증명서, 필기구 정도는 있었습니다. 저는 초산을 떠나올 때 도반들에게 필요한 것이 있으면 가져가도 좋다는 말을 하며 가방 하나 가져오지 않았습니다.

스물세 살 때 대만으로 가고자 결심한 뒤 조금씩 모아 두었던 옷가지들을 다른 사람들에게 나누어 주었습니다. 이불과 베개 등 집에서 쓸 수 있는 물건들은 모두 밖에서 생계를 이어가고 있는 동생에게 주고, 출가자가 쓸 수 있는 가사와 그 밖의 물품들은 동창인 지용 스님에게 전해 주었습니다.

두 차례의 '희사喜捨'를 행한 뒤 저는 제게도 베풀 줄 아는 성격이 있음을 알았습니다. 훗날 줄곧 향엄香嚴 지한智閑 선사의 "어디를 가나 오고 간 자취는 남지 않고, 말투와 얼굴빛 외에 예법에 맞는 몸가

집까지 갖췄네(處處無蹤跡, 聲色外威儀)"라는 격언을 교훈으로 삼았으며, '있을 때도 있고 없을 때도 있고', '많을 때도 있고 적을 때도 있고', '클 때도 있고 작을 때도 있고', '버릴 때도 있고 얻을 때도 있다'는 깨달음을 얻었습니다.

'사람에게는 무한한 잠재력이 있는 법, 나라고 왜 무엇이든 다 할 수 있는 인간이 될 수 없겠는가!'

또 한 가지 예는 출가하여 불도를 공부하면서 '모욕을 참는 정신력'을 가장 많이 길렀다는 것입니다. 인간이 배고픔을 참고 가난함을 참고 고난을 참는 것은 어쩌면 쉬운 일일지도 모릅니다. 하지만 성냄과 모욕을 참고 억울하고 섭섭한 것을 참는 일은 결코 쉬운 일이 아닙니다.

저는 출가 초기에 총림에서 공부를 하는 동안 무정한 질책과 무리한 요구의 교육을 받았습니다. 억울한 모욕을 받는 동안 저는 참을성을 키웠고 그것이 나중에는 마음속에 아무런 원망도 남기지 않게 되었습니다. 저는 이런 일을 겪으면서 제 자신에게도 이런 능력이 있음을 깨닫게 되었습니다. 홍법을 펼치게 되면서부터 저는 동문들의 따돌림과 선배들의 질시를 받았고, 특히 불교회에서는 참을 수 없는 모욕과 좌절을 경험하기도 했습니다.

한번은 '밀라레빠학인회의(密勒日巴學人會議)'에 참석한 제가 회의 중간에 의견을 말하자 한 노승이 모두가 지켜보는 자리에서 제 의견은 참고할 필요가 없다며 사람들에게 훈계를 했습니다. 제게 큰 상처를 주고 참기 힘든 모욕을 준 일이었습니다. 하지만 그 일이 있은 뒤 '모욕을 참는' 능력은 제게 오히려 힘이 되었고, 수행에도 도움이 되었습니다. 그때 저는 "고행이나 계율의 공덕은 참음의 공덕만 못하다(苦行持戒 其功德不如忍辱)"고 하신 부처님의 말씀에 깊이 탄복하였습니다.

저는 지금까지 무수히 많은 조롱과 중상모략 등을 받았습니다. 하지만 수많은 모욕을 참은 것이 오히려 제게는 수십 년, 수백 년을 수행한 것 같이 느껴졌습니다.

또 다른 예는 잘못을 인정하는 용기가 있어야 한다는 것입니다.

세인들은 자신의 잘못을 인정하지 않으려는 습관이 있습니다. 매사에 이유를 대거나 변명을 늘어놓습니다. 예를 들어, 회의에 늦었다면 잘못했다고 한 마디만 하면 될 것을 '비가 와서 늦었다느니, 차가 막혀서 늦었다느니'라는 변명을 하며 얼렁뚱땅 그 상황을 모면하려 합니다. 또한 말실수를 하여 남한테 잘못했다거나 남의 일을 방해했을 때, 사과 한 마디면 될 텐데도 '일부러 그런 거 아니에요, 저도 어쩔 수 없었어요'라는 등 자신은 잘못한 것이 없다는 식으로 얘기를 합니다.

신이 아닌 이상 누구나 잘못은 저지를 수 있습니다. 옛날 재덕을 겸비했던 군주 역시 잘못한 것이 없는지 '스스로 반성하라'는 조서를 내리기도 했습니다. 우리같이 평범한 사람들이 원만하게 지내며 매사에 사람들의 긍정적인 평가를 받기는 힘듭니다. 자신도 모르게 타인에게 상처를 줄 수도 있고, 예의 없이 행동할 때도 있지만, 그 때는 잘못을 인정하고 사과하면 아무 일도 아닌 것이 될 것입니다.

불광산에 있으면, 외부의 누군가가 우리에 대해 이러쿵저러쿵 떠들어 댄다고 화를 내며 저에게 보고하는 제자들이 있습니다. 저는 그들에게 '우리가 그런 잘못을 저지르지 않았다면 상관없는 것 아니겠느냐? 혹여라도 우리가 그런 잘못을 저질렀다면 고치면 된다. 그러니 그 사람을 탓할 필요는 없다'고 좋은 말로 타이르곤 합니다. "잘못을 했으면 고치고, 잘못이 없다면 더욱 힘써라(有則改之, 無則加勉)"라는 말이 있습니다. 저는 평생 잘못을 인정하는 것이 바로 미덕이라고 믿어 왔습니다.

마지막 예는 근면한 습관입니다. 제가 이번 생애에 작은 업적이라도 이루었다고 한다면, 그건 바로 어려서부터 가진 근면 성실한 습관의 덕이라고 할 수 있을 것입니다.

저는 평생 불교를 위해 일해 오면서 제 자신은 단 한 번도 휴가를 가져 본 적이 없습니다. 제게 휴일은 평일보다 더 바쁜 날이었습니다. 또한 설날이면 밥과 면을 한솥 해서 신도들과 함께 나눠 먹거나, 일주문 앞에서 교통정리를 하며 보냈습니다.

불광산 개산 기간 중에는 강습 외에 항상 인부들 틈에 섞여 모래와 자갈 또는 시멘트를 짊어지고 날랐습니다. 『인간복보人間福報』 창간 때부터 저는 매일 특별란에 실을 글을 썼으며, 탈고를 못 끝내거나 원고를 제자들에게 떠넘긴 적이 없습니다. 기네스북에 기록을 올리지는 못했지만 10년을 하루같이 끊임없이 글을 쓴 일반 문인작가로 기록에 남지 않을까 싶습니다.

30년 전에 TTV(台視), CTV(中視), CTS(華視) 3개 방송국의 요청으로 방송국을 방문한 적이 있었습니다. 방송국마다 5분짜리 프로그램이었지만 이것도 합치면 수많은 시간이요, 수많은 세월이 될 것입니다.

제 평생 참석하고 집전했던 7일 불사(佛七), 7일 참선(禪七)이 적어도 100회 이상은 되며, 그것 역시 많은 세월 동안 수많은 심혈을 기울였던 것입니다. 저는 사람이 인생을 300세까지 살 수 있다고 생각합니다. 저는 지금까지 하루를 5일처럼 사용했고, 5명분의 일을 하기 위해 노력해 왔습니다. 만약 제가 60년 동안 불교와 사회를 위해 봉사한다면 300살이 되는 셈입니다. 그러므로 스스로 '인생은 300세'라고 느낀다면 그걸로 족합니다.

위에 제가 예를 든 몇 가지처럼 인생에는 수많은 전환기가 있고, 또 삶을 전환시키는 수많은 생각들이 있습니다. 하지만 일생의 내면을 차근차근 자세히 들여다보면 사실 '일념삼천(一念三千: 한 생각에 시공간의 우주 전체가 다 갖추어져 있다는 천태종의 주요 개념)'이란 말로 귀착될 수 있습니다. 어느 한 순간도 우리 일생에 영향을 끼치지 않는 순간은 없으며, 중요한 순간이 아닌 때가 없습니다.

부처님께 호소합니다

부처님이시여!

당신은 저를 이끄는 스승이시며, 자애로운 아버지이시며, 저의 친구이자 저의 마음입니다.

부처님이시여!

당신은 저의 본보기이시며, 저의 귀감이시며, 저의 우상이시며, 저의 길이자 저의 진리입니다.

저는 어려서부터 집안에 모신 관세음보살(도교화된 관음보살), 토지공土地公(토지신), 성황님(마을의 수호신)만 알았을 뿐 부처님을 알지는 못했습니다. 외할머니 역시 항상 우리에게 수많은 신령들께 예불을 드리라고 가르쳤지만 부처님께 예불을 드린 적은 없었습니다.

다행스럽게도 출가하여 각 총림에서 참학하면서 수많은 대웅보전 안에 모셔진 부처님의 상징인 청정법신 비로자나불, 원만보신 노사

나불, 천백억화신 석가모니불을 뵌 적이 있습니다.

도반들은 제게 그 모든 것이 부처님이자 우리의 종조宗祖라고 이야기했습니다. 그것이 부처님이라는 것은 저도 압니다. 하지만 그것은 전각에 세워놓고 사람들이 엎드려 절을 하는 형상일 따름일 뿐, 진정한 부처님을 저는 아직 알지 못합니다.

스물다섯이 넘어 대만에서 『석가모니불전』이란 글을 쓰기 시작한 저는 역지사지易地思之하여 부처님의 언행과 마음, 나아가 부처님의 생활과 사람을 대하는 태도까지 생각해야만 했습니다. 이때 저는 부처님에 관한 역사서인 『석가여래성도기釋迦如來成道記』, 『불소행찬佛所行讚』, 『석가보釋迦譜』, 『잡아함경雜阿含經』, 그리고 일본의 도키와 다이죠(常盤大正)과 무샤노코지 사네아쓰(武者小路篤)의 저작인 『불전佛傳』 등을 꼼꼼히 읽었습니다. 이때에서야 부처님의 정신, 의로운 행동, 불법까지 비로소 서서히 알게 되었습니다. 그제야 부처님께 한 발짝 더 다가선 느낌이었지만, 진정으로 부처님을 이해했다고 말하기엔 아직 부족하였습니다.

후에 부처님의 홍법이생을 배우고 부처님을 대신하여 실천해야겠다고 생각한 순간부터 제 마음속에는 부처님의 또 다른 모습이 떠오르기 시작했습니다. 저는 심지어 부처님은 먼 인도에서 태어나신 것이 아니라 저와 가까운 데서 나신 것처럼 여겼으며, 2500년 전에 태어나신 것이 아니라 지금 이 시대에 태어나신 것이라고까지 느끼게 되었습니다.

저는 부처님께 이런 말씀을 드리고 싶습니다.

'부처님이시여! 당신을 찾기 위해, 당신을 알기 위해, 저는 수십 년

의 세월을 바쳤습니다!'

　당신을 찾기 위하여 여섯 차례나 인도 보드가야의 마하보디 대탑을 찾아 엎드려 절하였으며, 천천히 걷고, 깊이 사색하고, 묵상하기도 하였습니다. 부처님과 함께 할 수 있다면 그 자리에서 생명의 종지부를 찍고 싶었습니다.

　당신이 앉았던 금강좌, 당신이 걸었던 니련선하尼連禪河, 고행을 하시던 숲 속의 발자취를 제가 되짚어 보고 살펴보는 것은 다른 목적이 있어서가 아니라 오직 부처님 당신을 찾고 싶었기 때문입니다.

　저 역시 당신이 설법을 하시던 죽림정사竹林精舍와 영취산靈鷲山을 배회한 적이 있습니다. 2500년 전의 '법화회상法華會上'에서 백만 인이 운집한 대성황의 모습을 생각하면 제 몸의 업장이 너무 많음을 참회하며, 그 시기를 몸소 만나지 못하는 것이 안타까울 따름입니다. 빔비사라 왕이 당신을 방문하기 위해 걸었던 길도 가 보았고, 당신이 연회를 베풀었을 때 앉았던 돌 위에도 앉아 보았습니다. 이때 하늘에서는 구름이 뭉게뭉게 떠가고, 산 위 아름다운 숲에서는 똑같은 꽃이 피고 똑같은 풀이 자라지만, 부처님이시여! 전 여전히 당신을 볼 수 없었습니다.

　당신이 태어난 '룸비니 동산'도 방문하고, 당신이 처음 설법을 행하신 사르나트의 녹야원도 방문하여 당신의 법음을 듣기를 고대했습니다. 당신의 첫 다섯 제자는 당신에게 가까이 다가갈 수도 있었으며, 직접 삼전법륜(三轉法輪: 부처님이 세 번의 법을 설하신 것. 곧 시전示轉·권전勸轉·증전證轉법륜)에 임하여 당신의 법유法乳를 받았습니다. 1,250분의 아라한은 삼세인생三世人生을 자세히 설하신 '십이인연'

속에서 도리를 깨달았습니다.

제게는 왜 그러한 복이 없어 부처님 당신의 자애로움을 받지 못하는 것입니까?

저는 직접 인도의 성지를 순례하였습니다. 부처님 당신의 숭고하고 위대하며 자비로운 제세濟世의 덕행을 마음속에 깊이 품었지만 현실의 세속으로 돌아오면 원하던 것처럼 당신을 만날 수도, 당신의 훈시를 들을 수도 없었습니다.

끝없이 광활한 인도의 땅을 밟으니 당시 부처님께서 인도 전체를 행각하셨던 고행이 떠올랐습니다. 40도 이상 되는 고온 다습한 날씨 속에서도 당신과 제자들은 거처도 없이 사셨습니다. 부처님이시여! 찌는 듯한 무더위를 어찌 견디셨습니까?

갠지스 강의 물줄기는 역대 인도 왕조를 깨끗이 없애고 부처님 당신의 법음을 오늘날까지 계속 이어 왔으며 또한 미래로, 시방세계로 전해내려 갈 것입니다.

저는 당신의 발자취를 찾기 위해 2,000년 전 대승불교의 발양지라 하는 해발 4,000미터 고원의 라다크 지방을 찾았지만, 그곳은 풀 한 포기 자랄 수 없는 험준한 산악 지대였습니다. 부처님이시여! 당신과 수많은 비구 제자들은 어떻게 그곳에서 생활하셨습니까?

경전의 기록에 당신이 스리랑카를 가셨다기에 저도 스리랑카를 방문하여 '부처님 치아사리'에 예불을 드린 적도 있습니다. 저는 태국 나콘빠톰의 프라빠톰 탑에 예를 드리고 참배를 드린 적도 있습니다. 저는 또 미얀마 바간에서 부처님의 유적을 돌아본 적이 있습니다. 무수한 불탑 유적에서 당시 부처님의 성덕이 이곳에서 널리 퍼지던 모습을 볼 수 있었습니다. 아시아의 불교 유적 중 하나인 캄보디아 앙코르와트는 유네스코에 세계문화유산으로 등재까지 되었습니다. 하지만 캄보디아는 낙후된 약소국인데, 왜 당신의 자비로운 광명을 빌려 국가의 대업을 세계로 발전시켜 나가지 않는 걸까요?

저는 말레이시아 북보르네오의 사라와크도 가보았으며, 인도네시아의 보로부두르 불탑도 둘러보았습니다. 숭고하면서도 우뚝 솟은 건축들에서 천여 년 전 불교 홍법의 전성기를 볼 수 있었습니다. 하지만 부처님 당신이 홍법으로 일구어 내신 그 땅에 당신과 제자들은 사라지고 지금은 회교도만이 가득합니다.

저는 실크로드 혹은 아프간의 바미안 대불처럼 세계적으로 이름난 인류의 유산이자 불교의 수많은 진귀한 보물들이 이교도들의 박해를 받게 되지는 않을까 근심했던 적이 있습니다. 우리 불자들은 이러한 핍박을 당하면 늘 참고 양보해야만 하는 것입니까?

부처님이시여! 저는 당신을 찾아 중국의 산하를 주유한 적이 있습니다. 4대 명산에 향불이 끊이지 않고, 기이한 사적들이 특히 많아 중국불교에 대한 신앙에 커다란 영향을 주고 있었습니다. 하지만 우리는 앞으로 불교의 문화와 교육 사업이 더욱 널리 발전될 수 있기를 희망합니다.

저는 감숙성 둔황 막고굴을 참배하고 돌아와 며칠 동안 잠을 이루지 못한 적이 있었습니다. 우리의 유물을 영국, 프랑스에서 가져다가 각자 자기 나라의 박물관과 루브르 박물관 등에 소장하고 있었습니다. 부처님이시여, 우리 못난 후손들이 힘이 없어 불교 역사상 찬란한 업적을 보호하지 못했으니 부끄러워 얼굴을 들 수가 없습니다.

중국에서 부처님 당신의 '손가락 사리'를 대만으로 모셔와 양안이 형제처럼 교류하는 데 일조했으며, 대만에서는 450만 명이 참배와 예불을 하였습니다. 저는 법문사法門寺의 지하궁전에서 운 좋게도 여러 차례 당신의 법좌法座를 가까이 할 수 있었습니다. 저는 팔종八宗의 기원인 장안(지금의 서안)이 지금은 당 왕조 때만큼 성세를 구가하지 못하는 것을 보면 몹시 우려가 됩니다. 저는 안타까이 부처님 당신이 설법을 행하여 중생을 구제하셨던 인도 갠지스 강 유역의 황금빛 모래를 보존하고 있습니다. 한 움큼일지라도 저는 그것을 부처님 당신의 성물이라고 여기고 있습니다.

인도 정부는 성지에서 발견된, 당신이 드셨던 미곡을 제게 증정해 주었습니다. 이미 갈색으로 변해 버렸지만 그 무엇과도 비교할 수 없는 보물임에는 틀림없습니다. 저는 당신이 물을 드실 때 사용했던 정병淨瓶도 가지고 있고, 음식을 공양하실 때 사용했던 발우도 소장하고 있습니다. 심지어 인도 카규 도르제 린포체가 제게 증정해 준 '부처님 치아사리'를 저는 불광산보다 더 소중한 기념관을 건립하여 부처님이 그곳에서 늘 살아 숨 쉴 뿐만 아니라 더 나아가 영원토록 우리의 마음속에 살아계시도록 할 것입니다.

부처님이시여! 계족산에서 가사를 공손히 두 손으로 받쳐 들고 미륵보살이 세상에 나시기만을 기다리는 가섭존자의 존안을 직접 뵌 프랑스의 퍼거슨 박사처럼, 저 역시 세계의 명산대천을 다니며 부처님 당신을 뵙고 싶었습니다. 부처님께서는 당신의 금빛 몸(金身)에 연연하지 말라고 연화색녀를 야단치시며 진정한 관조지혜로 모든 사물의 참모습과, 나아가 영원히 변하지 않는 진리를 비추어 보는 공성

空性에 이르러야만 부처님의 법신을 볼 수 있다고 하셨습니다. 하지만 저는 금비라(金毘羅: 불법佛法을 수호한다는 야차夜叉의 우두머리)처럼 뜻하지 않게 부처님의 금신을 뵐 수 있기를 소망합니다.

저는 세계의 수많은 나라를 방문하며 비행기를 타 보았습니다. 뭉게뭉게 떠가는 하얀 구름을 바라보며 부처님께서 구름 사이에서 모습을 나타내시기를 얼마나 바랐는지 모릅니다. 또한 선박을 타고 오대주를 오가면서는 바다에 비친 그림자 속에서 어렴풋이 부처님이 우리들 곁에 계심을 알았습니다.

수차례의 운수행각과 널리 참관을 마치고 돌아온 저는 희망을 찾지는 못했다 하더라도 실망하지는 않았습니다. 각 총림사원에서, 그 중에서도 특히 당신이 머무시는 대웅전에서 아침저녁으로 힘써 예불을 드리면서 단 몇 마디의 말이라도 제게 해 주시기를 바랐습니다. 당신 손으로 제 몸을 어루만지시고, 두 눈으로 저의 앞날을 지긋하게 바라봐 주시기를 더욱 간절히 바랐습니다. 하지만 고요하고 장엄한 대웅보전의 창 밖에서는 미풍이 솔솔 불고, 가끔 벌레소리와 새소리만이 들려올 뿐 부처님 당신의 설법은 들을 수가 없었습니다.

부처님, 수천 년 동안 수많은 불자들이 장엄한 불전에서 당신께 더 다가가고 싶어 하고 더욱 당신의 가피를 받고 싶어 하는 것을 당신도 보셨을 것입니다. 하지만 그렇게 많은 사람들이 당신을 찾으려 애쓰고 있는데, 부처님께서는 도대체 어디에 계십니까?

드디어 저는 『아함경』 안에서 부처님 당신이 설법하시는 소리를 들은 것 같습니다. 당신은 '먼지를 쓸고 때를 닦으라(拂塵掃垢)'시며 재치 있게 주리반특존자를 이끄셨습니다. 당신은 '몸을 씻고 마음을 맑게 하라(洗身淨心)'시며 남의 집 변소를 치우는 청소부 니제尼提를 자비로 인도하시었습니다. 당신은 거문고 줄에 비유하여 소나존자에게 '중도수행中道修行'의 깨침을 주셨습니다. 당신은 바라문의 전서녀에게 어떻게 하면 '업장소멸消災滅罪'을 할 수 있는지 일러 주셨습니다.

사리불존자는 당신의 지혜를 가장 많이 받았고, 아난존자 역시 당신의 온갖 비호를 받았습니다. 당신을 위해 이발을 하고 선정에 드신 우팔리존자가 저는 제일 부럽습니다. 저는 수보리존자가 정진 중 도리천에서 돌아오시는 당신을 제일 먼저 맞이했다는 내용을 좋아합니다. 당신은 심지어 당신 자리의 반을 가섭존자에게 내어주시기도 하셨고, 숲에서 수행하는 바드리카 왕자를 살피기도 하셨습니다. 그 수많은 정경들 모두가 그토록 진실되고 선하며, 아름답기까지 합니다.

저는 부처님께서 각자의 근기와 상황에 따라 적절한 비유를 들어 설법하시던 것에서 마음으로 얻어지는 지혜가 가장 큽니다. 당신은 사랑하는 자식을 잃은 어머니에게 '겨자씨'의 이야기를 해 주셨고, 애욕에서 깨달음을 얻은 마등가녀摩登伽女에게는 수행의 비결을 말씀해 주셨습니다. 당신은 핍박하던 데바닷타도 용서하시고, 사악한 생각을 가진 앙굴마라도 염두에 두지 않으셨습니다. 당신의 자비는 드넓은 바다와 같으며, 당신의 지혜는 일월의 광명과 같습니다.

위사카Visākha라는 여인이 '진주로 된 옷'을 보시하기 좋아하여 녹모강당鹿母講堂을 세웠고, 수닷타 장자는 아무것도 따지지 않고 황금으로 바닥을 깔아 기원정사를 세워 홍법의 기본 도량으로 삼았습니다. 만약 위대하신 성덕이 없었다면 어찌 이처럼 사람을 감화시킬 수 있었겠습니까?

부처님이시여! 당신을 찾기 위해 전 세계를 두루 운수한 적도 있습니다. 저는 당신의 가르침을 실천하기 위해 주위의 대중과 만나는 것이 기쁩니다. 물론 저는 그 군중 속에서 당신을 우연이라도 뵙기를 원합니다. 좁은 골목에서 당신과 우연이라도 부딪히기를 고대합니다.

드디어 수년간 생각을 거듭한 끝에 제게도 조그만 진전이 있었습니다. 밥을 먹을 때면 부처님께서 상석에 앉아 있다고 상상을 합니다. 길을 걸을 때면 부처님께서 제 앞에 걷고 있다고 상상을 합니다. 잠잘 때면 부처님께서 침대 맡에 모습을 나투신다고 상상을 합니다. 아침마다 함께 일어나고 밤마다 함께 잠들지는 못하지만 부처님 당신께서 저와 함께 생활하고 있다는 것을 서서히 느끼고 있습니다.

제가 보는 살아 있는 모든 중생들은 부처님의 화신이며, 제가 만나는 푸른 산과 강물은 부처님의 나투신 모습입니다. 제가 듣는 바람에 풀잎 움직이는 소리, 졸졸 흐르는 물소리 모두가 부처님이 설법하는 음성이십니다. 아! 사실이었습니다. 부처님이시여! 당신은 실제로 우리의 마음속에 살아 계십니다.

때로는 제게도 진에(瞋恚: 자기 뜻이 어그러져 성냄)의 불길이 일 때가 있습니다. 하지만 부처님 당신의 자비로운 법수를 생각하면 저의 무명無明 번뇌는 즉시 소멸되고 맙니다. 때론 저도 탐욕의 생각이 일 때가 있습니다. 하지만 기꺼이 내놓는 부처님의 의로운 행동은 제게 늘 탐욕과 집착을 버리도록 이끌어 주십니다. 세상이 불공평하다고 느낄 때에도 당신의 깨달음은 제게 용기를 북돋아 주고 희망을 줍니다. 의기소침해 아무것도 할 수 없을 때에도 당신은 제 마음의 등불을 밝혀 주십니다. 제가 마음이 나약해질 때면 당신은 끊임없이 용기를 북돋아 믿음을 강하고 더 강하게, 더욱 강하게 만들어 주십니다.

부처님께서 『불유교경佛遺敎經』에서 말씀하신 구절을 저는 가장 좋아합니다.

참음(忍)의 공덕은 계율이나 고행의 공덕보다 훨씬 더 크다.
능히 참음을 행하는 자는 진정으로 큰 인물이다.
감로수를 마시듯이 욕됨을 기꺼이 받아들이고
웃음과 고마움으로 넘길 수 있어야 한다.
그렇지 못한 자는 지혜로운 도인이라 할 수 없다.
忍之爲德, 持戒苦行所不能及
能行忍者, 乃可名爲有力大人.
若其不能歡喜忍受惡罵之毒, 如飮甘露者,
不名爲有力的入道智慧人也.

부처님께서 인욕선인으로 계실 때 가리왕에게 '사지를 베이는' 고통을 당하시고, '살을 베어 매에게 먹이고, 몸을 던져 범을 먹이는' 등의 수많은 보살행을 생각할 때마다, 저도 모르게 증오하는 마음이 사그라들며 부처님의 자비와 인내를 배우고자 원을 세우게 됩니다.

저는 또한 부처님께서 말씀하신 "삿된 사람은······ 웃어야 할 때 웃지 않고, 기뻐해야 할 때 기뻐하지 않으며, 자비심을 내야 할 때 자비롭지 않고, 악행을 하고서도 부끄러워하지 않으며, 좋은 말을 듣고서도 마음에 담지 않는다(在邪聚之人 ······ 應笑而不笑, 應喜而不喜, 應慈而

不慈, 聞惡而不改, 聞善而不樂)"고 하는 '오종비인(五種非人: 다섯 종류의 삿된 인간)'의 가르침을 좋아합니다. 이것은 성격적으로 삐뚤어진 중생의 추태를 단적으로 표현한 말입니다. 기쁨 따라 인연을 맺고, 자비로 세상을 대하며, 과오를 개선하여 더욱 발전해 나가고, 타인에게 선을 행하며, 의를 보면 용감히 맞서고, 인내하고 양보하며, 겸허해야 하는 것이 사람으로서 반드시 행해야 할 수행이라 하겠습니다.

부처님이시여! 당신이 『법화경』 「화성유품」에서 말하는 '비유'가 얼마나 많은 이에게 깨달음을 주었습니까? 『화엄경』에서 설하는 '사법계四法界'의 진리는 또 얼마나 미묘합니까? 진상유심眞常唯心, 연기성공緣起性空 등은 모두 부처님이 설하신 진리이며 '공空'해야 비로소 '유有'를 세울 수 있음을 설명한 것이라 하겠습니다.

예를 들어 밥그릇이 비지 않으면 어찌 밥을 담을 수 있습니까? 방 안이 비지 않으면 우리들이 어찌 머물 수 있습니까? 주머니가 비어 있지 않으면 돈과 물건을 넣을 곳이 없고 신체의 오장육부를 비우지 않으면 생명을 이어갈 수 없습니다. 이 모든 것은 원래 '공에서 만유가 생성된다(虛空建設萬有)'는 것을 설명하는 것이며, 곧 '진공생묘유眞空生妙有'를 말하는 것입니다.

부처님이시여! 당신이 주장하신 진리는 공기처럼 머물지 않는 곳이 없습니다. 우주의 공기, 햇빛, 물, 모두가 당신의 공성空性이며, 당신의 성덕은 사사로움 없이 천지를 뒤덮고, 온 우주에 가득합니다.

저는 끝없이 펼쳐진 우주 속에서 부처님의 형상과 부처님의 위대함을 발견한 듯합니다. 불광산의 조산단朝山團에서 불자들과 함께 한마음으로 경건히 일보 일배를 한 적이 있습니다. 몸은 땅에 엎드려 절을 하지만 제 마음은 오히려 승화되어 부처님께 닿게 됩니다.

저는 부처님의 부드러움을 경험했고, 부처님의 살아있는 힘을 느꼈습니다. 부처님의 자상하고 온화함, 해탈의 경지에 이른 평온함도 느꼈습니다. 저는 가끔 부처님의 지혜의 바다에서 유유히 걷거나, 자비의 빛 속을 헤엄치는 것 같은 느낌이 듭니다.

부처님처럼 시방세계를 두루 운수행각하다 보니 청산은 늘 아름답고, 정수淨水가 항상 흐르는 느낌이 들 때가 있습니다. 작은 마을의 농가에서 머무를 수도 있고, 천진난만한 아이와 놀 수도 있겠지요. 과거 부처님께서 병든 비구를 정성껏 간호하고, 제자를 위해 중개 역할도 하며, 심지어 직접 차를 따라주고 밥까지 가져다 주셨듯이, 지금 우리도 장애우들의 집을 찾아 외롭고 힘든 마음을 위로하고 있습니다.

고아원의 어린이들은 부처님처럼 자상한 어머니의 관심과 사랑을 필요로 하고 있습니다. 특히 마음의 상처를 입은 부녀자나 내일의 희망이 없는 사회적 약자에게 과연 우리가 무엇을 해 줄 수 있을까요? 부처님께서는 그들에게 동기와 자각과 수단을 제공해 주셨습니다. 그것을 가지고 어떻게 일구고 가꾸어 나가느냐 하는 것은 자신에게 달려 있는 것이라 할 것입니다. 부처님께서 『불유교경』에서 말씀하신 "나는 좋은 의사와 같아 병이 나면 약을 준다. 네가 만약 먹지 않으면 허물은 의사에게 있는 것이 아니다. 나는 좋은 인도자와 같아 사람을 바른 길로 인도한다. 하지만 네가 가려 하지 않으면 허물은 이끄는 자에게 있는 것이 아니다"라는 말씀과 같다고 봅니다.

저는 수많은 불자들에게 자신을 믿고 '내가 부처다'라고 당당하게 표현하라고 말해 왔습니다. 부처님이시여! 이것이 당신을 노엽게 한 것은 아니겠지요? 대자대비하옵게도 부처님 역시 우리 자신이 곧 부처라고 선언하지 않으셨습니까? "우리의 본래 마음과 그 마음을 깨친 부처와 마음을 깨치지 못한 중생이 그 근본에 있어서 서로 다르지 않다(心佛衆生, 三無差別)"라는 말씀으로 우리의 존엄을 일깨워 주셨기에 저는 '자신이 부처다'라는 말로 바꾸어 불자들을 격려합니다.

부처님의 자비로운 눈으로 세계를 볼 수 있다면 우리가 보는 것들이 곧 부처님의 정토淨土일 것이고, 부처님의 귀로 세상의 음성을 듣는다면 우리가 듣는 것들이 곧 부처님의 법음일 것이며, 부처님의 입으로 좋은 말들을 설할 수 있다면 우리가 말하는 것들이 곧 부처님의 지혜의 말일 것입니다. 부처님의 손으로 선행을 행할 수 있다면 우리가 행하는 모든 것이 부처님의 자비로운 일일 것이며, 부처님의 자비의 원력으로 우주의 중생을 보살필 수 있다면 우리 역시 부처님 마음과 부처님 성품을 지니게 될 것입니다.

부처님께서는 모든 것을 우리에게 나눠 주셨습니다. 부처님은 참으로 자비로우십니다. 천백억화신은 우리에게 그저 이상이 아닌 도달할 수 있는 경지였습니다. 우리도 부처님 당신의 천백억화신이기 때문입니다.

부처님이시여! 당신도 화를 내신 적이 있다는 것을 압니다. 부처님께서는 거짓말하는 라훌라를 호되게 꾸짖으셨고, 신통력을 자랑하던 빈두로존자에게는 더욱 매섭게 열반에 들지 말라는 벌을 내리셨습니다. 저는 부처님께서 남을 꾸짖는 예술 역시 무척 높이 찬탄합니다. 부처님께서는 말귀가 통하지 않는 사람에게는 '어리석은 중생'이라 말씀하셨고, 잘못을 인정하지 않고 고치려 하지 않는 사람에게는 '참회를 모른다'고 호되게 책망하셨습니다. 부처님께서는 사람이 공상만 가지고는 현실과 부합되지 않는다고 여기셨으며, 불법을 배우려면 '잘못되고 무의미한 의견(戱論)'을 멀리하고 '중도中道'에 안주해야 된다고 설파하셨습니다. 지나치게 세상에 집착하면 자신을 잃어버리기 쉽고, 지나치게 세상에 드러내지 않으려는 것도 행동 없이 말뿐인 공론으로 흐르기 쉽기 때문입니다. 그래서 부처님께서는 대중들에게 '팔정도八正道'의 생활을 하라고 가르침을 주셨습니다.

부처님이시여! 부처님의 빛나는 성덕으로 저의 기쁨이 한층 더하여졌으니 진심으로 부처님께 감사를 드립니다. 해마다 부처님 오신 날에는 자발적으로 경축 행사에 참석하는 수많은 군중과 함께 기념 법회를 치릅니다. 또한 모두들 '하늘 위 하늘 아래에 부처님 같으신 분 없으시네(天上天下無如佛)'라는 게송을 외칩니다. 저는 얼마나 기쁜지 모르겠습니다. 이것이 모두 부처님께서 저희에게 내려주신 결과인 것입니다.

물론 정행正行과 정념正念이 없는 업장 중생이 가끔 부처님을 비방할 때도 있습니다. 저희들은 몹시 분노하여 당사자를 찾아가 따져보고 싶기도 합니다. 하지만 부처님께서는 『사십이장경四十二章經』에서 이렇게 말씀하셨습니다.

"악한 사람이 어진 이를 해치는 것은 하늘을 향해 침을 뱉으면 침이 하늘에 닿지 않고 도리어 자기에게 떨어짐과 같고, 바람을 거슬러 먼지를 털면 그 먼지가 상대에게 가지 않고 도리어 자기에게 돌아옴과 같다."

이 말을 생각하면 어진 이는 결코 해를 당하지 않으며, 무릇 정법正

法을 비방한 자는 '먼지와 침이 자신에게 돌아오듯이 재앙으로 인해 스스로 파멸한다'는 것을 믿습니다.

부처님이시여! 당신은 밖에서 홍법을 펼치는 제자에게 언제나 각별한 관심과 사랑을 베푸셨습니다. 낙후된 수로나국에서 포교하는 부루나존자를 근심하셨고, 외지에서 포교하는 가전연의 제자 균두사미를 돌보아 주셨습니다. 승단의 일을 중재하기 위해 먼 곳으로 떠나는 우팔리가 비가 오면 불편할까 특별히 가사를 한 벌 더 가지고 가도록 허락하셨습니다. 먼 길을 떠나는 아난존자를 위해 원래의 규정을 바꿔 발우를 두 개 가지고 가도록 허락하셨습니다. 부처님이시여! 자식을 아끼는 자애로운 어머니처럼 중생을 아끼는 자비로우신 마음과 제자를 보호하려는 자비로우신 행동은 다른 이를 감동시키기에 충분합니다.

저는 부처님께서 문수보살을 보내 유마거사를 병문안하게 한 것을 『유마경維摩經』을 통해서 보았습니다. 당시 모든 보살과 유마거사가 '불이법문不二法門'을 논하는 정경이 어찌나 황홀하고 감격스러웠는지 모릅니다.

저는 또한 승만 부인이 부처님의 정신을 배워 궁중에서 청소년들에게 불법을 전파하고, '십대수(十大受: 승만 부인의 10가지 발원)'를 서원했다는 것을 『승만경勝鬘經』에서 읽었습니다. 이 얼마나 숭고한 원심願心이며 경탄할 만한 일입니까.

불교역사에서 볼 때, 후대의 제자 중 부처님의 성스러운 가르침을 널리 퍼뜨리는 데 가장 큰 힘이 된 것은 아마 인도의 용수보살이 아닐까 생각합니다. 용수보살은 대승불교의 모든 학파에서 모두 부처님으로 모시고 있으며, 저 역시 직접 그의 고향인 안드라 프라데시 나가르주나콘다를 방문해 홍법과 귀의 의식을 집전한 적이 있습니다. 그곳은 또한 근세 인도 신불교 운동의 지도자였던 암베드카르 Ambedkar 박사가 50년 전 불교의 '중생평등' 정신을 발양하고 인도의 불가촉천민 차별 철폐를 외치며 백만 명의 인도 국민에게 불교 귀의 의식을 수차례 치렀던 곳이기도 합니다. 암베드카르 박사의 당시 쾌거를 생각하면 저도 모르게 깊은 존경심이 솟구칩니다.

저는 특히 동진東晋 시대의 법현法顯 대사와 당나라의 현장玄奘 대사를 존경합니다. 그분들은 육로 또는 해상을 통해 인도로 건너가 당신의 법보를 가져다 널리 발양하려고 하였습니다. 물론 나라마다 모두 불교를 보호하고 정도正道를 발양한 성인들은 많았습니다. '한 부처가 나실 때, 천 부처가 보호한다(一佛出世 千佛護持)' 하였습니다.

부처님이시여! 저 역시 일개 중생일 뿐이라고 말합니다만, 그럴 때마다 당신의 위대함을 더욱 깊이 느낍니다. 당신은 신이 아닌 인간이십니다. 당신은 신이 가진 권력으로 타인의 신앙을 억누르려 하지 않고, 진리로써 우주의 기원과 인생의 환멸을 상세히 밝히셨습니다.

부처님께서는 인간의 번뇌와 업력에 대해 일찍부터 자세하게 설하셨습니다. 세상 모든 일에는 항상 원인과 결과가 있게 마련이므로, 선을 행하든 악을 행하든 모두 자신이 책임져야 한다고 했습니다. 이러한 '인과응보'의 관념은 고난에서 헤어나지 못하는 수많은 중생을 위로하였으며, 행위의 옳고 그름은 모두 '자기가 짓고 자기가 받는다(自作自受)'는 업보 사상을 통하여 세상 만유의 불변하는 정율定律을 설명해 주셨습니다.

저는 수많은 밤을 부처님 앞에 엎드려 하소연하였습니다. 부처님의 교단에는 수많은 문제들이 존재하고 있습니다. 지리와 기후가 다르고, 생활 습관의 차이로 문화와 풍습이 변하면서 각지에서 서로 다른 불교적 특성이 생겨났습니다.

수많은 차이 속에서도 우리는 다른 것이 존재함을 인정해야 합니다. 하지만 우리는 다른 것 안에서도 같음을 구하는 것이 필요합니다. 특히 어떻게 불교를 산속에서 끄집어내어 사회로 나가게 할 것인가, 아라한처럼 스스로 깨달음을 얻는 불교적 성격에서 어떻게 보살의 중생제도 정신을 발휘하게 할 것인가가 더욱 중요합니다.

세상의 계급의식이 불교의 발전에 저해가 되고 있습니다. 부처님께서 출가하여 수도하시고 교단을 설립하신 것은 바로 인도의 카스트제도를 없애고 '중생은 평등하고, 중생과 부처는 둘이 아니다(衆生平等, 佛性不二)'라는 것을 제창하기 위한 것이었습니다. 그러나 지금의 승단에서는 우바새는 우바이를 폄하하고, 출가인은 재가자를 경시하고, 교리를 직접 실천에 옮기는 종단은 불교의 교리를 이론적으로 깨달아 아는 종단을 배척하며, 서로 분열된 것으로도 모자라 대립하고 있습니다.

우리는 눈, 귀, 코, 혀의 역할이 각기 다르지만 저마다의 장점을 가지고 있다는 것을 압니다. 인체에서 사물을 볼 수 있는 눈이 소리를 들을 수 있는 귀를 미워하고, 호흡하는 코가 말하는 입을 싫어한다면 어찌 자유롭게 생활을 할 수 있겠습니까?

장구한 역사 속에 발전되어 온 종파 중에도 북방불교는 남방불교가 수행만을 중시하여 배운 것도 없고 재주도 없다고 비방합니다. 남방불교는 혜해(慧解: 지혜로 모든 사리를 잘 해득함)만 있고 계율을 지켜 나가지 않는 일본불교를 비판합니다. 일본불교는 북방불교가 보수적이어서 발전이 없다고 싫어하고, 북방불교는 티베트불교인 밀교를 불교의 정통성에 영향을 끼친다고 말합니다.

부처님의 성스러운 가르침이 지금은 남방불교, 북방불교, 티베트불교, 일본불교에다 심지어 인도의 본토 불교로까지 나뉘어져 있습니다. 이것들은 오랜 시간을 거치면서 형성된 결과이겠지만, 어찌하여 우리는 한데 모여 법통을 이룰 수는 없는 것일까요?

저는 부처님께 이렇게 말하고 싶습니다.

"부처님! 불교계를 더욱 보살펴 주시어 모두 계율을 스승으로 삼고, 부처님의 법에 안주하며, 참는 것을 힘으로 삼고, 지혜로 살아나가게 해 주십시오."

서로 단결하고 협력하며, 존중하고 포용하며, 교류하고 친목을 다지고, 역량을 한 군데 결집시켜 활력을 키워 나가야 합니다. 단결하지 않고 서로 방해가 된다면 부처님의 가업은 이어나갈 수가 없습니다.

예로부터 종파 간에 서로 배척하고, 선종과 정토종 간의 분쟁 등은 불교의 힘을 약하게 만들었습니다. 타인과 내가 서로 시기하는 것은 삶의 최대 단점입니다. 불자라고 반드시 좋은 사람만 있는 것은 아니므로 낯부끄러운 일을 하는 불자도 있을 것입니다.

부처님께서는 사자의 몸에 기생하면서 그 살을 뜯어먹는 벌레처럼 불교 교단에 있으면서 불법을 해치는 악한 비구들 때문에 눈물을 흘리며 비통해하셨습니다. 저희인들 어찌 괴롭고 슬프지 않겠습니까? 부처님의 옷을 입고 부처님의 밥을 먹으면서 왜 정직하게 불법을 펴뜨리지 못하는 걸까요? 하지만 불교 교단에 수만 가지 흠이 있다고 해도 저는 이렇게 말씀드리고 싶습니다.

"위대한 부처님이시여! 저는 당신을 존경하고 사랑합니다."

당시 사성출가(四姓出家: 출가하면 사성 계급의 차별이 없다는 의미)를 다 포용하시고 '중생은 평등하다'는 정신을 발전시키신 부처님을 대하면 저는 항상 마음속에서 존경심이 샘솟습니다. 부처님께서는 고집멸도苦集滅道의 사성제 이론과 '인연과 응보'라는 윤회의 진리를 제창하셨습니다. 부처님께서는 '법계'를 '한마음'으로 섭수하시며 천지를 당신의 흉금에 포용하셨습니다. 우리도 이제는 이단을 포용하셨던 부처님을 본받아야 하겠습니다.

부처님이시여! 저는 어려서 아버지를 잃었지만 당신을 본받아 아버지의 관을 메지는 못하였습니다. 하지만 95세의 노모가 세상을 떠나실 때 화장장에서 직접 거화擧火를 한 적은 있습니다. 사회 각 계층의 고난한 중생을 생각하면 당신께 이런 기원을 드리지 않을 수 없습니다. 고생도 마다하지 않는 청소부들, 위험을 따지지 않는 탐험가들, 임신한 어머니의 걱정하는 마음, 멀리 타향으로 떠나는 상인의 안타까운 정 등 모든 이가 부처님의 특별한 관심과 보살핌을 필요로 합니다.

나라를 돌보지 않고 일할 생각도 하지 않는다고 부처님을 책망하는 선각대왕善覺大王에게 당신은 이렇게 말씀하셨습니다.

"나는 매일 자비로써 중생의 복전福田을 일구고, 믿음이라는 보리 종자를 뿌리며, 반야라는 지혜의 꽃을 피워 성현이라는 불도의 열매를 맺게 하고 있습니다. 나는 이처럼 매일 바쁘게 일을 하는데, 어찌 내가 아무 일도 하지 않는다 합니까?"

저희도 부처님의 법음을 널리 전파하고자 부처님의 정신을 통해 대중이 행불行佛하도록 격려하고 있습니다. 저희가 매일 열심히 수행하여 도리를 터득하고, 자비와 덕행으로 사회를 개선하고 풍토를 정화한다면 이것이 곧 부처님의 세계요, 부처님의 정토인 것이며, 우리의 인간불교인 것입니다.

저 역시 세계를 두루 주유하며 부처님의 법륜을 각지에 전파해 왔습니다. 『십이분교十二分教』를 부처님께서 '한 소리로 법을 설하시고(一音演說法)', '중생으로 하여금 제 능력에 따라 각각 이해하게(衆生隨類各得解)' 하신 것처럼 저 또한 그 나라의 언어로 전파하고 싶었습니다. 저는 시베리아의 빙설 지역도 가 보았고, 뉴질랜드 남쪽 섬의 빙산도 가 보았습니다. 유럽의 광활한 평원에서, 아메리카의 웅장한 산하에서, 특히 아프리카의 흑인들과 아마존 땅에서는 그들에게도 불성이 가득함을 보았습니다.

저는 첫 아프리카 방문에서 아홉 명의 흑인에게 머리를 깎여 출가를 시키면서 부처님께서 다섯 비구와 야사장자耶舍長者를 제도하던 정경이 떠올랐습니다. 저는 또한 러시아 상트페테르부르크 국립대학의 요청으로 홍법을 펼침과 동시에 이 대학의 토르치노프 교수, 쏠로닌 교수, 스탈린 교수, 안드로예프 교수, 루트히 교수 등이 발기한 상트페테르부르크 불광협회 설립대회도 치렀습니다. 그리고 우크라이나에서 온 쉬다운츠 한커 교수 역시 대만 불광산을 방문하고 『정토』에 글을 발표하기도 했습니다.

부처님이시여! 현대불교의 형세에 대해 말씀드릴 것이 있습니다.

우리는 미국에서 설립한 '국제불광회'의 명의로 국제비정부기구(NGO)에 회원으로 가입하였습니다. 또한 유엔본부의 대회의장에서 당신의 법음을 전파한 적도 있습니다. 스위스 제네바에 있는 유엔본부 근처에 저희들은 '국제불광회회의센터'를 건립하였습니다. 이 모든 것은 부처님의 가르침이 인간화에서 더 나아가 국제화의 길을 걷게 하기 위함이며, 현지화에서 더 나아가 보편화하기 위해서입니다.

저는 세계 각국의 박물관에서 부처님의 장엄한 형상과 부처님의 가르침을 기록한 수많은 경서를 보았습니다. 캐나다 퀘벡은 엄동설한의 지독히 추운 지역입니다. 우리는 그곳에도 불광산의 강당을 건립하여 몹시 추운 지대의 사람들에게 부처님 자비의 따뜻한 햇살을 함께 누릴 수 있기를 희망합니다.

오스트레일리아 브리즈번의 골드 코스트Gold Coast에 건립한 '중천사中天寺'는 중국인들의 천당으로 상징되고 있고, 시드니에 건립한 '남천사南天寺'는 인류의 남쪽 천당을 뜻합니다. 미국 L.A.에 건립한 '서래사西來寺'는 '큰 법이 서방으로 오십시오'라는 뜻을 담았으며, '중미사中美寺'는 중국과 미국이 영원토록 우방으로 맺어져 서로 우의를 다지자는 희망에서 지은 것입니다.

우리가 아프리카 요하네스버그의 4천 헥타르 토지 위에 '남화사南華寺'를 건립한 것은 그곳이 지구 남단의 맑은 연꽃송이가 되기를 희망해서였습니다. 유럽 스웨덴의 얼음과 눈 덮인 대지에 도량을 세운 것은 부근의 핀란드, 아이슬란드, 덴마크 등의 국가들 역시 법음의 전파를 접하고 불광의 가피를 누릴 수 있기를 희망해서입니다.

오대주를 두루 돌아보던 때에도 각지의 원주민들 역시 우리의 협회에 참가하였습니다. 목사도 개종하여 불교를 전파하였고, 수녀도 불교식 공수법회에 참가하였으며, 신부와 주교 또한 법회에 참석하였습니다. 특히 대만의 21개 종교는 특별히 불광회를 지목하면서 위원장을 맡아 전 세계 국민을 위한 공동기도법회를 해마다 가장 큰 대회당에서 개최하기로 해, 부처님의 자비가 인간에게 닿을 수 있는 기풍을 실천하였습니다. 또한 세계의 종교가 사분오열 갈라져 있어도 불심과 불성은 하나라는 것을 증명하였습니다.

국제불교를 개척하는 동시에 우리는 불광산에서 '대장경편수위원회大藏經編修委員會'를 설립하여 부처님의 '삼장십이부경三藏十二部經'을 새롭게 정리하였습니다.『불광대장경』을 출판하였을 뿐만 아니라 경전을 컴퓨터에 입력하여 대장경 디지털화를 시킴으로써 장차 부처님의 가르침에 대한 연구가 더욱 편리하게 되었습니다.

중국은 정치적 사건인 문화대혁명 이후 경제는 불황으로 치닫고, 방치되거나 지체된 일들은 아직도 때를 기다리고 있습니다. 하지만 학계와 교육계에서는 불교를 연구하는 기풍이 그 어느 때보다 더욱 활발히 일어나고 있습니다. 저는 중국학자의 2백여 편 가량의 박사논문을 결집하여『법장문고法藏文庫』를 편집하였습니다. 지금 중국경제는 날로 발전해 가고 있으며, 정치는 안정되고 각종 건설이 불같이 일고 있습니다. 특히 신앙 인구가 증가하고 있다니『법장문고』역시 이 시대를 위해 하나의 기록으로 남게 될 것임을 믿습니다.

우리는 당시 칠엽굴에서 경론을 결집하던 성황을 본받아 불교를 더욱 멀리 전파하고, 부처님의 자비와 지혜를 흩날리는 꽃잎처럼 영원토록 사람 가까이에 머물게 하기를 희망합니다.

문화 이외에 불교 교육에도 우리는 있는 힘을 다해 발전시켜 나가고 있습니다. 미국에 설립한 '서래대학'은 이미 '미국서부대학연합'의 인가를 받았으며, 미국에서 중국인이 설립한 최초의 대학이라는 명예까지 얻어 중국인의 미국 학교설립 역사에 새로운 페이지를 장식하였습니다.

대만에 '남화대학', '불광대학'을 세웠으며, 현재 호주에 '남천대학'을 설립하려고 추진 중에 있습니다. 그밖에 유치원, 초등학교, 중고등학교 등은 여기서 다시 자세히 서술할 필요가 없겠습니다. 결론적으로 우리는 부처님의 가르침을 중생을 이끄는 감로수로 삼을 것입니다. 세상의 중생들 역시 불법의 촉촉함과 청량함을 받을 수 있기를 희망합니다.

저는 부처님께서 중생을 아끼는 성자이심을 압니다. 부처님께서는 아직 보살로 수행하실 적에 작은 앵무새의 몸으로 수미산의 불을 끄기 위해 연못에서 날개에 물을 적셔 털었습니다. 안될 줄 알면서도 보살의 정신을 담아 끝까지 노력하셨습니다. 부처님께서는 기꺼이 자신의 팔까지 잘라서라도 사냥꾼의 손아귀에서 비둘기 한 마리의 생명을 구하려 하셨습니다. 임금이 어미사슴을 죽이려 하자, 당시 어미사슴의 몸이셨던 부처님께서는 아기사슴을 낳은 후 죽을 수 있게 해달라고 간청하셨습니다. 부처님께서 인욕선인으로 계실 때, 몸이 잘리는 해를 당할지라도 타인의 비밀을 발설하지 않으셨습니다. 인격과 인권을 존중하는 부처님의 의로운 행동은 그야말로 끝 간 데가 없으십니다.

부처님이시여! 보살수행부터 성불하실 때까지의 과정 속에 나타난 위대한 행동 하나 하나가 모두 우리들 마음속에 한 편의 영화처럼 끝없이 펼쳐집니다.

부처님께서 이모인 마하파자파티의 출가를 허락하신 것은 여성에 대한 존중과 사랑의 표현이십니다. 성도하신 후 처음 야쇼다라를 만났을 때 부처님께서는 이런 말씀을 하셨습니다.

"내가 성도를 하였으니 나를 위해 기뻐해 주시오. 당신에게는 미안하지만 모든 중생에게 떳떳하오. 세상의 음덕으로 당신이 평안하길 빌겠소."

이 얼마나 고귀한 정이며, 얼마나 숭고한 말씀이란 말입니까! 기쁨도 없고, 슬픔도 없으며, 우주 간에 오로지 참된 사랑의 느낌만이 메아리칩니다.

'조주고불趙州古佛'이라 칭송되는 조주 선사, 현대의 부처님이라 여겨지는 태허 대사, 작은 석가모니라 존중 받는 천태지자天台智者 대사 등 수많은 고승대덕들은 '다시 나신 부처님'이라고 추앙받습니다. '천 개의 강에 천 개의 달 비치고, 만 리에 구름 없으니 만 리가 하늘이로다(千江有水千江月, 萬里無雲萬里天)'라 하였습니다. 알고 보니 고금을 잇는 시공간의 터널에서 우리는 부처님과 대면할 수도 있었습니다!

과거에 저는 우리들이 부처님께 지나치게 의존하는 것은 아닌가 스스로를 책망한 적이 있습니다. 부처님께서는 우리가 원하면 다 들어주는 존재라 생각해 우리는 똑똑하게 해 달라고, 평안하게 해 달라고, 만족을 달라고 그저 기도하기만 했습니다.

사실 이것은 우리가 아직 다 자라지 못해 당신의 보호가 필요하다는 것일 수 있습니다. 하지만 이제 저도 진리의 선양을 위해, 중생을 제도하고 고난에서 구하기 위해 스스로 분발해야 한다는 것을 압니다. 이 모든 것을 다 부처님께서 해 내신다면 우리가 할 일이 뭐가 있겠습니까? 그러므로 우리는 더욱 부지런해지고 더욱 용기를 내야 하며, 더욱 발원하여야 합니다. "단지 중생을 고난에서 구제하기만을 원하며 자신의 안락은 구하지 않겠다(但願衆生得離苦, 不爲自己求安樂)"라는 말처럼 우리는 응당 발심하여 부처님께서 중생을 구도하시는 자비의 마음을 나누어 짊어져야 하겠습니다.

부처님이시여! 부처님께서는 세상을 위해 하신 일이 너무도 많습니다. 강물을 차지하려다 전쟁으로까지 번진 두 부족민들을 위해 특별히 달려가시어 가르침을 주셨습니다.

부처님께서는 이렇게 물으셨습니다.

"생명이 중요한가, 물이 중요한가?"

모두 이구동성으로 대답했습니다.

"생명이 중요합니다."

"물을 차지하기 위해 생명을 해칠 필요가 있겠는가?"

무의미한 전쟁은 부처님의 중재로 이렇게 해결되었습니다.

코살라국의 유리왕이 카필라국을 치기 위해 군대를 몰고 간다는 소식을 전해 들은 부처님은 고생도 마다 않고 자신의 나라를 지키기 위해 뜨거운 태양이 내리쬐는 큰 길 한가운데에 고요히 정좌하시었습니다. 유리왕이 그늘에 앉으시라고 권하였지만, 부처님께서는 "친족의 그늘이 나무 그늘보다 더 시원합니다"라고 말씀하셨습니다. 나라와 친족을 보호하려는 마음은 사람들을 감동시키기에 충분했습니다.

부처님께서는 아이들을 특별히 아끼고 보호하셨습니다. 후세의 제자들에게 천하의 아이들이 모두 평안하기를 바라는 의미에서 밥을 먹기 전에 귀자모(鬼子母: 아기를 잡아먹던 귀신. 부처님께 귀의하고부터는 아기를 보호하는 신이 됨)에게 먼저 밥을 떠 주라 당부하셨습니다. 부처님께서는 모든 중생을 한없이 돌보셨습니다. 가루라(금시조)가 약하고 작은 동물들을 늘 잡아먹기 때문에 가루라로부터 모든 중생의 생명을 보호하고자 식사 전에 밥을 떠 놓아 가루라를 배불리 먹이라 가르치셨습니다.

부처님께서는 고난에 있는 사람에게는 특히 도움의 손길을 내미셨습니다. 귀족인 위제희韋提希 왕비이든, 비천한 찬다라족의 여성이든 가리지 않고 차별 없이 구제해 주셨습니다. 귀족 출신의 옥야玉耶를 천천히 깨우치시며 그녀의 오만한 마음을 고치셨습니다. 기댈 곳 없는 외로운 처지의 비천한 여인이라 할지라도 부처님께서는 각별한 관심을 주셨습니다.

부처님께서는 모든 중생을 자식인 라훌라처럼 대하셨으며, 제도하는 대상을 따지지 않으셨습니다. 불을 신봉하는 가섭 삼형제는 음험하고 흉악한 마음으로 동굴 속의 독룡을 불러내 부처님의 생명을 노렸습니다. 하지만 부처님께서는 독룡뿐만 아니라 가섭 삼형제까지 굴복시키셨고, 천 명의 제자까지 더 얻으셨습니다.

부처님께서는 49년간의 설법과 300여 차례의 경전을 강의하면서 사리불과 목건련처럼 부처님과 생각이 다른 종교인도 수없이 제도하셨습니다. 그들은 부처님의 덕행이 그들을 초월하기 때문에 부처님의 문하로 분분히 귀의한 것입니다. 게다가 부처님께서는 열반에 드시기 얼마 전까지도 설법하시어 외도 출신이었던 수바드라(須跋陀羅)를 제도하시어 마지막 제자로 받아들이셨습니다.

부처님께서는 조련사에게 말을 모는 법으로 깨달음을 주시고, 상인에게는 돈을 버는 도리를 일러주셨습니다. 부처님께서는 빔비사라왕에게는 치국의 방편을 역설하시고, 신하인 우사雨舍에게는 "임금은 국민의 교육과 선량한 풍토를 조성하는 데 중점을 두어야 한다. 이것이 다른 나라와 전쟁을 하는 것보다 더 중요하다"고 말씀하셨습니다. 지금 위정자들은 나라를 지키기 위한 부처님의 7가지 법을 응당 본보기로 삼아야 할 것입니다.

부처님께서는 진정으로 '정치는 묻되, 간섭하지 않는다'를 실천하셨습니다. 부처님께서는 모든 나라가 국태민안하고 우순풍조하기를 희망하며 수많은 임금에게 치국과 애민의 도리를 설하셨습니다. 부처님께서는 본래 수행하시어 성도하지 않으셨다면 전륜성왕이 되실 분이었습니다. 부처님께서는 전륜성왕의 정신을 다시 발휘하시어 세상을 골고루 이롭게 하시는 법왕의 부처가 되셨습니다. 그렇기에 모든 경전에는 부처님께서 설법을 시작하시면 천룡팔부(天龍八部: 부처님을 호위하는 여덟 가지 신)가 모두 나와 호위를 했다고 쓰여 있습니다. 빔비사라 왕은 부처님과 나라를 나눠 다스렸고, 파사익 왕은 대소사를 모두 부처님께 가르침을 구하였으며, 그밖의 크고 작은 나라의 왕들도 서둘러 부처님께 귀의하였다고 합니다.

『인왕호국경仁王護國經』에서 부처님은 불교는 자신을 사랑해야 할 뿐만 아니라 자신의 나라까지도 사랑해야 한다고 가르치셨고, 심지어 불법을 수호하는 책임을 왕과 신하들에게 나눠 주었습니다. 그렇기에 동진 시대 도안道安 대사도 "임금에게 의지하지 않으면 불법은 설 수 없다"고 하였습니다.

부처님께서 우리에게 말씀하신 사람 노릇, 일 처리 방법 등은 모두 진리요 명언입니다. 어느 각도에서건 우리들 인생의 지침서이며 나침반입니다. 부처님께서는 우리에게 친구를 사귀는 도리인 「우유사품友有四品」도 일러주셨습니다.

꽃과 같은 친구는 네가 한창 아름다울 때는 머리에 꽂지만,
일단 시들어 떨어지면 땅에 아무렇게나 버려둘 것이다.
저울과 같은 친구는 네가 중요할 때는 머리를 숙이고 네 앞에 엎드리지만,
중요성을 잃을 때는 오만하여 안하무인으로 굴 것이다.
하지만 이러한 친구만 있는 것은 아니다.
유익한 친구 중에는 모든 새와 짐승들을 다 품을 수 있는 높은 산과 같은 친구도 있고,
사사로움이 없이 우리 모두를 실어 자랄 수 있게 도와주는 대지 같은 친구도 있다.

부처님께서는 한없는 마음으로 중생을 사랑하고, 한없는 마음으로 중생의 아픔을 함께 아파해 주며, 한없는 마음으로 함께 기뻐해 주며, 한없는 마음으로 중생을 차별하지 않음으로써 불법을 실천한다는 '중생을 향한 보살의 네 가지 거룩한 마음가짐(四無量心)'을 발해야 한다고 설하셨습니다. 특히 부처님께서는 마음을 닦는 수행의 도리

로 마음을 사념처四念處에 두어야 한다고 하였습니다. 사념처란 첫째 관신부정(觀身不淨: 육신이 부정하다고 관하는 것), 관수시고(觀受是苦: 모든 느낌은 고통이라고 관하는 것), 관심무상(觀心無常: 마음은 무상한 것이라 관하는 것), 관법무아(觀法無我: 법에는 자아가 없다고 관하는 것)입니다.

부처님은 중생에 대한 관심과 돌보아 주심이 참으로 세심하십니다. 장차 사후에 마지막으로 의지할 곳이 필요하다 생각하여 서방극락세계인 정토를 주창하셨습니다. 심지어 사람이 현세에 안락과 부귀를 누릴 수 있도록 약사여래의 수행법문을 주창하셨습니다. 부처님께서는 재가신도에게 돈을 버는 방법이란 씨를 뿌리고, 연을 맺고, 기쁜 마음으로 버리고, 나눠줘야 한다고 하였습니다. 세상에는 연을 맺는 것보다 더 좋은 일은 없습니다. 세상에는 자비보다 더 사람을 감동시키는 것은 없습니다. 그렇기에 "자비로우면 원수를 원망하지 않고, 베풀면 반드시 그 보답을 받게 된다"고 하였습니다.

부처님이시여! 이 세상에는 어리석음에 집착하는 사람이 너무 많습니다. 누구는 스스로 총명하다 여기지만 사실은 지극히 어리석은 사람입니다. 예를 들어 '내친걸음에 아들 죽이기', '스스로 매질하기', '바보의 우유 저장법', '어리석은 사람의 소금 먹기' 등 부처님께서 어리석은 인간에게 하신 비유는 참으로 적절하였습니다.(『백유경』에 나오는 비유들) 그들은 어리석으면서도 깨닫지 못하였습니다. 그렇기에 오히려 부처님의 '자각교육自覺敎育'이 보통 중생에게 얼마나 중요한지를 알 수 있습니다.

어리석음과 집착이 무서운 것은 당연하지만, 잘못을 인정하지 않고, 참회할 줄 모르며, 부끄러움을 모르고, 스스로 반성하지 않으려는 사람은 더욱 무섭습니다. 혜능 대사는 "허물을 고치면 반드시 지혜가 생기고, 단점을 자꾸 지키면 그 마음은 현명하지 못하다(護短心內非賢, 改過必生智慧您的)"라고 하셨습니다. 부처님은 참회 법문에서 수많은 중생들은 허물을 고쳐 더욱 나아질 수 있으며, 사악함을 고쳐 올바른 길로 돌아갈 수 있다고 하셨습니다. 그렇기에 '참회'는 제도 받는 옳은 길이라 하겠습니다.

과거에 저 역시 '장님이 코끼리 만지듯' 할 때 부처님의 법륜 속에서 길을 찾지 못하고 헤맨 적이 있습니다. '사람을 기본으로 삼는다'는 부처님의 도량을 이해하고 나서야 부처님께서 중생의 필요에 순응하며 설교를 하셨다는 것을 조금이나마 깨닫게 되었습니다. 진심입니다. 부처님이시여! 사람이 없고, 불교가 사람에게 이익을 줄 수 없다면 세상에 불교가 무슨 필요가 있겠습니까?

사람이 곧 우주의 근본입니다. 비록 부처님께서 열반에 드신 지 2천 5백 년이 지나서야 누군가가 당시 설법하셨던 부처님의 본래 마음을 되살려 '인간불교'를 주창했지만, 그래도 괜찮습니다. '인간불교'는 어둠 속에 빛나는 하나의 등불처럼 밤에 돌아가는 사람의 앞길을 밝혀줄 것입니다. 그에게 집으로 가는 길을 찾아줄 것이며, 그에게 방향을 알려줄 것이며, 그에게 안전을 보장해줄 것이며, 그에게 '부처님이 말한 것, 인간이 필요한 것, 청정한 것, 선하고 아름다운 것' 등이 모두 인간불교라는 것을 알게 해줄 것입니다.

부처님이시여! 당신의 불법에 귀의하였기에 저 같은 80세 늙은이가 아직도 당신 앞에 앉아 있으며, 생명은 영원토록 활기가 넘칠 수 있고 인생은 영원토록 무궁한 희망을 안을 수 있습니다. 부처님은 『법화경』에서 '맹구부목盲龜浮木'이라는 비유로 사람의 몸을 얻기가 어려움을 설하셨습니다. 드넓은 바다에 한 마리의 눈먼 거북이가 백년마다 한 번 수면 위로 떠오르는데 마침 그 순간에 물에 떠 있는 나무판자의 구멍 속으로 머리가 들어가게 되었습니다. 이렇게 될 확률은 하늘에 오르는 것보다 더 어려울 것입니다. 그렇기에 부처님은 또 "사람의 몸을 잃음은 대지의 흙을 잃는 것과 같고, 사람의 몸을 얻음은 손톱의 진흙과 같다(失人身如大地土, 得人身如爪上泥)"라고 하셨습니다. 부처님의 비유는 우리들에게 "사람 몸 얻기 어려우나 지금 얻었고, 불법 만나기 어려우나 지금 만났네(人身難得今已得, 佛法難聞今已聞)"라는 것처럼 더없이 다행스러움을 느낍니다.

부처님이시여! 부처님께서는 성도하셨을 때 '사람마다 누구나 불성이 있다'고 말씀하셨습니다. 우리가 '나는 부처다'라고 말하는 것은 가당치 않습니다. '나는 부처를 닮았다'라는 말도 감히 입에 담을 수 없습니다. '나는 부처를 배운다(學佛)', '나는 부처를 행한다(行佛)'라는 말은 필요할 것 같습니다. 부처를 배운다는 것은 곧 '자신을 깨닫는 것(自覺)'이며, 부처를 행한다는 것은 '남을 깨닫게 하는 것(覺他)'것입니다. 부처님의 모든 가르침을 본받아 배우고, 부처님의 모든 행함을 실천할 수 있어야 '성불'할 수 있는 것입니다. 자신을 깨닫고 남을 깨닫게 하며(自覺覺他), 스스로 제도하고 남을 제도할 수 있어야 '본디 내가 부처다'라는 것을 발현할 수 있을 것입니다.

남경! 어머니의 청중

고향 친척 방문을 위해 1994년 3월 31일 오후 저는 홍콩에 도착했습니다. 다음날인 4월 1일 홍콩 불광협회의 독도督導인 임요명林耀明 부부, 오기홍吳其鴻 회장과 향후 홍콩불교의 발전 문제에 대해 이야기를 나눈 뒤 바로 동방항공 비행기를 타고 꿈에도 그리던 고향, 육조六朝의 도읍 '남경'으로 향했습니다.

이번 중국 대륙행은 어머니와 친척들을 만나 뵙고, 해안海安을 방문해 은사이신 지개상인께 제祭를 올리는 것이 주목적이었습니다. 우화정사雨花精舍에 도착하자 어머니가 저를 보시며 이렇게 말씀하셨습니다.

"아들아, 넌 제자들과 한 해에도 아무 때나 제약 없이 만날 수 있건만, 나와는 1년에 한 번 보기도 어렵구나."

어머니의 말씀에 사람들은 숙연해졌지만 온갖 세상 풍파를 겪어

오신 분답게 곧바로 화제를 돌리셨습니다.

큰형님 댁 여섯 식구, 동생의 여섯 식구, 큰누님 댁 일곱 식구, 외삼촌의 손녀 봉주鳳珠, 그리고 그 밖의 수많은 친척들을 만난 어머니가 다시 말씀하셨습니다.

"한 뿌리에서 참으로 많은 꽃이 피었구나."

그 말에 다시 한 번 사람들이 환호성을 질렀습니다.

어머니는 다시 좌중을 향해 말씀하셨습니다.

"내겐 자식이 넷이 있습니다. 큰아들은 지나치게 성실하고, 큰딸은 이미 남의 집 사람이 되었지요. 작은아들은 지나치게 제 몸을 아끼죠. 사람이란 누구나 하나 부족한 면이 있게 마련인 것 같습니다."

말은 그렇게 하셔도 숨은 뜻은 당신 아들이 최고라고 칭찬하시는 것이었습니다.

어머니의 말이 시작되자 아무도 말을 할 생각을 못하고 조용히 듣고 있었습니다. 어머니께서 계속 말씀하셨습니다.

"네 제자들은 근기根機가 있는 사람들이기에 널 따라 불법을 배우고 있는 것이다. 하지만 우리 식구들은 선근善根이 부족하구나. 그러니 네가 잘 발심하여 그들을 제도해야 한다."

이어서 대만에서 온 제자들에게도 말씀하셨습니다.

"자네들은 보살이 환생한 사람들이지만, 난 일개 범부에 불과하네. 그러니 자네들은 스승님의 홍법과 중생제도를 잘 이어가야 할 것이야."

어머니는 대만에서 찾아온 스님들이 제게 '대사님, 대사님'하고 부르는 것을 매우 흐뭇해하셨다고 합니다. 90세가 넘는 어머니를 번거롭게 하고 싶지 않아 대만의 제자와 신도들이 어머니를 찾아뵙는 걸 저는 반기지 않았습니다. 하지만 어머니가 좋아하신다는 것을 알게 된 뒤로는 이런 만남도 필요하지 않을까 하는 생각이 들었습니다.

잠시 이야기를 나눈 뒤, 저는 트렁크를 열어 어머니께 옷 선물을 드렸습니다. 어머니 또한 제게 줄 선물이 있다고 하셨습니다. 어머니는 베개 옆에서 양말 십여 켤레를 꺼내 제 손에 쥐어주셨습니다. 아마도 예전부터 제 선물을 준비하신 게 아닌가 싶습니다.

"어머니, 한 켤레로 1~2년은 신을 수 있는데, 뭘 이렇게 많이 사셨어요?"

"아들아! 이 정도면 넌 이백 살까지 살 수 있지 않겠니?"

어머니는 이처럼 긍정적인 분이셨습니다.

잠시 후 어머니는 그동안 모아온 명함을 하나하나 보여주셨습니다. 저는 이런 어머니를 보며 사람을 대하는 어머니의 정성을 알 수 있었습니다. 명함들은 대만과 중국의 인연이 있는 분들의 것으로 그 속에는 반유강潘維剛 입법위원, '중국의 기이함을 찾아서(大陸尋奇)' 프로그램 제작자 주지민周志敏 선생, '대성보大成報' 신문사 부편집장 조준매趙俊邁 선생, 호주에서 온 유초명劉招明 선생, 미국에서 온 임진설아林陳雪娥 여사 등의 명함이 있었습니다. 제가 주머니에서 제 명함을 꺼내 어머니께 드리자 어머니가 웃으며 말씀하셨습니다.

"이건 부처님의 명함이로구나."

어머니는 자신만의 인생관을 가진 분으로, 말 속에 당신의 경험을 인용하길 좋아하셨습니다.

"사람이란 자고로 선의를 가져야 한다. 그래야 남이 괴롭히는 것도 대수롭지 않게 넘길 수 있는 법이지. 날 보렴. 북벌전쟁, 항일전쟁, 문화대혁명까지 수많은 고통과 고난을 당했지만, 지금까지 잘 살고 있잖니?"

"다른 사람들은 가난뱅이를 싫어하지만, 나는 가난을 무상無常이라 여기기 때문에 좋아한단다. 가난이란 일시적인 것으로 그 가난한 사람이 언제라도 부자로 탈바꿈할 수 있단다."

어머니의 말씀을 듣고 있던 저는 우연히 어머니 옷에 구멍이 난 것을 발견했습니다.

"어머니, 옷에 구멍이 났네요."

어머니는 대수롭지 않다는 듯 태연하게 말씀하셨습니다.

"구멍이 난 것이 아니라 천이 좀 모자랐을 뿐이다."

오늘밤 어머니는 특히 더 즐거워 보였습니다. 그 좁은 당신의 방에 스무 명이 넘는 사람이 오밀조밀 모여 시끌벅적하게 이야기를 나누는 것이 더욱 좋으셨던 모양이었습니다. 이야기가 거의 끝나갈 무렵 시계를 보니 이미 12시를 훌쩍 넘긴 시간이었습니다.

"어머니, 오늘은 너무 늦었으니 못다 한 이야기는 내일 다시 하시는 것이 어떠세요?"

어머니는 모두를 바라보며 말씀하셨습니다.

"그래, 오늘은 늦었으니 그만 가서들 자거라."

제가 자리에서 일어나려 하자 어머니께서 절 가리키며 말씀하셨습니다.

"금각(今覺: 출가 당시의 제 법명) 스님은 가지 말고 남으시게."

어머니의 말씀에 저는 다시 자리에 앉아 정신을 가다듬고 훈시를 들었습니다.

다음 날 아침, 저는 서강빈관西康賓館에서 중국불교협회 회장 조박로趙朴老 선생과 담소를 나누고, 오찬을 함께 했습니다. 올해 여든여덟인 조박로 회장은 특별히 북경에서 저를 만나기 위해 남경까지 내려오셨습니다. 제가 서강빈관에 도착했을 때에는 이미 입구에서 저를 맞이할 준비를 하고 계셨습니다. 서로 인사를 나누면서 저는 그의 자상한 마음과 열정을 느낄 수 있었습니다.

그는 시사詩詞와 서예의 대가로 그의 시와 글들은 중국 도처에서 쉽게 찾아볼 수 있습니다. 그는 사찰에 글을 쓰는 것을 가장 큰 즐거움으로 여겼지만, 상점 같은 곳에는 글을 써 준 적이 전혀 없습니다. 그의 작품이 대만에서 열린 불광대학 건립 자선바자회에서 56만 위엔에 낙찰된 것을 안 그는 무척 기뻐했습니다. 그는 또 '강남을 추억하며(憶江南)'란 시를 선물로 주었습니다. 시 속에서 출중한 그의 필재를 엿볼 수 있었을 뿐만 아니라, 중국불교에 대한 그의 기대까지도 느낄 수 있었습니다.

식사를 마친 후 서둘러 작별인사를 하며, 제가 저녁에 우화정사에서 답례로 식사를 대접하겠다고 약속했습니다. 우화정사로 돌아온 저를 보자마자 어머니께서 물으셨습니다.

"아침 일찍 어딜 갔다 오는 건가?"

북경에서 온 조박로 선생을 만나고 오는 길이라고 말씀드리자, 그를 알고 계신 어머니께서는 엄지손가락을 추켜세우며 빙그레 웃으셨습니다.

"정말 훌륭한 분이시지. 자네가 접대를 잘해야 해."

5시도 채 안 되었을 시각, 어머니께서 삼황오제의 오래된 역사 이야기를 제게 들려주고 계실 때였습니다. 스님들과 조박로 선생 부부가 이미 집으로 찾아오셔서 경황없이 모두를 안으로 안내한 뒤, 다시 불교에 관한 이런저런 이야기를 나누었습니다.

  소蕭 보살의 지도 감독 아래 조카인 춘부春富가 저녁 만찬을 준비했습니다. 만찬 석상에서 모두 음식이 맛있다며 칭찬을 아끼지 않았습니다. 또한 용화사龍華寺의 소찬보다 더 낫다고 하는 분도 계셨습니다. 함께 자리했던 용화사 주지 명양明陽 스님을 보고 저는 서둘러 이렇게 말했습니다.

  "조카가 원래 용화사 출신이니 그의 음식 역시 용화에서 배운 것이겠지요. 아무리 그래도 그는 용화사 사람입니다."

  오늘 저녁 만찬이 훌륭한 것은 사실이지만 조박로 선생 부부는 제가 대만에서 가져온 또우푸루(豆腐乳: 발효 두부)를 가장 좋아하는 것 같았습니다.

  날이 밝아오자 별과 달이 아침햇살 속으로 모습을 감추었습니다. 아침공양을 한 뒤 우리는 강도의 친척 방문과 해안의 스승을 찾아뵙는 여정에 올랐습니다. 대지가 봄을 맞아 모두 깨어나고 있었습니다. 온갖 꽃이 흐드러진 강남은 어느덧 봄의 문턱에 다다라 있었습니다. 길 옆 푸른 강물이 넘실대고, 초록의 버드나무 가지가 하늘거리며, 울긋불긋한 꽃들이 한창이고, 바람이 살랑살랑 얼굴을 스쳤습니다. 곳곳에 노란 유채꽃이 눈에 보였습니다. 그 사이로 어렴풋이 땀을 뻘뻘 흘리며 힘겹게 밭을 갈고 있는 농부의 모습도 보였습니다. 주위를 둘러보니 시골 아낙이 빨래를 하고 있었고, 집에서는 밥 짓는 연기가 굴

둑에서 피어오르고 있었습니다. 배 한 척이 저 멀리 까마득히 보이고, 제비가 지지배배 재잘거리는 이 모습은 시화에 나오는 아름다운 강남의 풍경이었습니다.

한 시간쯤 달려 양주揚州를 지나게 되었습니다. 저 멀리 보이는 거라고는 자전거뿐이었습니다. 양주사람은 몸매나 걷는 자태도 아름다웠습니다. 아마도 자전거를 타는 것과 관계가 있지 않을까 싶습니다. 대만에는 자동차 교통체증이 있다면, 양주에는 자전거 교통체증이 있었습니다.

고성古城인 양주는 '남경은 들어보지 못했어도 양주는 들어봤다'라고 할 정도로 유명한 곳입니다. 1,500여 년의 역사를 간직하고 있는 양주는 멀게는 우禹 임금이 치수治水을 하던 상商왕조 시절 구주九州의 하나였고, 수양제가 운하를 뚫기 시작하면서부터는 남북 경제 문화의 요충지로 자리 잡게 되었습니다. 양주가 고향인 저는 양주에서 머물렀던 역사적인 인물들을 잘 알고 있습니다. 오왕 부차夫差, 동중서(董仲舒: 전한 때의 유학자), 사안(謝安: 동진 때의 정치가, 군사가), 심약(沈約: 남조 때의 문인. 궁체시의 선구자), 양광(楊廣: 수양제), 왕세충(王世充: 수 왕조 말기 호족 세력), 이백(李白: 당나라 시인, 시선詩仙), 맹호연(孟浩然: 당나라 시인), 유우석(劉禹錫: 중당中唐 시인), 백거이(白居易: 중당 시인), 두목(杜牧: 만당晚唐시인), 범중엄(范仲淹: 북송 때의 정치가), 소동파(蘇東坡: 북송 시인), 한세충(韓世忠: 남송의 명장), 악비(岳飛: 남송의 무장) 등이 있습니다. 근대 인물로는 주자청(朱自清: 중국의 시인 겸 평론가), 왕백령王柏齡, 진과부陳果夫, 홍란우洪蘭友 등이 있습니다. 이와 같은 문인 묵객들이 양주를 더욱 아름답게 묘사를 해 주었습니다.

　양자강 중요 관문에 위치한 양주는 아름답고 수려한 풍경으로 대대로 수많은 문인 묵객들이 시를 읊기 위해 찾던 곳이었습니다. 건륭제조차도 여섯 차례나 강남을 유람했다는 기록이 있을 정도이니 실로 아름다운 곳이라 하겠습니다. 또한 이백이 광릉으로 떠나는 맹호연을 배웅하며 지은 시에도 양주가 등장합니다.

　　옛 친구는 황학루를 서쪽에 두고 떠나가네
　　꽃 피는 춘삼월에 양주로 내려간다네
　　외로운 돛단배 먼 그림자 푸른 하늘로 사라지고
　　오직 보이는 건 장강이 하늘 끝으로 흐르는 것이더라
　　故人西辭黃鶴樓, 煙花三月下揚州
　　孤帆遠影碧空盡, 唯見長江天際流

　이 시를 보아도 양주의 풍경이 얼마나 수려했는지 알 수 있습니다. 고향 강도에 도착해 보니 옛집은 확 달라져 있었습니다. 지난번 집에 왔을 때 조카 춘래에게 그만 물려주라고 동생 국민에게 넌지시 말을 한 적이 있었습니다. 조카는 옛집을 대대적으로 수리했습니다. 지금의 집은 조카가 만든 걸작품입니다. '물려주다'라는 말이 나오니 중국불교의 '대물림'이 생각났습니다. 윗세대에서 아랫세대에게 바통을 물려주지 않으려 하는 것도 모자라 다음 세대까지 핍박을 가하다니요! 이러한 불교에 어찌 앞날이 있을 수 있겠습니까? 저는 가업을 이어받은 조카 춘래가 건축설비의 일신을 이루었으니 문화수준도

한 단계 끌어올릴 수 있기를 바랍니다.

고향사람들은 점심을 색다른 맛의 고향 특선음식인 '냉이 탕위안(湯圓)'으로 우리를 대접했습니다. 원래 두 개면 족했으나 순간 욕심이 나 하나를 더 먹을 만큼 맛이 있었습니다.

오후에 다시 해안으로 향했습니다. 부슬부슬 부슬비가 내리고, 길에 있던 모래알이 바닥에서 튀어 올랐습니다. 이런 악조건 속에서도 수많은 사람들이 저마다 호미 하나씩 들고 서로 합심하여 도로를 일구고 있었습니다. 그들의 모습에서 '우공이산愚公移山'하는 각고의 노력을 엿볼 수 있었습니다. 이런 모습은 생활이 곧 노동이요, 노동이 곧 생활이라며 고달픔을 인내하는 그들의 성품을 보여주는 것이었습니다. 중국의 수향택국(水鄉澤國: 양자강 중하류를 예로부터 물이 많다고 해서 부른 이름), 나아가 사통발달의 운하는 모두 이처럼 주민들이 일궈낸 찬란한 성과라 할 것입니다.

해안에 도착해 곧장 은사님의 보탑으로 가 재를 지냈습니다. 향을 올리고 독경하는 동안 참배를 하러 온 마을 사람만 해도 500~600명은 되었습니다. 모두의 관심에 감사를 드리면서 다음과 같은 말을 했습니다.

"이곳에는 제 은사이시며 위대하신 지개상인께서 잠들어 계십니다."

월기月基 스님께서 이런 말씀을 한 적이 있습니다.

"은사님께서는 약사불과 함께 태어나시고 중화민국과 세수가 같으시니, 손꼽아 보아도 84세는 되셨습니다."

저는 양주 출생이지만 어려서 고향을 떠나 양주를 유람한 적은 단

한 번도 없었습니다. 양주에는 이런 말이 유행하고 있었습니다.

"배를 타고 유람하지 않으면 양주를 본 게 아니다."

이 때문인지 중국불교협회에서는 일정 중에 특별히 저를 위해 반나절 동안 수서호瘦西湖를 돌아볼 수 있는 수상유람을 준비해 주었습니다.

수서호의 아름다움은 항주의 서호西湖에 뒤지지 않습니다. 가이드는 두 곳을 "양귀비의 풍만한 몸매와 조비연의 날씬한 몸매"에 비유했습니다. 두 곳 모두 나름의 풍격과 특색을 가지고 있다는 의미입니다. 청 왕조의 건륭황제 역시 여섯 차례나 강남을 찾았고, 올 때마다 이곳을 찾아 호수의 경치를 관람했다 합니다. 당시 지방관과 염상鹽商이 건륭황제를 즐겁게 하기 위해 호수 양 옆에 운치 있고 고상한 정자와 정원들을 많이 만들었다고 합니다. 이 호수가 항주의 서호와 서로 아름다움을 논하지만, 폭이 조금 좁아 '수서호'라 불리게 되었다고 합니다.

우선 우리는 '권석동천卷石洞天'이 있는 지점에서 유람선을 타고 천천히 강을 따라 내려갔습니다. 수서호의 양쪽에서는 빨간 보조개를 머금은 복사꽃과 푸르른 눈매를 가진 버들가지가 끝없이 늘어서 있었습니다. 호수를 따라 유람하면서 "강 언덕의 아름다운 버들은 강으로 가지를 드리우고, 누각은 하늘에 닿아 있구나" 하는 가슴이 탁 트이는 상쾌한 기분을 느낄 수 있었습니다. 그렇기에 옛 문인들이 "허리에 전대를 차고, 양주에서 학을 타고 논다"는 칭찬이 있었던 것 아닐까요!

서원西園, 대홍교大紅橋, 소금산小金山, 조어대釣魚臺, 오정교五亭

橋, 백탑白塔, 24개의 다리 등 수많은 풍경을 지나면서 가장 인상 깊었던 것은 소금산에 있는 정자였습니다. 산비탈에는 사방에 푸른 대나무와 매화가 가득했고, 정자에 서서 사방을 둘러보면 시내의 고층 빌딩이 우뚝 솟은 모습을 어렴풋이 볼 수 있었습니다. 아래를 내려다보니, 반짝이는 호수와 넘실거리며 나아가는 유람선, 푸른 나무와 어우러진 정자 등이 한눈에 들어왔습니다. 이래서 이 정자를 수서호의 자랑이라고 하는 듯 싶었습니다.

다섯 개의 정자로 이루어진 오정교五亭橋는 물에서 피어 오른 다섯 송이의 연꽃이 하늘거린다 하여 예로부터 연화교蓮花橋라고 불렸습니다. 정자의 지붕은 노란색 유리, 처마는 녹색, 기둥은 붉은색, 천정은 아름답게 채색하여 화려하면서도 고풍스러웠습니다. 다리의 석주石柱 조각에는 저마다 다른 모양의 돌사자가 조각되어 있고, 다리 아래로 나 있는 15개의 공간은 가로세로가 서로 통하고, 공간끼리 서로 연결되며, 밝은 달이 뜬 날에는 각 공간마다 달을 머금은 듯한 장관을 연출하기도 합니다.

또 다른 느낌을 주는 조어대는 삼면이 물에 닿아 있고 오정교, 백탑의 풍경이 한눈에 들어옵니다. 조어대의 남쪽 공간으로는 구름을 뚫고 우뚝 솟은 백탑이, 서쪽 공간으로는 물에 비치어 옆으로 누운 오정교가, 북쪽 공간으로는 푸른 나무가 빽빽이 들어찬 계화청桂花廳이 보입니다. 어느 특정한 장소에 서면 세 곳의 풍경을 한꺼번에 볼 수 있다는 것이 가장 신기했습니다. 이처럼 경물을 빌어 신비로운 정취를 표현하는 기법이 바로 고대 건축의 묘미가 아닐까 싶습니다.

24교橋는 여정의 종착점이었습니다. 물에 비친 다리의 아치형 그림자를 지나가노니 마치 하늘을 날고 있는 듯한 착각마저 들었습니다. 시인 두목杜牧 역시 이런 감회를 읊었습니다.

> 청산은 흐릿하고 물은 아득한데
> 가을 다해도 강남의 풀은 시들지 않았네
> 양주의 이십사교 달 밝은 밤에
> 가인은 어디에서 피리를 가르치나
> 青山隱隱水迢迢, 秋盡江南草未凋
> 二十四橋明月夜, 玉人何處教吹簫

이곳에서 우리는 고금을 아우르는 역사의 흔적을 찾을 수 있었습니다.

"항주는 호수와 산이 빼어나고, 소주는 정원이 뛰어나며, 양주는 정자가 뛰어나다"고 흔히들 말합니다. 양주의 원림園林은 남방의 수려함과 북방의 웅장함, 또한 인간과 풍경을 하나로 엮어 놓은 것이 특징입니다.

많은 원림 중에 특히 '개원個園'의 특색이 가장 뛰어났습니다. 개원은 돌을 겹겹이 쌓아올려 정교하면서도 웅장한 기상을 보여줍니다. 또한 사계절마다 다른 풍경을 연출합니다. 봄 산은 수수하면서도 요염한 미소를 닮은 듯하고, 여름 산은 금방이라도 초록물이 뚝뚝 떨어질 듯하고, 가을 산은 밝고 맑게 화장한 여인 같고, 겨울 산은 슬프고 처량한 여인이 누워 있는 듯했습니다. 여행업체와 공동으로 개발해 풍경을 더욱 아름답게 꾸미고, 관광객에게 보다 나은 서비스를 제공할 수 있다면, 아름답고 빼어난 중국의 산천을 더 많은 사람에게 보여 주고 감동을 선사할 수 있을 거라는 생각이 들었습니다.

집으로 돌아오니 가족들은 저마다 저와 이야기를 나누자며 잡아 끌었습니다. 저는 국제불광회 조직과 불광산의 시스템에 대해 소개를 해 주면서, 누구나 기술 한 가지씩은 꼭 배워야 한다고 당부했습니다. 중국인들은 "집안에 돈이 많이 쌓여 있어도 기술 하나 가지고 있느니만 못하다(家有萬貫財富, 不及一技在身)"라는 말을 자주 합니다. 저는 사람들에게 이렇게 권했습니다.

1. 최소한 고등학교는 졸업하고, 특수한 기술을 함께 배우십시오.
2. 요리사란 직업이 인기가 많습니다. 양식 요리사의 급여가 중식 요리사보다 높습니다.
3. 미국은 간호사가 부족한 실정입니다. 하지만 영어를 할 줄 알아야 합니다.
4. 지금 전 세계에서 가장 좋고, 가장 자유로운 곳은 대만입니다.

이때 '천하문화天下文化' 편집장 부지영符芝瑛 양이 담화를 나누는 자리에서 모두에게 물었습니다.

"대사님을 처음 만나 뵌 소감이 어떻습니까?"

다른 사람들이 대답을 하기도 전에 제가 말했습니다.

"만나기 전엔 팔 여러 개 달린 이상한 사람으로 생각했지만, 막상 만나보니 별거 아니구나 했겠지."

제 말을 듣고 모두들 박장대소했습니다.

저녁에 벽운碧雲이 케이크, 복숭아 모양 진빵, 장수면을 준비했고, 어머니께 생신 축하 노래도 불러드렸습니다. 평소 단 것을 잘 먹지 않는 저도 어머니가 직접 건네주시는 케이크를 맛있게 먹었습니다.

아침 일찍 온 가족이 불당에 모여 「관세음보살보문품」 1권을 경독하며 어머니의 만수무강을 빌었습니다.

제가 오늘 떠난다는 사실을 안 어머니는 밤새 잠을 한숨도 이루지 못하셨습니다. 저를 보자마자 고개를 떨구신 어머니가 한참을 생각에 잠겨 있다가 겨우 입을 여셨습니다.

"금각 스님, 하고 싶은 말이 무척이나 많았는데, 막상 얼굴을 보니 할 말이 떠오르지 않는구나."

어머니는 한숨을 내쉬었습니다.

"불법佛法은 무변無邊하나 오히려 나는 고해 속에서 헤어나지 못하는구나."

저는 재빨리 어머니를 위로했습니다.

"대만에서는 천만 명의 청중이 제 말을 듣지만, 남경에 오면 전 어머니만의 청중입니다."

이때 어머니의 눈가에 미소가 스치는 것을 보았습니다.

"경전을 설법한다고 반드시 도를 얻는 것은 아니지만, 설법을 듣는 사람은 도리어 모두 도를 얻을 수 있는 것이다."

얼마나 현명한 말씀이신가!

어머니와 이별한 뒤 우리는 기차에 몸을 싣고 상해로 향했습니다. 제가 처음 기차를 타 본 것이 겨우 12살 무렵이었을 것입니다. 당시 저는 어머니의 손을 꼭 잡고 놀라 소리쳤던 기억이 납니다.

"어머니, 큰일 났어요. 집이 점점 달아나고 있어요."
지금 생각하면 너무 유치해 헛웃음만 나올 뿐입니다.

외할머니

기억 속의 요람을 흔들다 보면 저는 걱정이라고는 전혀 몰랐던 철없던 어린 시절로 되돌아가곤 합니다.

제가 평생 가장 존경하는 분은 외할머니입니다. 외할머니는 전능한 천신天神처럼 주머니에서 사탕과 과자를 만들어 제게 주셨습니다. 따스한 불빛 아래 앉아 계신 관세음보살님과 같은 할머니의 온화한 말씀은 저의 어린 마음을 보듬어 주고, 어수선한 세상을 이겨낼 수 있는 힘을 주셨으며, 가족과 떨어져 있어도 외롭거나 두렵지 않게 해 주셨습니다.

또한 가장 그리운 사람도 외할머니입니다. 지금도 눈만 감으면 예불을 드리던 외할머니의 모습과 미소를 짓던 얼굴이 또렷이 떠오릅니다. 저처럼 외할머니의 손에 자란 태허대사太虛大師 역시「오십세생일감언五十歲生日感言」이란 글에서 '저의 어머니의 어머니 덕한주

(德罕儔: 짝할 없을 만큼 덕이 많은 사람)'라고 불렸습니다. 저 역시 그 글에 동감하는 바입니다.

사람은 누구나 우상을 갖고 있습니다. 제 평생 가장 존경하는 분이자 우상인 분은 외할머니이십니다. 외할머니는 글을 배운 적도, 당신의 이름조차도 쓸 줄 모르지만 현숙하고, 부지런하고, 온화하고, 심성이 굳으며, 자상하고, 남을 돕기 좋아하며, 절대 나쁜 말은 입에 담지 않는 분이셨습니다. 외할머니의 이런 미덕은 제 일생에 많은 영향을 주었습니다. 중국여성의 미덕을 모두 모아 놓은 축소판이 외할머니가 아닐까 싶습니다. 그런 외할머니가 제게는 가장 포근한 추억이며, 가장 아름다운 무지개이고, 인생에 있어서 가장 밝게 빛나는 별이었습니다.

제가 이 글을 쓰는 순간, 중국과 구미 등지에서 폭설로 인한 재난이 발생했다고 합니다.

눈! 제게는 결코 낯설지 않은 단어입니다.

불법을 전파하기 위해 각지를 떠돈 지 어언 한 갑자(60년). 행복하게도 세계 각지의 설경 대부분을 볼 수 있는 기회가 많았습니다. 하지만 제게는 자연의 설경보다는 제 인생의 설경이 더 아름답게 느껴집니다. 70여 년 전의 고향 양주, 그리고 외할머니가 제 곁에 계시던 그때가 저의 인생에서 가장 아름다운 설경입니다. 당시는 먹을 것도 부족하고 좋은 집에 사는 것도 아니었지만, 외할머니는 제게 무엇보다도 풍성한 것들을 주셨습니다.

눈꽃이 하늘하늘 날리던 어느 겨울, 외할머니는 채소밭에 나가 호미로 밭을 일구고 계셨습니다.

부지런하던 외할머니는 날이 밝기도 전에, 곤히 잠든 저를 깨울까 조심조심 자리에서 일어나 홀로 채소밭에서 채소를 따다가 새벽 장에 내다 팔곤 했습니다. 햇빛이 창을 통해 어렴풋이 비칠 무렵, 외할머니는 만면에 웃음을 띠고 따끈따끈한 샤오빙(燒餠: 밀가루로 구운 빵)과 꽈배기를 사 가지고 돌아오셨습니다.

"애야, 식기 전에 어서 먹어라."

밖에선 여전히 눈이 날리고 있었고, 제 입안의 샤오빙과 꽈배기는 어떤 산해진미보다 더 맛있었습니다. 저는 마치 어린 왕자라도 되는 듯 당연하게 외할머니가 주신 사랑을 받았습니다.

한밤중 작은 등잔불에 의지해 외할머니는 마음속으로 존경하는 신들을 향해 기도드리며 조용히 경전을 독경하셨습니다. 외할머니의 독경소리는 구성지고 듣기 좋았습니다. 엄숙한 신들이나 자비로운 관세음보살처럼 기도를 드리는 외할머니의 경건한 그림자에서도 광채가 나는 듯했습니다.

엄동설한이면 살뜰한 외할머니는 이불을 난로에 따뜻하게 쬐인 다음 저를 재우곤 하셨습니다.

수십 년 후 오대주를 다니면서 편안한 여관에 묵고 세계가 놀랄 만한 설경도 보았지만, 저는 어릴 적 외할머니가 있던 그 작은 방으로 돌아갈 수 있으면 얼마나 좋을까 하는 생각을 종종 하곤 했습니다. 그곳에는 외할머니가 있습니다. 밖에는 눈발이 휘날리지만, 방 안에 계시는 외할머니는 당신의 사랑으로 모든 눈바람을 막아 주고 계셨습니다.

왕王씨였던 외할머니는 열여덟 꽃다운 나이에 외할아버지에게 시집 와 유왕 씨劉王氏로 불리게 되었고, 그것이 곧 이름처럼 되었다는 얘기를 들은 적이 있었습니다. 불교를 신봉해 온 할머니는 평생 채식을 하셨습니다. 하지만 외할머니가 믿었던 종교가 불교의 어떤 종파인지 저는 지금까지도 확실히 알 수 없습니다. 아마도 민간신앙 조직에 속하는 종교가 아니었을까 하는 짐작만 할 뿐입니다. 외할머니도 귀의한 은사 스님이 있었지만, 출가인은 아니셨습니다.

외할머니는 한 달에도 몇 번씩 암자마다 열리는 신도 모임에 참석하셨던 것으로 기억합니다. '상공上供'이라 하는 모임은 공양을 올리는 그릇에 음식을 산처럼 쌓아 바치는 것으로 한 전각 안에서 이루어졌습니다. 이렇게 한 차례 올리는 것을 일공一供이라 합니다. 한 전각에 한 번 혹은 세 번 또는 다섯 번을 올리기도 했습니다. 몇 개의 전각에 몇 개를 올리는지는 사람들의 발심에 따라 매번 달라졌습니다. 시주하는 사람은 불전 앞에 꿇어앉고, 다른 이들은 양쪽에 서 있습니다. 저도 외할머니를 따라 몇 번 참석한 적이 있었습니다. 염불 내용이 무엇인지 기억이 나진 않지만, "수행하지 않으면 늙은 소의 멍에로 태어나게 된다. 선은 소나무와 같고 악은 꽃과 같으니 당장 눈앞의 것만을 보지 말라. 천둥치는 날 소나무는 건재해도 꽃은 사라지고 없나니. 전생에 네가 신었던 신발은 다음 생애 네 등에 업혀 십 리를 갈 짐이다"라는 게송만 또렷이 생각납니다. 전각 안에서는 독경처럼 선시를 읊는 소리가 경쾌하게 울려 퍼졌습니다.

제가 처음 믿음을 가지게 된 가장 중요한 인연은 바로 외할머니였습니다.

당시는 출가자가 많지 않았지만 외할머니는 항상 출가자를 존중했고, 저에게도 항상 당부를 하셨습니다.

"애야, 삼보(불·법·승)가 가장 좋고, 가장 중요한 것이며, 삼보의 공덕은 한이 없는 것이니, 사람이란 무릇 삼보를 존경해야 한다."

당시 저는 관세음보살만 알았지, 삼보가 무엇인지는 전혀 알지 못했습니다.

외할머니를 따라 저도 공양을 올리는 데 참석한 적이 있었기에 4~5살 때 벌써 『반야심경』을 배웠고, 채식을 하겠다고 했습니다. 날이 갈수록 저의 성격은 외할머니를 닮아 갔습니다. 가끔 외할머니를 따라 공양을 가지 않을 때에는 할머니가 맛있는 음식을 한 보따리 싸 가지고 돌아오시기를 문에 서서 기다리곤 했습니다. 그때의 경험으로 저는 대만어의 '떵루(等路: 일반적으로 중간, 보통의 의미)'가 무슨 의미인지 이해할 수 있습니다.

암자에서 공양을 올린 과일이라도 얻을 수 있다면, 나름 지위가 있는 사람이었습니다. 지금 말로 '공덕주'인 셈입니다. 음식을 갖고 와 제게 나눠 주는 외할머니의 모습은 저 높은 곳에서 시주를 해 주는 위대한 분처럼 느껴졌습니다. 외할머니는 음식을 나눠 주시면서도 자상하고 살뜰하게 받는 사람의 마음을 살피셨습니다. 받는 사람의 자존심을 세워 주면서 따스함을 느끼게 해 주셨습니다. 외할머니가 베푸는 선은 아무런 조건도 담겨 있지 않은 무조건적인 선이었습니다.

외할머니는 단 한 번도 이런 말씀을 하신 적이 없으셨습니다.

"이것을 먹었으니 공부 열심히 해야 한다. 이것을 먹으면 똑똑해질 것이다. 이것을 먹으면 공덕이 쌓일 거다. 이것을 먹으면 액땜을 할 수 있을 거다. 이것을 먹으면 건강해질 거다."

외할머니는 그저 공양 올린 과일을 가져와 기쁜 마음으로 우리들에게 나눠 주셨습니다. 외할머니께서는 '보시'란 이렇게 "마음에서 기쁨이 우러나" 하는 것이라는 것을 몸소 우리에게 실천해 보인 것임을 저는 나중에서야 깨달을 수 있었습니다.

저는 쉰 살가량의 외할머니와 7~8살 때까지 같이 살았습니다. 외할머니는 스무 살에 저의 어머니를 낳으셨고, 저의 어머니는 스물다섯에 저를 낳으셨습니다. 제가 어쩌다 부모님이 아닌 외할머니와 함께 살게 되었을까요? 제가 외할머니를 무척 따랐기 때문입니다.

저는 어려서부터 외할머니의 근면, 곧은 성격, 용감함, 사사건건 따지지 않는 모습 등을 보고 자랐습니다. 집에서도 장남은 아니지만 가족들 모두 저를 걱정해 주고 자신의 의견을 제시할 때도 저의 의사를 존중해 주었습니다. 곧은 성격과 사리분별을 할 줄 알고, 말썽도 부리지 않았기에 저를 존중해 준 것이 아닌가 하는 생각이 듭니다. 어머니는 재미삼아 하는 놀이에 돈을 따면 얼굴에 웃음이 가득했지만, 그와 반대로 돈을 잃으면 시무룩해 하셨습니다. 몸이 약하고 바쁘신 어머니를 대신해 저는 어려서부터 누가 음식을 만들 차례라는 것을 따지지 않고 가족들이 먹을 음식을 만들었습니다. 어려서부터 집안일은 진심에서 우러나와서 배웠던 것입니다.

아침밥을 지을 때면, 아침 일찍 일어나 쌀 한 줌을 솥에 넣고 끓이다 거의 다 익을 때쯤 밀가루를 푼 풀을 솥에 쏟아 붓습니다. 몇 개의 밥알이 남아 있는 이 음식을 '밥알 죽'이라고 불렀습니다. 무말랭이 같은 짭짜름한 반찬과 곁들어 먹으면 간단한 아침식사가 됩니다. 밥알 죽이 쉬어 못 먹게 된 경우, 저 나름대로 처리 방법이 있었습니다.

밭에 가서 부추를 뜯어다 깨끗이 씻어 솥에 넣고 볶다가 죽을 섞으면 부추 냄새가 쉰내를 없애 줍니다.

점심이 되어도 마찬가지였습니다. 어머니가 장에 가시면 그나마 쌀과 찬거리를 사 오셨지만 그렇지 않으면 먹을 것이 없어 점심도 밥알 죽을 먹어야 했습니다. 열 살도 채 안 된 나이였지만 식사 준비는 저에게 결코 어려운 일이 아니었습니다. 남을 위해 기꺼이 봉사하는 성격은 아마도 외할머니에게서 물려받은 것이 아닐까 싶습니다. 하지만 어머니가 아프셔서 우리를 너무 사랑하신 외할머니가 찬거리를 사다가 식사를 차려 주시는 경우가 많았습니다. 외할머니는 어린 우리들이 배부르게 다 먹는 것을 지켜보시다가 집으로 돌아가셨고, 저는 외할머니를 따라 외가로 다시 돌아갔습니다.

외할머니는 우리 집과 가까운 곳에 홀로 살고 계셨습니다. 하지만 혼자 사는 노인처럼 슬프거나 처량해 보이지 않았습니다. 매일 맑은 정신으로 날이 밝기도 전에 밭에 가서 일을 하시고, 이웃의 고민거리도 해결해 주시며, 암자에 가 공양을 올리기도 하셨습니다. 집 안팎을 항상 정갈하게 꾸미셨고, 주위에 오색구름이 날아다니는 동화 속 신선이 사는 곳처럼 느껴졌습니다.

민국 20년(1931)쯤, 큰외숙모가 홍수에 휩쓸려 돌아가신 후에 큰외삼촌은 재혼을 하셨습니다. 새로운 외숙모의 무서운 성격 탓에 얼마 안 가 외삼촌 내외는 분가를 했습니다. 외할머니는 둘째삼촌과 함께 살았지만, 집에 있는 적은 거의 없었습니다. 상인이었던 외삼촌은 소를 사고 팔 때 소 값이 어느 정도 되는지 감정 평가를 해 주는 소 판매 전문인이었습니다. 당시는 소가 그 집의 전 재산이라고 해도 과언이 아니었기 때문에 소를 사려는 사람들은 우선 외삼촌을 찾았습니다. 저는 첫째외삼촌보다는 성실하고 정직한 둘째외삼촌을 더 좋아했습니다.

셋째외삼촌은 거의 구십 세까지 사셨습니다. 셋째외삼촌은 국민당에서 일하다가 해방군에서 일했으며, 다시 일본군으로 일하다 유격대로 지내면서 이곳저곳을 떠돌아 다녔습니다. 마을을 지키는 '향대장鄕隊長'이 삼촌이 맡았던 직책 중에 가장 높았던 것으로 기억합니다. 자신의 직책에 무척 의기양양했지만, 저는 셋째삼촌과 가까이 지내고 싶은 맘은 없었습니다.

외할머니와는 효성이 지극한 둘째삼촌과 사이가 좋았습니다. 당시 외할머니에게는 사남매가 있었지만 아들들이 모두 독립해 외할머니는 일찌감치 혼자 사셨습니다. 외할아버지가 일찍 돌아가셔서 인간 세상의 무상함을 일찍부터 깨우치신 외할머니는 이미 독립적인 여성으로 세상을 살아오고 계셨습니다.

재봉일을 하던 외할아버지는 제가 5~6살 때 돌아가셨습니다. 할아버지가 돌아가셨다는 것을 자각하지 못했던 철없던 시절에는 밖에 나가 놀면서 '왜 할아버지는 잠만 자는 거지?'라고 생각했습니다.

외할아버지의 죽음 앞에서도 외할머니는 결코 허둥대거나 당황하지 않고 그저 제문祭文을 읽듯이 조용히 눈물만 흘리며 중얼거렸습니다.

"저 혼자 어찌 살라고 먼저 가신단 말입니까?"

외할머니는 외할아버지의 죽음을 비통해하기보다는 부부간의 정이 두터워 무척 그리워한다는 것을 옆에서 지켜보는 저도 알 수 있었습니다. 제가 외할머니와 함께 살 수 있었던 것은 서로 비슷한 성격이기도 했지만, 외할머니가 저를 특히 예뻐하셨기 때문이었습니다.

비록 글을 배운 적은 없지만 견식은 매우 넓었던 외할머니는 일찍부터 저를 서당에 보내 글공부를 시키셨습니다.

서당에 갔던 첫 날, 제가 배운 글자는 '사람 인人'자였습니다. 제 인생에 커다란 영향을 끼친 글자도 바로 이 '사람 인'자였습니다. 저는 '좋은 사람'이 된다는 것을 가장 중요한 과제라고 생각했습니다. 인간답지 못한 언어와 행동, 기본예절이나 부끄러움을 모르는 인간, 인면수심의 사람은 인간으로서의 가치가 없는 것이 아닐까 하는 생각이 듭니다.

둘째 날, 다시 '손 수手, 발 족足, 칼 도刀, 자 척尺, 메 산山, 물 수水, 밭 전田, 개 구狗, 소 우牛, 양 양羊' 등 낱글자를 읽고 쓰는 법을 배웠습니다. 생활 속에서 흔히 보는 물건들의 단어를 알려 주셨습니다. 선생님은 우리가 본 물건들의 이름을 가르치기 시작했고, 이런 교육방식은 많은 효과를 보았습니다.

서당에서 글을 배우기 위해서는 하루에 동전 4개를 내야 했습니다. 동전 열 개가 일각一角이었으니 매일 사분四分을 낸 셈입니다. 외할머니는 매일 동전 8개를 주셨습니다. 선생님께 갖다 드리라며 매일 동전 네 개를 비롯해 아침 값으로 동전 네 개를 주셨습니다. 당시 동전 두 개에 샤오빙 하나, 저는 두 개는 먹어야 배가 불렀습니다. 매일 아침 저는 날이 밝기도 전에 서당으로 달려갔습니다.

그때 『삼자경三字經』, 『백가성百家姓』, 『천자문千字文』 등을 배웠습니다. 당시 전란으로 어지러웠던 때라 수시로 수업하는 장소와 선생님이 바뀌었고, 교재도 있다 없다 했습니다. 수업도 계속 이어지지 않았고, 복습을 도와줄 어른도 없었기에 무조건 외워야만 하는 교재 내용을 외우기가 쉽지 않았습니다. 내용을 제대로 기억하지 못한 적도 종종 있었습니다.

어느 날은 책 내용을 다음 날까지 다 외워 가야 한 적이 있었습니다. 하지만 선생님이 가르쳐 준 적도 없고, 가르쳐 주었다고 해도 기억하지 못해, 밤늦게까지 잠을 이루지 못하고 있었습니다. 이리저리 뒤척이다가 다음과 같은 방법을 생각해냈습니다.

'잠자기 전 배운 것들을 다시 한 번 생각한다. 입은 움직이지 않고 머릿속으로 열심히 생각한다. 그리고 아침에 일어나 전날 밤 생각했던 것을 다시 한 번 머릿속에 떠올린다.'

이것은 제가 생각해 낸 '잠자면서 기억하는 법'입니다. 이 방법은 언제나 효과가 있었습니다.

전란으로 인해 모두가 찢어지게 가난했던 시절이었습니다. 돈이 있는 아이는 동전 네 개를 들고 공부하러 갔고, 돈이 없으면 서당에 가지 않았습니다. 선생님들 또한 '어제 왜 오지 않았니?'라고 묻지 않았습니다. 그와 같은 사정을 모두 이해하고 계셨기 때문이었습니다. 저는 돈이 없어 몇 차례밖에 서당에 가지 못했습니다. 나중에는 전란과 전쟁, 피난 등으로 학업을 계속할 형편이 되지 못했습니다. 하지만 외할머니는 피난 중에도 어떤 방법을 써서라도 저를 서당에 보내 학업을 이어가게 해 주셨습니다. 철없던 저는 공부를 하든 말든 개의치 않았습니다. 저는 오히려 청소하고 설거지하고 창문 닦고 부엌 정리하는 등의 집안일이 더 좋았습니다.

독립적인 성격의 외할머니는 단 한 번도 자신을 원망하거나 박복한 팔자라고 한탄하지 않으셨습니다. 아무리 힘들고 곤란한 상황에서도 외할머니는 언제나 "참기를 태산처럼 하고, 고요하기를 샘물처럼 하라"는 말 그대로 실천하셨습니다. 외할머니의 '인내력'은 은연중에 저의 성격 속에 스며들었습니다. 청년시절 단신으로 바다 건너 대만으로 왔을 때 제게는 홍법을 펼치겠다는 혈기 하나뿐, 불확실한 미래에 대한 두려움은 없었습니다. 이처럼 '인내하는' 성격은 외할머니의 영향을 많이 받은 것 같습니다.

외할머니는 화가 나도 거친 말이나 사나운 표정을 지은 적이 없었습니다. 누구에게나 차근차근 조용히 이야기하셨습니다. 또한 잠도 많이 주무시지 않았습니다. 매일 밤 제가 잠이 든 후에도 할머니는 여전히 부처님께 저녁예불을 드리곤 했습니다. 가끔은 제가 잠들기 전, 조용히 침대에 정좌하고 앉아 참선을 하기도 하셨습니다. 그때 할머니의 배에서 '꼬르륵'하며 강물이 요동치는 소리가 들렸습니다. 그 소리에 잠에서 깬 제가 물었습니다.

"할머니 배에서는 왜 이렇게 커다란 소리가 나요?"

"이것은 할미가 터득한 재주란다."

1948년, 중국을 떠나기 전 고향에 외할머니를 뵈러 간 적이 있었습니다.

"할머니, 그 재주 아직도 갖고 계신가요?"

"당연하지. 이런 재주가 어디 가겠니?"

당시 외할머니의 예순을 넘긴 나이셨습니다. 당시 불법을 좀 안다고 자만하던 저는 막 날아가는 일본군 비행기를 보며 말했습니다.

"할머니 배에서 나는 소리보다 훨씬 시끄러운 비행기 소리도 생사를 좌우하거나 번뇌를 없애는 데 아무 도움이 못되는데, 할머니의 그 재주는 무엇에 쓰나요?"

제 말을 들은 할머니의 안색이 확 변하셨습니다. 저는 신식교육을 받은 데다 불학원에서 학업도 마쳤고, 다년간의 참학을 거쳤다고 스스로 자만에 빠져 있었습니다.

"또한 제가 아는 큰스님들은 모두 도덕에 일가견이 있고, 자비와 지혜를 갖춘 분들이세요. 하지만 배에서 소리가 나는 사람은 아무도 없던데요."

몇 년 뒤, 저는 저의 무지와 잔인함을 깨닫고 외할머니께 죄송한 마음만 들 뿐이었습니다. 외할머니의 '재주'는 수십 년을 노력해서 만들어낸 것이었습니다. 제가 외할머니 마음속에 있던 신앙이라는 '성적표'를 산산조각 내 버린 것입니다. 자만심에 빠져 있던 제 모습을 외할머니의 실망과 맞바꾼 것이었습니다. 지금 생각해 봐도 외할머니께 참 송구스러울 뿐입니다.

신앙은 글자와 언어를 초월하는 것입니다. 외할머니는 정성을 다해 예불을 드리고, 인륜에 어긋나는 일을 하지 않았으며, 인과응보의 관념을 가지고 남을 도와 오신 분이었습니다. 이런 마음은 사리사욕만을 채우려는 지식인들보다 더욱 고결하고 거룩한 것입니다. 외할머니는 신앙적 선근을 가진 분이셨습니다. 글자를 익히지는 못했지만, 『금강경』, 「보문품」, 『아미타경』을 모두 암송할 줄 아셨습니다. 또한 수많은 게송을 읊을 줄 아셨습니다.

외할머니가 우리에게 보여주셨던 교육은 격려의 교육이었습니다.

우리에게 어떻게 하라고 지시하지는 않으셨지만, 일하는 가운데 외할머니의 교육이 드러났습니다. 제가 청소를 하고 있으면 외할머니는 이렇게 말씀하셨습니다.

"성의가 있고 없고는 청소한 걸 보면 알 수 있다."

이 말을 듣고 좋아서 더 열심히 깨끗하게 청소를 했습니다. 청소를 '잡일'이라고 여기는 일반인들과 달리 외할머니는 '사람을 평가하는 방법'으로 여기며, 해낼 수 있는지 여부를 작은 것에서부터 눈여겨보셨습니다. 최근 대기업에서 직원을 고용할 때 그 사람을 평가하기 위해 작은 부분에서부터 꼼꼼히 관찰하고 있다는 말을 들은 적이 있습니다. 어떤 기업은 면접 때에 문 밖에 신발을 가지런히 벗어놓는지를 가지고 합격여부의 기준으로 삼기도 합니다.

'신발조차도 가지런히 벗어놓지 못하는 사람에게 어떻게 안심하고 중요한 일을 맡길 수 있겠는가?'라는 것이 그들의 생각입니다.

종종 외할머니가 사탕을 가져다주면 저는 다른 아이들과 나눠 먹기도 했습니다. 그 모습을 본 할머니는 기뻐하며 웃음 가득한 얼굴로 제게 말씀하셨습니다.

"다른 사람에게 나눠줄 줄 알다니 참 기특하구나. 선연善緣을 쌓을 줄도 알고 말이야."

가진 것을 다른 사람과 나누도록 격려하셨던 외할머니의 교육을 현대의 부모들이 아이에게 가르친다면 얼마나 좋을까요! 장난감, 사탕, 동화책, 용돈까지 가난한 아이에게 나눠주어 '베푸는 성격'을 기른다면 우리 사회는 서로를 돕는 따뜻한 인간정토가 될 수 있을 것입니다.

가끔 병아리 장사가 오면 외할머니는 제게 말씀하셨습니다.

"검은 것이든 흰 것이든 아무 거나 네 맘에 드는 것으로 한 마리만 사거라."

할머니가 값을 치르고는 제게 병아리를 키우라고 하셨습니다. 저는 병아리, 오리 등을 살뜰하게 보살폈습니다. 작은 동물들에 대한 사랑이 남다른 것을 알아본 외할머니가 말씀하셨습니다.

"정말 사랑한다면 배고프게 하지 말고, 편안히 잠잘 곳도 마련해 주려무나."

외할머니는 제게 생명을 소중히 여기라 가르치셨습니다. 어느 날 제가 입술이 터진 병아리를 보고 불쌍하다고 눈물을 흘렸으니, 외할머니의 '생명교육'은 성공한 셈입니다. 생명교육을 통해 아이의 다정한 마음씨를 길러내고 작은 동물들을 소중히 할 줄 알게 한다면 자연 역시 인간을 해치는 일은 없을 것입니다.

소아마비에 걸린 이웃집 여자아이는 늘 아이들에게 놀림을 받았고, 심지어 돌멩이에 맞는 경우까지 있었습니다. 그것을 본 외할머니는 늘 이렇게 당부하셨습니다.

"얘야, 너는 그 아이를 괴롭히거나 업신여겨서는 안 된다. 장애 역시 일종의 아름다움이란다."

외할머니의 이 말씀은 옳은 말씀입니다. 외적인 장애는 얼마든지 극복할 수 있습니다. 탐욕, 배은망덕, 고난에 처한 사람에게 자비심을 베풀지 않는 인정머리 없는 마음의 장애는 사지 육신의 장애보다 더욱 나쁜 것입니다.

노구교사건 후 남경에서는 대학살이 자행되었으며, 그 여파가 고향 양주에까지 미쳤습니다. 일본군은 도처에서 살인과 방화를 저질렀습니다. 비교적 규모가 큰 집을 소유하고 계신 외할머니의 집은 전란 속에서 파괴의 대상이 될 것임이 분명했습니다. 외할머니는 가족들을 불러놓고 말씀하셨습니다.

"다 같이 죽을 필요는 없다."

외할머니의 말씀은 '너희들은 후방으로 피난을 가거라. 난 남아서 집을 지키겠다'라는 의미였습니다. 외할머니는 자신을 희생할 결심을 굳히신 것 같았습니다. 나약한 여자의 몸이지만 외할머니는 어느 영웅 못지않은 기개를 가지고 계셨습니다. 당시 저는 외할머니가 거실에 모신 신명보다 더 위대하고 숭고하게 느껴졌습니다.

일본군의 폭격으로 고향집은 전소되었고, 도처에 깨진 구리와 쇠붙이들이 나뒹굴었습니다. 외할머니는 폐허 더미 속에서 그것들을 다시 주워 재사용하셨습니다. 외할머니는 항상 물건을 아끼고 절약하라고 강조하셨습니다.

"깨진 구리와 쇠붙이도 강철로 거듭날 수 있단다."

무용지물이라는 겉모습만 보지 말고 크게 쓰일 수 있음을 볼 줄 알아야 한다고 가르치셨습니다. 외할머니는 깨진 구리조각도 강철을 만드는 재료가 될 수 있음을 아는 혜안을 가진 분이셨습니다. 이 가르침은 훗날 제가 후학을 가르치거나 홍법으로 중생을 제도하는 과정에서 한 사람이라도 쉽게 포기하지 않게 하는 데 도움이 되었습니다.

1937년 12월 15일, 엄동설한에 저는 이불 하나를 짊어진 채 후방으로 피난 가는 인파 속에 섞여 눈보라 속을 걸어갔습니다. 홍화현에 도착한 첫날은 한 사찰에 묵을 수 있었습니다. 출가인은 없었지만,

꽤 깨끗하고 아늑한 곳이었습니다. 사찰 안에는 피난 온 사람들로 이미 발 디딜 틈이 없어 우리는 간이창고에 머무르게 되었습니다. 창고는 우리 수십 명이 몸을 누이고도 넉넉할 정도로 넓었습니다. 화살에 상처를 입은 적이 있어 활소리만 들어도 놀라는 새처럼, 피난민들은 작은 바스락거림에도 몸을 부들부들 떨었습니다. 머물 곳이 생긴 우리들은 우연히 얻은 이런 행운 같은 도움을 무척 감사해했습니다. 거기서 화장실과 목욕 문제를 어떻게 해결했는지는 기억이 나지 않습니다.

당시 제가 항상 가지고 다니던 냄비를 땅에 벽돌 두 개를 놓고 아무 풀이나 뜯어다가 넣고 끓여 허기진 배를 채우곤 했습니다. 추운 날씨에 모두 둘러앉아 불을 쬐면서 하루하루를 보냈습니다. 저 멀리 있는 남경에서 불길이 치솟아 오르며 하늘을 가득 메웠습니다.

시인 두보의 "봉화는 삼 개월을 연이어 오르고, 집에서 온 편지 만금보다 소중하여라(烽火連三月, 家書抵萬金)"라고 전쟁을 묘사한 시가 있습니다.

'이번 전란은 언제까지 이어질까? 고향에 계신 외할머니는 무사하실까?'

어머니가 옆에 계시긴 했지만, 어린 마음에도 늘 외할머니의 안전이 염려되었습니다. 다만 어머니가 걱정하실까 봐 함부로 물어볼 수 없었을 뿐입니다.

얼마 후 외할머니가 우리를 찾아 창고까지 오셨습니다. 다행히 살아계셨던 외할머니는 당신이 얼마나 위험한 상황을 겪었고, 일본군의 총칼을 피해 어떻게 오셨는지 모두 말씀해 주셨습니다. 일본군은 마을로 들어서자마자 마을 전체를 태워 버렸습니다. 고향집도 태워 버리려고 집 주위에 볏짚을 잔뜩 쌓아 올렸습니다. 불을 붙이려던 일본군은 다른 곳에서 자신을 부르는 소리에 횃불을 놓고 달려갔습니다. 볏짚에 숨어 계시던 외할머니는 일촉즉발의 순간, 위기를 벗어나 도망칠 수 있었습니다.

이틀 후, 외할머니는 집이 어떻게 됐는지 안심이 되지 않는다며 고향으로 돌아가 보겠다고 말씀하셨습니다. 그때 열 살이었던 저는 외할머니를 따라가겠다고 떼를 썼습니다. 처음에는 외할머니도 반대하셨지만 결국에는 저와 함께 고향집으로 향했습니다. 보름도 훨씬 지났건만 고향집 건물에서는 아직도 연기가 피어오르고 있었습니다. 집 안에 있던 콩과 벼이삭이 여전히 타고 있었기 때문입니다.

고향집에 도착한 얼마 후 외할머니는 일본군에게 잡혀갔고, 뒤를 쫓아가는 저를 일본군이 때리며 발로 차기까지 했습니다. 예순에 가까운 노인을 잡아간 일본군은 외할머니에게 밥 짓는 일을 시켰습니다. 두 번째로 외할머니와 헤어진 저는 어머니가 있는 곳으로 돌아가는 길을 몰라 돌아가지도 못하고 유리걸식하며 날을 보냈습니다.

당시 겨우 열 살이었던 저는 외할머니와 헤어지고 난 후 외할머니와 식구들이 그립기는 했지만, 이상하게 두렵거나 무섭지는 않았습니다. 외할머니가 샤오빙과 꽈배기를 사 오시고, 등잔 아래 조용히 경독하시는 소리 등 외할머니와 함께 지냈던 그 시절의 모습을 떠올리기만 하면 전혀 무섭지 않았습니다. 외할머니가 제 곁에서 저를 지켜주시는 것처럼 제게 큰 힘을 주었습니다.

이 시기 저는 죽은 사람도 수없이 봤고, 인간세상의 비참한 참상도 수없이 목격했습니다. 뭘 먹고 견뎠는지는 지금도 생각나지 않습니다. 아마 마음씨 좋은 분이 나눠주는 죽을 먹고 지냈던 것 같습니다. 난세의 비참함은 태평성대에 사는 현대인들로서는 쉽게 상상하지 못할 것입니다. 그때 저는 죽은 사람을 뜯어먹고 있는 개를 보았습니다. 굶주린 늑대개의 먹이가 되어 버린 지 오래인 시체에는 머리와 손발만 남아 있었습니다. 강물에 떠다니는 시체는 머리와 다리가 뒤집혀져 있었고, 산더미처럼 쌓여 있는 시체들은 겨울이라 부패되지 않고 그대로 있었습니다.

며칠 뒤 저를 다시 찾아온 외할머니는 그동안 일어났던 일을 이야기해 주셨습니다. 일본군에 의해 강에 던져졌지만 솜저고리를 입고 있어 가라앉지 않고 흘러가다 간신히 배의 닻줄을 잡게 되었습니다. 그리고 삼민교三民橋에 다다르자 일본군에게 중국어 통역을 해 주는 고향사람을 보게 되었습니다. 외할머니는 그를 향해 급하게 손을 흔들었습니다. 강물에 둥둥 떠 있는 외할머니를 발견한 그는 외할머니가 자신의 친척어른이라고 설명했고, 일본인들이 외할머니를 끌어올려 주었습니다.

항전시기, 외할머니는 가족과 집을 보호하기 위해 하마터면 불길에 휩싸여 돌아가실 뻔했습니다. 또한 고향을 빠져나와 창고로 우리를 찾아오셨던 외할머니는 후에 강물에 버려지기도 했었습니다. 외할머니가 두 차례의 재난을 무사히 견뎌내신 것은 은연 중 천지신명의 보호가 있어서 가능했던 것 같습니다. 하지만 평소 많은 사람들을 도와주는 데 열심이셨던 외할머니였기에 이런 기적도 생기는 것이 아닌가 생각됩니다.

외할머니는 지나간 일들을 이야기할 때면 다른 집에서 일어난 일을 이야기하듯 담담하게 말씀하셨습니다. 외할머니는 글자조차 모르는 여성이었지만 그 누구보다 용감하고 지혜롭다는 것을 저는 나중에서야 깨달았습니다. 가정을 위해, 또 골육의 정을 위해 어두운 터널을 묵묵히 걸어오신 외할머니. 만약 신앙에 의지하지 않고, 가족에 대한 책임이 아니었다면 가족을 떠나보내며 "다같이 죽지 말자"라는 결심을 하실 수 있었을까요? 지금 되돌아보면 저는 외할머니를 깊이 존경하기도 했지만, 더 없는 감사의 마음도 가졌던 것 같습니다.

당시 일본군은 고향에서 사람을 보는 즉시 모두 죽여 버렸습니다. 지방 유지들로 조직된 '유지회維持會'가 나서 더 이상 사람을 죽이지 않는다면 일본군이 필요한 것을 제공하겠다는 협상이 성사되고 나서야 무고한 살생이 멈출 수 있었습니다.

전쟁의 불꽃이 잠시 잦아든 뒤, 당장 머물 집조차 타버리자 어머니는 밭을 약간 팔아 여섯 칸짜리 초가집을 지으셨습니다. 식구도 많지 않아 외할머니도 우리와 함께 살게 되었습니다.

제가 두려움을 떨쳐 버릴 수 있는 방법을 배운 시기가 이때였습니다. 저는 귀신은 무섭지 않았지만, 사람은 무서웠습니다. 또한 죽은 사람은 무섭지 않았지만 산 사람은 무서웠습니다. 저는 시체더미 사이에서도 잠을 잘 수 있습니다. 저의 용감함, 침착성은 시대의 선물이고 전쟁으로 단련된 것이긴 하지만 외할머니가 몸소 보여 주신 가르침 덕분이라는 것도 꼭 덧붙이고 싶습니다.

이처럼 고달프고 가난한 생활을 겪어서인지 혹은 외할머니의 영향을 받아서인지 저는 무척 근면한 성격을 띠게 되었습니다. 처음에는 못을 주워 팔아 돈을 벌었고, 나중에는 복숭아씨 살구씨를 주워 약방에다 팔기도 했습니다. 또한 역사 이야기가 그려져 있던 성냥갑도 주웠었습니다. 지금 '금옥만당金玉滿堂'(홍법과 포교를 위한 그림카드 교재로 총 1200장 12세트로 이루어지며, 법어·고승대덕 어록·채근담·기원문 등이 수록되어 있다)의 아이디어는 바로 성냥갑에서 찾은 것입니다.

어렸을 적 아이들의 놀이는 복숭아씨, 살구씨를 가지고 놀거나 수건돌리기, 꼬리잡기, 순경놀이 등이었습니다. 아이들은 언제나 더 놀고 싶어 했지만, 늦게까지 놀다가 어른들에게 야단 맞을까봐 마음을 졸이곤 했습니다. 외할머니는 늘 문 앞에서 저를 기다리셨습니다. 날이 저물면 외할머니는 어두운 밤 등불처럼 저를 인도해 주셨습니다.

"손 씻고 밥 먹어라."

외할머니는 야단도 치지 않고, 화내는 표정을 짓지 않으셨습니다. 밥은 먹었는지, 입고 있는 옷이 춥지는 않은지만 관심을 가져주셨습니다.

장아찌를 맛있게 담그시는 외할머니 덕분에 한동안 장에 가서 찬거리를 살 필요가 없었습니다. 가난했던 시절, 기름 한 숟가락 먹고 싶다는 생각이 간절하던 때였습니다. 지금은 풍족한 생활을 하고 있기에 기름이 없는 반찬을 해서 먹는 맛이 어떨지 아마 상상조차 할 수 없을 것입니다. 기름이 없는 요리는 위를 긁어내는 듯 까칠한 맛이 느껴져 맛이 없었습니다.

저는 이른 새벽이면 개똥을 주웠고, 저녁 무렵이면 소똥을 주우러 다녔습니다. 개똥은 비료로 만들고, 소똥은 연료로 만들어 팔았습니다. 그때 돈을 모으고는 스스로도 참 대견스럽게 느껴져 기분이 좋았습니다. 외할머니께서는 그동안 모은 돈을 가족을 위해 애쓰시는 어머니께 드리라고 말씀하셨습니다. 어머니에게 드리라고 하신 뜻은 부모의 은혜에 보답하고 어머니의 노고를 알기 바라는 외할머니의 가르침이었습니다.

소똥, 개똥을 줍는 것이 하찮은 일이라 여긴 저는 이 이야기를 누구에게도 말할 수 없었습니다. 그러나 지금은 당당하게 말할 수 있습니다. 현대인의 입장에서는 환경보호의 일환인 셈이고, 아이들에게 돈 버는 일이 결코 쉽지 않다는 교훈을 줄 수 있기 때문입니다. 가정의 부담을 나눌 수 있고, 스스로 일을 찾아서 하는 것이야말로 존엄성을 가진 인생이라고 할 수 있습니다.

외할머니는 공명정대한 분이셨습니다. 사람들은 무슨 일이든 늘 할머니를 찾아와 시비를 가려 달라고 부탁했습니다. 자문을 구한 사람들은 외할머니의 대답에 모두 기쁜 마음으로 집으로 돌아갔습니다. 제가 가장 인상 깊었던 것은 큰 외숙모의 일이었습니다. 큰 외숙모는 외할머니에게 말대꾸를 하며 항상 제멋대로 굴었습니다. 이를 보다 못한 이웃들이 외할머니에게 말했습니다.

"큰 며느리가 아주 못 됐군요."

이 말을 들은 외할머니가 온화한 말투로 대답하셨습니다.

"그렇지 않아요. 저한테 얼마나 잘한다고요. 가끔 며느리 집에 가면 날 상석에 앉히고 반찬도 집어주고 그래요."

이때 문 밖에서 이 말을 들은 큰 외숙모는 감동해서 자신의 잘못을 뉘우치고 못된 성격을 고쳤다고 들었습니다.

저는 불광산 대비전大悲殿 바깥에 "원한을 품은 도적들이 칼끝으로 해치어 와도 관음보살을 염하면 털끝도 다치지 않을 것이다"라는 「보문품」 구절을 새겨놓았습니다. 누군가 칼과 창을 들고 온다고 해도 자비로써 그를 대하면 칼과 창은 사라지게 된다는 이 말은 꼭 외할머니의 경우를 두고 하는 말 같습니다.

저의 외할머니는 발도 크고 푸른 옷을 즐겨 입는 평범한 노인일 뿐입니다. 우주 속의 미세한 티끌처럼 보잘것없지만, 제 마음속의 외할머니는 커다란 별처럼 밝게 빛나고 계십니다.

저는 외할머니와 함께 전쟁을 겪었고, 할머니와 손자가 서로 의지하며 난을 피해 이곳저곳을 유랑하기도 했습니다. 그때 시체들을 보며 떠오르는 시구가 있었습니다.

가련하도다. 무정하無定河 강가의 해골들이여
아직도 규방 여인의 꿈속에선 살아 있는 사람이려니
可憐無定河邊骨, 猶是深閨夢裏人

길가의 시체는 이미 늑대개들에게 먹혀 처참한 지경이었습니다. 이 모습을 보고 제가 마음의 상처를 받을까 염려된 외할머니께서 이런 말씀을 해 주셨습니다.

"죽음이 코앞에 다가와도 절대 놀라거나 당황하지 말거라."

외할머니의 일생은 신앙을 통해 심신을 편안히 하셨고, 자비를 통해 자신의 존재 가치를 찾으셨습니다.

외할머니는 "어려서 하는 짓 하나를 보면, 커서 어떤 사람이 될지 반은 알 수 있겠구나", "이李 씨라는 나무에 열린 오얏 열매 중에 너의 것이 제일 붉겠구나"라는 두 가지 말로 늘 저를 칭찬해 주셨습니다. 어릴 적 모습에서 나중의 모습을 알 수 있다는 말로 늘 발전하고 나아가라는 격려였습니다.

저는 12살에 출가한 후, 18살에 외할머니와 한 번 만난 뒤로 50여 년 동안 외할머니를 뵙지 못했습니다. 1981년, 동생 국민을 미국에서 만났을 때 제가 중국을 떠난 지 얼마 되지 않아 외할머니께서도 돌아가셨다고 전해 주었습니다. 18살에 뵌 것이 외할머니와의 영원한 이별이 될 줄 어찌 알았겠습니까?

마지막으로 외할머니를 뵈었을 때, 나무 아래 앉아 뜨개질을 하고 계셨습니다. 연로하신 데도 여전히 한시도 쉬지 않으셨습니다. 외할머니께서 말씀하셨습니다.

"내 뒷일은 네 외삼촌들에게 맡기기 어려울 듯싶구나. 네가 맡아줬으면 좋겠다만……."

그때만 해도 아직 어린 나이라 '뒷일'이 무엇인지 알 수 없었지만, 마음속으로는 외할머니가 당부하신 일이니 꼭 들어드려야겠다고 생각했습니다.

"삶과 죽음으로 둘이 아득하게 멀어진 뒤 10년, 생각지 않으려 해도 내 마음에서 잊기 어려워라"라는 시 구절처럼 한 번 이별이 수십 년이 될 줄 누가 알았겠습니까!

외할머니와 아무리 오래 떨어져 있어도, 외할머니의 자상한 모습과 자비로운 언행은 언제까지나 제 머릿속에 또렷이 떠오릅니다.

중국에 있는 가족들 얘기에 따르면 외할머니는 1949년 이후 3~4

외할머니 343

년 뒤에 왕생하셨다고 합니다. 저는 동생 편에 5천 달러를 쥐어 보내며 외할머니를 위해 고향에 기념탑이라도 건립해 달라고 부탁했습니다. 1989년, 고향에 가족들을 만나러 갔을 때 외할머니를 위한 탑 건립은 이뤄지지 않은 채 조그만 사당만 하나 덩그러니 있었습니다. 사당 중간에는 죽은 지 얼마 되지 않은 제수씨의 흉상이 있었습니다. 저는 외할머니를 대신해 무척 속상했습니다. 외할머니는 우리를 무척 사랑해 주셨고, 잔병치례가 많았던 어머니를 대신해 꼬박꼬박 끼니를 챙겨 주셨습니다. 그 은혜를 받았다면 보답을 하는 것이 당연하건만…….

이런 시가 생각납니다.

처음 내가 내 아들을 키우고, 이제 그 아들이 또 손자를 키운다
내가 굶주리는 것은 괜찮으나, 손자야, 내 아들은 굶주리게 하지 말거라
記得當初我養兒, 我兒今又養孫兒
我兒餓我由他餓, 莫教孫兒餓我兒

세상 모든 부모의 마음이 이러할진대, 후손들은 부모의 은혜에 보답하려는 마음조차도 없단 말인가요?

외할머니는 제 꿈에 딱 한 번 나타나셨습니다. 꿈속에서 저는 오가는 사람들에게 다급하게 물었습니다.

"저희 외할머니 못 보셨습니까?"

저는 크고 넓지만 낡고 허름한 집 벽장 안에서 외할머니를 발견했

습니다. 누런 얼굴에 마른 할머니는 세상의 풍파를 다시 보고 싶지 않은 듯 두 눈을 꼭 감고 무표정한 표정을 짓고 계셨습니다. 제가 달려가 손을 잡자 천천히 눈을 뜨신 외할머니는 의외라는 듯 벽장에서 천천히 걸어 나오셨습니다. 그리고는 아무 말 없이 저를 바라보다가 고개를 흔들며 탄식하셨습니다.

마음속으로는 수많은 말씀을 하고 싶어 하셨지만, 옆에 제자들이 서 있어서인지 아무 말씀도 하지 않으셨습니다. 제가 제자들을 비켜나게 하자 외할머니께서 말씀하셨습니다.

"나무마다 다른 열매가 열리듯 인간 세상에도 저마다 다른 인간이 있단다……."

외할머니는 그 말씀만 남긴 채 안개 속으로 사라지셨습니다. 저는 외할머니를 소리쳐 불렀습니다.

"할머니, 할머니"

외할머니를 부르며 저는 잠에서 깨어났습니다.

2007년 한산사가 '평화의 종'을 선물할 때 저는 한 편의 시를 썼습니다.

양안의 속세 인연은 꿈같고, 골육의 정은 나눌 길 없네
소주 고찰 한산사의 평화의 종소리 대만에 닿았네

여기까지 쓰니 버드나무 아래에서 외할머니와의 영원한 이별이 되어 버린 그때가 생각나 눈물이 비처럼 쉼 없이 흘러내립니다.

외할머니를 어디에 안장했는지는 다음 구절로 대신하겠습니다.

"온 세상을 다 다녀도 찾을 곳 없으니, 증조모 어디에 묻히셨는지 알 길 없어라."

지금 생각해 보아도 외할머니가 계시지 않았다면 우리 가족은 굶어 죽었을 것입니다. 아버지는 제가 열 살 때 장사를 하러 나가셨다가 노구교사건 후 남경대학살의 와중에 돌아가신 게 분명합니다. 그 당시 외할머니의 도움마저 받지 못했다면 병약했던 어머니는 우리를 키울 수 없었을 것입니다.

외할머니도 남동생 한 분과 여동생 두 분이 있었고, 그중 한 분은 출가한 비구니셨습니다. 우리는 그분을 '사공師公'이라 불렀고 저도 그분의 암자에서 한 달 가량 보낸 적이 있었습니다. 또한 저는 태어난 지 얼마 안 돼 한 암자의 비구니를 스승으로 모셨습니다. 갓난아이가 '스승'을 모시면 비교적 순탄하게 자랄 수 있다는 고향 풍습에 따른 것이었습니다.

18살 되던 해, 제가 아기 때 스승으로 모셨던 비구니 스님이 외할머니를 통해 저를 꼭 한 번 만나보고 싶다는 뜻을 전해오셨습니다. 저는 그 뜻을 거절하며 외할머니에게 말했습니다.

"저는 비구이니, 비구니를 스승으로 모실 수는 없습니다."

제 말을 이해할 수 없다는 듯 외할머니는 그분을 만나 보라고 계속 권하셨습니다. 저는 외할머니의 호의를 거절할 수 없어 이렇게 말씀드렸습니다.

"제가 그분을 만나기는 하겠지만, 말은 나누지 않겠습니다."

아기 때의 스승과 18년이 지난 뒤 재회하던 정경은 이미 가물가물해 제대로 기억나지 않습니다. 외할머니의 온화한 말투와 약속을 지키기 위해 애쓰던 외할머니의 모습 등으로 가득 찬 제 마음속에는 다른 것이 자리 잡을 틈이 없었습니다.

제가 태어난 뒤 '스승을 모시는 것'은 분명 외할머니의 뜻이었을 것입니다. 제게 온갖 인연을 맺게 해 주셨던 뜻은 아마 저를 삼보의 불문으로 인도해 전쟁으로 인한 무정한 고난을 면하고, 인간세상의 수많은 고통을 겪지 않도록 도와주시기 위해서였을 거라고 생각합니다.

외할머니는 못하는 것이 없는 분이셨습니다. 어릴 적 한밤에도 외할머니가 계셨기에 귀신이든 짐승이든 그 어떤 것도 무섭거나 두렵지 않았습니다.

출가한 지 처음 몇 년 동안은 법당에 모신 관세음보살이 종종 외할머니의 모습으로 보인 적도 있었습니다. 부드럽고 따스한 외할머니의 음성이 자주 생각나 '언제 또 외할머니를 뵐 수 있을까?' 하며 한밤에도 눈물로 베개를 적신 적도 많았습니다.

제 나이 이미 팔십이 넘었고, 외할머니도 돌아가신 지 이미 60년이 다 되어갑니다. 미소를 가득 머금은 외할머니의 표정은 아직까지 제 가슴속에 깊이 각인되어 있습니다.

외할머니는 제 곁을 떠난 것이 아닙니다. 할머니의 다소곳하고, 공손하며, 온화하고, 용감하며 책임감 있는 성격, 그리고 다른 사람을 위한 선행 등의 정신과 사상은 이미 제 핏속에 녹아들어 흐르고 있습니다.

외할머니가 담근 장아찌는 항아리 입구를 꽁꽁 동여매 두었다가 시간이 흘러 숙성되었을 때 입에 넣고 씹으면 아삭아삭하고 맛이 있었습니다. 인간도 이와 다르지 않을 것입니다.

참고 인내할 수 있어야 이룰 수 있는 것입니다. 외할머니가 사당에서 가지고 온 과일은 제 어린 마음에 불교와의 인연을 심어주었기에, 저는 불광산 아래 말사와 분원에서 법회나 기타 행사 때에 조그만 선물을 준비해 두었다가 모두가 가져갈 수 있도록 권하고 있습니다. 그것은 단순히 사탕이나 과자가 아니라 부처님에 대한 예경의 마음인 것입니다. 조그마한 과일 하나가 온 세상에 뿌려져 중생을 제도하는 좋은 인연을 맺게 될 것입니다.

저는 외할머니가 믿음으로 생겨난 재주라 여겼던 뱃속의 '꼬르륵' 소리가 그립습니다.

이 글을 쓰면서도 외할머니께 참회하는 마음이 끓어오릅니다. 당시 불교공부 좀 했다고 스스로 대단하다 여겨 제대로 알지도 못하면서 경솔하게 말을 꺼내 외할머니의 믿음을 깨 버리고 온화한 외할머니의 얼굴에 그림자를 드리우게 했습니다.

하지만 저는 아무 탈 없이 키워 주시고 가르쳐 주신 외할머니의 은덕에 항상 감사합니다. 특히 자비로운 언행, 정의롭고 용감함, 작은 것에 연연하지 않는 넓은 마음을 제게 몸소 보여 주셨습니다. 근면과 인내 속에서도 지혜가 넘쳐흐르는 전통적인 여성의 모습, 가족을 위해 모든 걸 바쳤지만 아무런 원망도 후회도 없고 보답을 바라지도 않는 보살같은 마음을 제게 보여 주셨습니다.

마음속으로 숭배하는 성현이 있다면 우리가 말하는 '우상'일 것입니다. 자비심, 온화함, 현숙한 지혜와 근면함을 가진 외할머니는 제 어린 시절의 우상이었습니다. 언제나 제 곁에서 어려움을 해결해 주고 올곧은 말과 행동을 하신 외할머니는 제 어린 시절의 영웅이셨습니다.

어린 시절 양주의 설경은 다시 볼 수 없습니다. 외할머니와 함께 살았던 집도 이미 옛일이 되어 버렸습니다. 하지만 당시 할머니가 빠졌던 강물은 오늘도 여전히 흐르고 있습니다. 다리 옆에 선 저는 끊임없이 흐르는 강물을 바라보며 일본군에게서 어떻게 도망쳤는지를 호탕하게 설명해 주던 그 옛날을 떠올렸습니다. 오늘날 다시 한 번 가슴에 새기면서 외할머니에 대한 사랑과 아쉬움도 떠올려 봅니다.

60년이란 세월이 유수처럼 흘러갔습니다. 외할머니의 모습은 이미 어디에서도 찾아볼 수 없지만, 저는 모든 어른들을 제 외할머니라 여기며 오래도록 제 마음속에 간직할 것입니다. 비록 외할머니와 저는 삶과 죽음으로 영원히 단절되었고, 제게도 끊임없이 새로운 우상이 생겨났지만, 외할머니는 제 생명 속에서 영원토록 저의 첫 우상일 것입니다.

숲 역시 처음에 작은 묘목 하나를 지켜 주고 보호해 주며 필요한 양분을 주지 않았다면 어찌 가지와 잎이 무성하고 푸르름 가득한 나무로 자라날 수 있었겠습니까?

외할머니의 음성, 모습, 정신 등은 이미 제 마음의 밭에 심어 놓은 지 오래입니다.

"외할머니, 불교와 깊은 인연을 맺을 수 있게 해 주셔서 감사합니다."

"어려서부터 생명을 사랑하고, 근면 정진을 익히고, 사심 없이 자신의 열정을 바쳐 60년 동안 아무런 원망도 후회도 없이 홍법이생을 실천할 수 있도록 해 주셔서 고맙습니다."

"외할머니, 진심으로 감사드립니다."

발문 讚(찬) 星雲大師(성운대사)

이 사바고해娑婆苦海에
살고 있는 모든 불자佛子들이여
성운대사星雲大師의 합장인생合掌人生을
꼭 읽어 보기를 바랍니다.

노사老師의 인생행로人生行路는
모든 중생衆生이 겪고 있는
고해苦海의 파란波瀾이 있었다손
한 번도 좌절하지 않은
보살도菩薩道의 생환生還이었으니
우리가 배워 익혀 가야 할
명성明星과 같은 지남指南이다.

태어나긴 강소성江蘇省 강도江都이지만
서하산棲霞山 지개志開 큰스님을 뵈옵고
불심佛心에 개안開眼되어
초산불학원焦山佛學院을 졸업하여

스무 살 나이에 백탑학교白塔學校 교장,
남경南京 화장사華藏寺 주지住持로
활약하셨으니 그 품도 위대하다.

노老스님은 대륙大陸의 정황政況을
예견豫見하여 대만台灣으로 건너와
대만불교강습회를 조직하여
의란宜蘭 염불회를 강화하면서
고웅高雄 불광산佛光山을 창건하는
대작불사大作佛事를 창도創導하여
사람 사람이 부처님이 되는
인간불교사상人間佛敎思想을
부단不斷하게 외쳐 올려
불광산佛光山에서부터 대만 전역은 물론
오대양五大洋 육대주六大洲로 퍼져가는
부처님의 햇살은 자광慈光되어
따뜻하고 거룩하고 부드럽게
미국 서래사西來寺, 호주엔 남천사南天寺
저 검은 대륙 아프리카에도
남화사南華寺가 우뚝 세워져

부처님께 귀의하여
나무불타야南無佛陀耶로 염불하니
성운대노사星雲大老師의 위력이 아닌가!

불자들이여, 합장인생合掌人生을
마음 곁에 두고 읽고 느끼면서
그 깊이로 기도한다면
불타佛陀의 대각大覺을, 보살菩薩의 방편方便을
새롭게 이룩하는 공용功用이 있을 것이다.

세계의 종교, 정치, 사회, 교육의
수많은 지도자들이
성운대사星雲大師와 한자리 하여
인류는 어떻게 살아가야 하며
세계평화는 어떻게 이룩할 것인가에 대해
화기애애하게 두 손 합장하며
대화하고 토론을 주도한 법좌들은
부처님의 영산회상靈山會上과 버금하지 않으랴.

별이 구름 되어

이 넓은 허공을
불광佛光으로 모셔온
성운노대사星雲老大師시여,
그대는 아름다운
별이고 찬란한 구름이로세.

그 노령老齡에도
외할머니의 추억을 마음속 깊이 담고
임종한 어머니에 대한 비감을
눈물로 보내고 있으니
그 삶이 자비불慈悲佛의 화현化現이리.

합장인생合掌人生
우리말로 선뜻 이해되지 않지만
곰곰이 생각하면
그 뜻이 가슴에 여울진다.
인생은 아름답고
인생의 삶 그 자체에
고마움과 행복감을 보낼 수 있을 때
인생사고人生四苦에 합장合掌함이

인지상정人之常情이고 다반사茶飯事이리라.

불광화불佛光化佛로 오신
성운대법사星雲大法師시여
만수萬壽로 장구長久히 하소서.
그리고
저의 합장合掌도 받아 주세요.

2010. 7. 28

목정배睦楨培 근서謹書

옮긴이의 말

지인의 소개로 서울불광산사와 인연을 맺은 지 어느새 6년이 되었습니다. 처음 서울불광산사를 찾은 저는 참으로 신선함을 느꼈습니다. 스님이 손수 차를 끓여 건네주는 모습이 약간 낯설게도 느껴졌지만, 그 차 한잔에서부터 도량을 찾은 신도를 마음으로 따뜻이 맞이하는 것을 알 수 있었습니다. 지금 생각해 보면 그것이 곧 성운대사께서 제창하시는 인간불교人間佛教의 시작이 아니었나 싶습니다.

그렇게 맺은 인연으로 이후 서울불광산사에서 행정도 보고, 일반인에게 중국어도 가르치면서 성운대사의 인간불교를 조금이나마 이해할 수 있게 되었습니다. 그때부터 제 마음속에는 한 가지 원願이 생겼습니다. 성운대사께서 집필하신 수많은 저작들을 한 권 한 권 우리말로 풀어내고 싶다는 것이었습니다.

올해 초 서울불광산사의 주지이신 의은 스님께서 뜻밖에도 제게 번역을 함께 해보자고 청하셨고, 평소 제가 원하던 일이기에 저는 기꺼이 그러겠다고 했습니다. 그동안 다양한 정보와 자료를 통해 인간불교를 많이 접했고, 마음속으로는 성운대사의 저작을 번역하고 싶다는 생각이 가득했지만, 제가 실제로 성운대사의 인간불교를 번역하게 되리라고는 예상치도 못했습니다. 여러모로 부족한 제가 성운대사의 뜻을 얼마나 전달할 수 있을지 두려움이 앞섭니다.

'합장하는 인생'은 성운대사의 어린 시절 출가, 병마와의 싸움, 그리고 인간불교 실천 과정 속의 시련과 고난 등 평소 일기 형식으로 써 오신 것을 우리글로 옮긴 것입니다.

성운대사의 일생은 고난의 연속이었습니다. 하지만 슬기롭고 긍정적인 마인드로 수많은 시련과 고난을 견뎌 왔기에 전 세계 200여 곳의 말사와 분원, 그리고 학교와 미술관 등 현재의 방대한 불광산을 일구어낼 수 있었을 것입니다.

'합장하는 인생'은 단순히 성운대사가 지나온 날들을 적어놓은 일기가 아닙니다. 불자로서 어떠한 마음가짐으로 부처님의 뜻을 받들어야 하는지를 우리에게 제시해주는 지침서라고 할 수 있습니다. 이 책은 남의 멸시와 시기 역시 참아 넘길 줄 알아야 하며, 나와 다른 타 종교까지도 끌어안을 줄 알아야 한다고 가르치고 있습니다.

"같음 가운데 다름이 있고, 다름 가운데 같음을 구해야 한다."

가슴에 가장 와 닿는 말이었습니다. 이것이 현대를 살아가는 우리에게 꼭 필요한 것이 아닐까 싶습니다. 우리는 서로 다르지만 추구하는 목표는 하나입니다. 또 목표는 하나이지만 추구하는 방식은 저마다 다릅니다. 지나치게 내 것만을 내세우기보다 함께 어울려야 한다는 것을 역설하는 대목이라 하겠습니다.

번역하는 시간은 제게 자성과 성찰의 시간이기도 했습니다. 중국어와 불교에 자신이 있다고 생각해 번역을 하겠다고 대답했지만, 오히려 불교에 대한 배고픔을 느끼게 해주었습니다. 여러모로 부족함도 많이 느꼈고, 제 자신을 다시 한 번 돌아보는 기회가 되기도 했습니다. 책이 나온다고 하니 수줍은 새색시처럼 떨림과 두려움이 밀려옵니다.

모쪼록 제가 느꼈던 성운대사의 인간불교 실천의지와 의미를 이 책을 읽으시는 독자들께서도 깊이 새기는 계기가 되었으면 합니다.

한 가지 짚고 넘어갈 것이 있습니다. 외국어는 그 나라 발음으로 적는 것이 원칙이지만, 불교 특성상 한자발음을 그대로 적었습니다. 하지만 우리에게 더 익숙한 타이페이와 타이중, 타이난의 경우 원어발음을 살렸습니다. 이점 양해해 주시기 바랍니다.

끝으로 부족한 제가 이처럼 훌륭한 책을 번역할 수 있도록 불교 관련 번역을 도와주신 공동번역자 의은 스님, 방대한 분량에도 아랑곳하지 않으시고 처음부터 끝까지 꼼꼼히 감수를 해주신 목정배 교수님, 원문의 미묘한 차이와 의미를 파악하는 데 큰 도움을 준 소열령 군 등에게 깊은 감사를 드리는 바입니다. 이와 같은 분들의 노고가 있었기에 '합장하는 인생'이 세상에 나올 수 있지 않았나 싶습니다. 다시 한 번 감사드리며 부처님의 가피가 함께 하시기를 바랍니다.

조은자

지은이 ● 성운대사星雲大師

1927년 중국 강소성 강도江都에서 태어나 12세에 지개志開 큰스님을 스승으로 모시고 출가하였다. 1947년 초산불학원焦山佛學院을 졸업하고, 백탑白塔초등학교 교장, 남경 화장사華藏寺 주지 등을 역임하였다.
1949년에 대만으로 건너간 이후로 '대만불교강습회' 교무주임과 의란宜蘭 염불회의 지도 법사 등을 역임하였다. 1967년에는 고웅高雄에 불광산佛光山을 창건하여 불교와 세상을 아우르는 '인간불교' 사상을 추진해 옴으로써 현대화된 불교의 새로운 이정표를 세웠다. 출가 후 70여 년 동안 불광산을 중심으로 하여 세계 각지에 200여 개의 도량을 세웠으며, 수많은 강원과 도서관, 대학, 병원, 사회사업기구 등을 설립하였다. 세계 각지로부터 출가한 제자가 천여 명, 전 세계에 분포하고 있는 국제불광협회의 신도수가 수백만 명에 이른다. 성운대사는 불교의 제도화, 현대화, 인간화, 국제화 등에 지대한 공을 세웠으며, 여든이 넘은 노구에도 인간불교의 이상을 현실화하기 위하여 동분서주하고 있다.

옮긴이 ● 의은스님

성운대사를 은사로 출가하였으며, 동국대학교 불교학과와 동대학원 석사과정을 마쳤다. 현재 서울불광산사 주지를 맡고 있다.

옮긴이 ● 조은자

대학에서 중어중문학을 전공하고 현재 전문번역가로 활동하고 있다.

합장하는 인생

초판 1쇄 인쇄 2010년 8월 18일 | 초판 1쇄 발행 2010년 8월 25일
지은이 성운대사 | 옮긴이 의은스님 · 조은자 | 펴낸이 김시열
펴낸곳 운주사 (136-036) 서울 성북구 동소문동 6가 25-1 청송빌딩 3층
전화 (02) 926-8361 | 팩스 (02) 926-8362
ISBN 978-89-5746-255-3 03220 값 13,000원
http://www.buddhabook.co.kr